COMO PENSAR E VIVER MELHOR

Rolf Dobelli

Como pensar e viver melhor
Ferramentas mentais para a vida e os negócios

TRADUÇÃO
Kristina Michahelles e Silvania Gollnick

Copyright © 2017 by Piper Verlag GmbH, München/Berlin

*Grafia atualizada segundo o Acordo Ortográfico da Língua Portuguesa de 1990,
que entrou em vigor no Brasil em 2009.*

Título original
Die Kunst des guten Lebens: 52 überraschende Wege zum Glück

Capa
Estúdio Insólito

Preparação
Raïtsa Leal

Revisão
Clara Diament
Valquíria Della Pozza

Dados Internacionais de Catalogação na Publicação (CIP)
(Câmara Brasileira do Livro, SP, Brasil)

Dobelli, Rolf
    Como pensar e viver melhor : Ferramentas mentais
para a vida e os negócios / Rolf Dobelli ; tradução Kristina Michahelles e Silvania Gollnick. — 1ª ed. — Rio de
Janeiro : Objetiva, 2019.

    Título original: Die Kunst des guten Lebens : 52
überraschende Wege zum Glück.
    ISBN 978-85-470-0092-9

    1. Bem-estar 2. Conduta de vida 3. Felicidade 4. Pensamentos – I. Título.

19-28941   CDD-158

Índice para catálogo sistemático:
1. Felicidade : Conduta de vida : Psicologia aplicada   158

Cibela Maria Dias – Bibliotecária – CRB-8/9427

[2019]
Todos os direitos desta edição reservados à
EDITORA SCHWARCZ S.A.
Praça Floriano, 19, sala 3001 — Cinelândia
20031-050 — Rio de Janeiro — RJ
Telefone: (21) 3993-7510
www.companhiadasletras.com.br
www.blogdacompanhia.com.br
facebook.com/editoraobjetiva
instagram.com/editora_objetiva
twitter.com/edobjetiva

Para minha mulher, Sabine, e os nossos gêmeos, Numa e Avi

Sumário

Prefácio 11

1. Contabilidade mental 13
2. A arte da correção de rumo 18
3. A promessa 22
4. O princípio da caixa-preta 26
5. Contraprodutividade 31
6. A arte negativa da boa vida 35
7. A loteria dos óvulos 39
8. A ilusão da introspecção 43
9. A armadilha da autenticidade 48
10. O "não" de cinco segundos 53
11. A ilusão do foco 57
12. O que você compra se vai 61
13. Dane-se o dinheiro 66
14. O círculo de competências 70
15. O segredo da perseverança 74
16. A tirania da vocação 79
17. A prisão da boa reputação 84

18. A ilusão do "fim da história" 88
19. O pequeno sentido da vida 92
20. Seus dois "eus" 97
21. Uma conta-corrente de lembranças 102
22. Histórias de vida são histórias mentirosas 106
23. Melhor uma boa vida do que uma boa morte 111
24. Um redemoinho de autopiedade 115
25. Hedonismo e eudemonia 119
26. O círculo da dignidade — parte 1 124
27. O círculo da dignidade — parte 2 128
28. O círculo da dignidade — parte 3 133
29. O livro das preocupações 137
30. O vulcão de opiniões 142
31. A fortaleza mental 146
32. A inveja 151
33. A prevenção 155
34. Trabalho de emergência mental 159
35. A armadilha da atenção 163
36. Ler menos, mas em dobro 168
37. A armadilha do dogma 173
38. Subtração mental 177
39. O ponto da reflexão máxima 181
40. Os sapatos dos outros 185
41. A ilusão de mudar o mundo — parte 1 189
42. A ilusão de mudar o mundo — parte 2 193
43. A crença no "mundo justo" 198
44. O "culto à carga" 203
45. Ganha quem direciona a própria corrida 207
46. A corrida armamentista 212
47. Tenha um amigo excêntrico 217
48. O problema das secretárias 222

49. Gerenciamento de expectativas.................................. 226
50. A Lei de Sturgeon... 231
51. Elogio da humildade 236
52. Sucesso interior 241

Posfácio 247
Agradecimentos 253
Apêndice... 257
Notas 259

Prefácio

Desde a Antiguidade — ou seja, há pelo menos 2500 anos, mas provavelmente muito mais do que isso —, a humanidade sempre se questionou o que significa ter uma boa vida. Como devo viver? O que caracteriza uma boa vida? Qual é o papel do destino? E qual é o papel do dinheiro? Uma boa vida é uma questão de postura pessoal ou seria atingir metas concretas? É melhor buscar a felicidade ou tentar evitar o infortúnio? Cada nova geração volta a encarar essas questões. As respostas costumam ser decepcionantes. Por quê? Porque sempre buscamos *aquele* princípio, *aquele* preceito, *aquela* regra. Só que não existe o Santo Graal da boa vida.

Ao longo das últimas décadas, ocorreu uma revolução silenciosa em várias áreas do pensamento. Nas ciências, na política, na economia, na medicina e em diversos outros campos descobriu-se que o mundo é complicado demais para que pudéssemos captá-lo apenas com uma grande ideia ou alguns princípios. Para compreendê-lo, precisamos de uma caixa de ferramentas repleta de diferentes métodos de pensamento.

Ao longo dos últimos duzentos anos, criamos um mundo que

já não conseguimos mais entender de modo intuitivo. Assim, empresários, investidores, executivos, médicos, jornalistas, artistas, cientistas, políticos e pessoas como eu e você inevitavelmente passaremos a vida aos tropeços se não pudermos recorrer a uma caixa de ferramentas e de modelos mentais.

Poderíamos dar a essa coleção de métodos de pensamento e de posturas o título de "manual para a vida". Mas eu prefiro a metáfora mais antiquada da caixa de ferramentas. A questão é: ferramentas mentais são mais importantes do que o conhecimento factual. São mais importantes do que dinheiro, relacionamentos e inteligência.

Há alguns anos comecei a reunir minha coleção particular de ferramentas mentais para uma boa vida. Para tanto, recorri a um conjunto de modelos de pensamento parcialmente esquecidos, bem como às descobertas mais recentes de pesquisas do campo da psicologia. Este livro poderia até ser descrito como uma espécie de "filosofia de vida clássica para o século XXI".

Durante muitos anos tenho utilizado diariamente essas ferramentas para lidar com os desafios pequenos e grandes que a vida me impõe. E, depois de ter constatado significativa melhora em quase todos os aspectos da minha vida ao longo desse tempo (o fato de os meus cabelos estarem bem mais ralos e eu ter mais rugas não prejudicou em nada a minha felicidade), posso lhe oferecer, com a consciência tranquila, estas 52 ferramentas mentais. Pode ser que não garantam uma boa vida, mas aumentam muito sua chance de também consegui-la.

1. Contabilidade mental

COMO TRANSFORMAR UMA PERDA EM GANHO

Eu devia ter prestado atenção. Pouco antes da saída da estrada, em Berna, foi colocada uma caixinha cinzenta de radar. Ela já está ali há anos. No que eu estava pensando naquela hora? Não faço ideia. A luz do flash me arrancou dos meus pensamentos e um rápido olhar para o velocímetro confirmou: eu estava pelo menos vinte quilômetros por hora acima da velocidade máxima permitida e não havia nenhum outro carro à vista que pudesse servir de bode expiatório.

No dia seguinte, observei de longe quando um policial colocou uma multa por baixo do meu limpador de para-brisa. Sim, é verdade, eu tinha estacionado num local proibido. Como o estacionamento estava lotado e eu com pressa, e como no centro de Zurique as vagas permitidas são tão numerosas quanto cadeiras de praia às margens do oceano Antártico, cogitei por um momento sair correndo atrás daquele homem. Imaginei a cena: eu, diante do policial, ofegante, descabelado, tentando explicar o meu dilema. Desisti, pois ao longo dos anos aprendi que esse tipo de coisa só nos leva a fazer papel de bobos. A gente se sente mal depois e não consegue dormir bem.

Antigamente, eu ficava irritadíssimo quando recebia uma multa. Hoje, me limito a sorrir. Apenas abato o valor da quantia que reservo para doações. É um fundo que eu constituí para finalidades nobres, incluindo multas. Na psicologia, esse truque simples é chamado de contabilidade mental. Eu o peguei emprestado de Richard Thaler, um dos fundadores da economia comportamental. Na verdade, é um clássico equívoco mental. As pessoas costumam tratar o dinheiro de maneira diferente conforme a origem dele. Se, por exemplo, você achar uma nota de cem na rua, lidará com ela com menos apego e gastará esse dinheiro com mais rapidez e frivolidade do que faria com um dinheiro suado. O exemplo da multa mostra como podemos nos beneficiar desse tipo de equívoco mental. Você engana a si mesmo para ter tranquilidade.

Imagine que está viajando em um país pobre e dá falta da sua carteira. Pouco depois, encontra a carteira com todos os documentos, mas sem o dinheiro. Você vai interpretar esse evento como roubo ou como uma doação a alguém que provavelmente vive em condições piores do que você? Sua mente não vai mudar o fato de o seu dinheiro ter sido roubado, mas o significado do acontecido, a interpretação do evento — isso sim você pode alterar.

A boa vida tem muito a ver com a interpretação construtiva dos fatos. Eu costumo adicionar um sobrepreço de 50% aos valores cobrados nas lojas ou nos restaurantes. É quanto me custaria efetivamente um par de sapatos ou um linguado *à la meunière* levando-se em conta o que gasto com o imposto de renda. Vamos supor que uma taça de vinho custe dez euros. Significa que preciso ganhar quinze euros para poder custear o meu vinho. Para mim, essa é uma boa contabilidade mental, ajuda a manter o controle dos gastos.

Prefiro sempre pagar antecipadamente as despesas com hotel. Assim, não corro o risco de estragar um fim de semana romântico em Paris na hora de encerrar a conta. Segundo a "regra do pico--fim", criada pelo economista Daniel Kahneman, ganhador do prêmio Nobel, costumamos nos lembrar do ponto alto e do último momento das nossas férias, mas nos esquecemos do resto. Vamos analisar esse efeito com mais detalhes no capítulo 20. Então, se no fim da viagem aparecer uma conta assustadora, apresentada por um recepcionista francês arrogante como se fosse uma ordem para marchar, acompanhada de adicionais misteriosos que ele provavelmente contabilizou pelo fato de o turista não falar francês sem sotaque, sua memória dessa escapada romântica ficará prejudicada. Por isso, os psicólogos conhecem a tática do pré-compromisso: pagar primeiro, consumir depois — uma forma de contabilidade mental que ajuda a lidar com a dor de gastar dinheiro.

É com essa mesma postura sossegada que pago os meus impostos. Não vou conseguir mudar o sistema tributário. Portanto, comparo os benefícios oferecidos pela linda cidade de Berna com os da cidade do Kuwait, de Riad, da selva de concreto de Mônaco ou da superfície lunar — lugares onde não se paga imposto de renda. Resultado: prefiro ficar mesmo em Berna. Além disso, pessoas que se mudam para lugares mais feios por razões fiscais dão uma impressão de serem mesquinhas e amargas, o que é uma base ruim para uma boa vida. Curiosamente, sempre fiz maus negócios com esse tipo de gente.

A máxima de que dinheiro não traz felicidade já é lugar--comum, e sem dúvida eu o aconselho a não ficar "queimando a mufa" por causa de alguns euros a mais ou a menos. O fato de um chope ser dois euros mais caro ou mesmo mais barato do que o normal já não me afeta mais hoje em dia. Em vez de economizar dinheiro, poupo o estresse, pois a cada minuto que passa o valor do meu portfólio de ações oscila bem mais do que dois euros. Se a bolsa cai um milésimo por cento, isso também não me atinge. Faça o mesmo: fixe um valor determinado, uma quantia modesta à qual você seja indiferente — um dinheiro que você não considera como dinheiro, e sim como um ruído branco. Você não perde nada com tal postura, muito menos o equilíbrio interior.

Houve um tempo, quando eu estava na casa dos quarenta anos, em que, depois de uma longa fase de ateísmo, eu buscava obsessivamente a Deus. Os queridos monges beneditinos do mosteiro de Einsiedeln me hospedaram durante várias semanas. Lembro com prazer daquela época, distante da agitação mundana, sem televisão, sem internet e com pouquíssimo sinal de celular por causa dos muros grossos do mosteiro. O que eu mais apreciava era o silêncio durante as refeições, pois era estritamente proibido falar. Bem, não encontrei Deus, mas outro truque de contabilidade mental, que dessa vez não se refere a dinheiro, e sim ao tempo. No refeitório, os talheres ficam guardados em pequenos ataúdes pretos de cerca de vinte centímetros de comprimento. No início da refeição cada um abre a tampa do seu ataúde e retira o garfo, a faca e a colher, todos cuidadosamente embrulhados. A mensagem é: no fundo, você já morreu. Tudo o que acontece a partir de agora é um presente. É a essência da contabilidade mental. Assim, aprendi a valorizar o meu tempo e a não o esbanjar com estresse.

Você detesta ficar na fila do caixa no supermercado, mofar na sala de espera do dentista, esperar no engarrafamento na estrada? Já, já a sua pressão arterial vai a 150 e você será inundado pelo hormônio do estresse. Em vez de se irritar, deveria pensar o seguinte: sem esse estresse desnecessário que, com o tempo, devora o seu corpo e a sua alma, você viverá um ano a mais. Esse ano que ganhou de presente tem espaço para toda a espera da sua vida e muito mais.

Conclusão: você não pode recuperar a perda de tempo e de dinheiro, mas pode reinterpretá-la. Abra sua caixa de truques de contabilidade mental em todas as situações e verá que, quanto mais treinado estiver na arte de evitar erros mentais, mais divertido será cometer um deles de propósito, de vez em quando. E lembre-se: é para o seu próprio bem.

2. A arte da correção de rumo

POR QUE NÃO EXISTE UMA "CONFIGURAÇÃO INICIAL" PERFEITA

Você está num avião indo de Frankfurt para Nova York. Responda rápido: por quanto tempo a aeronave se mantém no rumo correto? Seria 90% do tempo? Ou 80%? Talvez 70%? Resposta certa: nunca. Quando você estiver na janela e seu olhar passear pela asa até a ponta, poderá observar a inquietação do aileron, aquela superfície móvel localizada na extremidade traseira da asa que serve para corrigir o rumo o tempo todo. Milhares de vezes por segundo o piloto automático estima o desvio entre onde a aeronave está e onde ela deveria estar e envia comandos de correção de rota.

Muitas vezes, gosto de pilotar pequenos aviões sem piloto automático, e assim cabe às minhas mãos executar essas mínimas correções de rota. Não posso largar o manche nem um segundo sequer, sob o risco de a aeronave cair. Você, motorista de carro, conhece isso. Mesmo numa estrada reta, não pode tirar as mãos do volante para não sair da pista e correr o risco de sofrer um acidente.

Nossa vida funciona de modo semelhante a um avião ou um

carro, embora preferíssemos que fosse diferente — previsível e sem perturbações — para que pudéssemos nos concentrar apenas na "configuração inicial" perfeita. Começaríamos estruturando tudo de maneira perfeita: a formação profissional, a carreira, a vida amorosa e em família, e chegaríamos ao objetivo conforme o planejado. Mas você sabe, infelizmente, que não é assim que a banda toca. Nossa vida é submetida a constantes turbulências, lutamos contra toda a sorte de ventos e caprichos meteorológicos imprevistos. Mesmo assim, agimos como pilotos de fim de semana. Superestimamos o papel da configuração inicial e subestimamos sistematicamente o papel da correção de rota.

Como piloto amador, aprendi que, mais do que a partida em si, importa dominar a arte da correção de rota logo depois de levantar voo. A natureza sabe disso há bilhões de anos. Na divisão das células, volta e meia acontecem erros de cópia do material genético. Em todas as células existem moléculas que corrigem esses erros a posteriori. Sem esse reparo efetuado pelo DNA morreríamos de câncer poucas horas depois da concepção. O sistema imunológico segue o mesmo princípio. Não há um plano diretor porque é impossível prever as ameaças. Os vírus e as bactérias estão em constante mutação. Portanto, nossas defesas só podem funcionar com base em constante correção.

Em vista disso, não se surpreenda da próxima vez que souber que um casamento aparentemente perfeito acabou. Trata-se de um exemplo claro em que a configuração inicial foi superestimada. Todos que já viveram mais do que cinco minutos ao lado de alguém deveriam saber que, sem constantes ajustes e reparos, a coisa não anda. Toda parceria precisa ser continuamente cultivada. O engano mais frequente que encontro é a crença de que a boa vida é uma condição ou um estado estável. Errado. A boa vida só é alcançada com o ajuste constante de rota.

Por que não gostamos de corrigir e fazer revisão? Porque interpretamos cada pequeno reparo como erro de planejamento. Pelo jeito, o plano não funcionou, pensamos. E nos sentimos constrangidos, atingidos, fracassados. A verdade é que um plano quase nunca funciona, e, se de vez em quando vira realidade sem necessidade de correções, será por mero acaso. Como o general — e mais tarde presidente — norte-americano Dwight Eisenhower costumava dizer: "Planos não são nada. Planejar é tudo". O que importa não é um plano fixo, e sim o contínuo planejar — que pode não ter fim. Qualquer plano se torna obsoleto no mais tardar quando as próprias tropas enfrentam as do inimigo.

Uma Constituição é a ordem jurídica máxima na qual se baseiam todas as demais leis de um país. Por isso, deveria ser eterna. Mas nem mesmo as Constituições sobrevivem sem correções. A Constituição dos Estados Unidos da América, de 1787, recebeu 27 emendas até agora. Desde a primeira versão de 1848, a Constituição Federal da Suíça foi submetida a duas revisões integrais e dezenas de revisões parciais. A da Alemanha, de 1949, foi readequada sessenta vezes. Não é vergonha, e sim altamente razoável. Aliás, a capacidade de corrigir é o fundamento de qualquer democracia que funciona. Não se trata de escolher o homem certo ou a mulher certa (ou seja, a configuração inicial correta), e sim de conseguir destituir o homem errado ou a mulher errada sem derramar sangue. A democracia é a única das formas de governo que embutiu o mecanismo de correção.

Infelizmente há outras áreas em que estamos menos propensos à correção de rota. Grande parte do sistema escolar, por exemplo, concentra-se na configuração inicial: o conhecimento factual e os diplomas sugerem que, na vida, o que mais importa é a melhor formação escolar possível e as melhores condições de entrar na vida profissional. Mas a relação entre diplomas e sucesso profissional é cada vez menos determinante. Ao mesmo tempo, cresce a importância da capacidade de corrigir a rota — algo que quase nunca é ensinado nas escolas.

No campo do desenvolvimento da personalidade, observa-se o mesmo. Imagino que você conheça pelo menos uma pessoa que considera madura e sábia. Na sua opinião, a que se devem a maturidade e a sabedoria dela? À configuração inicial? À origem perfeita? À família exemplar? À formação de qualidade? Ou foi graças à prática de se corrigir, ao trabalho incansável de lidar com as próprias dificuldades e incapacidades ao longo da vida dessa pessoa?

Conclusão: precisamos acabar com o estigma associado ao ato de corrigir. Quem corrige no momento oportuno sai em vantagem em relação àqueles que ficam muito tempo presos à configuração inicial, esperando, em vão, que seu plano funcione. Não existe um rumo ideal. Não existe uma única meta de vida possível. Não existe uma estratégia empresarial perfeita, nem um portfólio ideal de ações, nem um único emprego certo. Começamos com um ponto de partida e o ajustamos constantemente todo momento. Quanto mais complicado o mundo, menos importante se torna o ponto de partida. Por isso, não invista os seus recursos na configuração inicial perfeita, nem na profissão nem na vida privada. Em vez disso, exercite-se na arte da correção, revendo constantemente aquilo que não deu certo — em tempo hábil, sem peso na consciência. Não é por acaso que eu estou escrevendo estas linhas na versão Word 14.7.1. Faz muito tempo que a versão 1.0 saiu do mercado.

3. A promessa

INFLEXIBILIDADE COMO ESTRATÉGIA

Em 1519, o conquistador espanhol Hernán Cortés chegou à costa do México, vindo de Cuba. Sem mais nem menos, declarou que o México era colônia espanhola e se autonomeou governador. Mandou afundar as naus, impossibilitando, para si e sua tropa, o regresso à pátria. Do ponto de vista econômico, a decisão de Cortés não faz o menor sentido. Por que excluir de antemão um retorno? Por que abrir mão de alternativas? Afinal, um dos principais fundamentos da economia é: quanto mais opções, melhor. Por que, então, Cortés abriu mão de sua liberdade de escolha?

Duas a três vezes por ano costumo encontrar o CEO de uma multinacional durante jantares obrigatórios do mundo dos negócios aos quais nós dois sempre somos convidados. Há anos o observo recusar a sobremesa. Eu achava seu comportamento ilógico e contrário ao princípio do prazer. Por que excluir, por um princípio, a opção doce? Por que não decidir caso a caso? Por que não tomar a decisão dependendo de seu peso atual, da fartura do prato principal ou da força de sedução da sobremesa? Abrir mão da sobremesa por princípio pode ser uma decisão menos dramática do que inviabilizar a volta para casa. À primeira vista, ambas parecem desnecessárias.

Um dos pensadores mais importantes do mundo corporativo é Clayton Christensen, conhecido professor de Harvard e famoso pelo best-seller *O dilema da inovação*. Mórmon convicto, Christensen leva a vida na base de votos que não podem ser quebrados. Se soar muito antiquado, chame de "compromisso absoluto". Eu gosto de "voto" ou "promessa" porque hoje em dia "compromisso" é um termo quase batido e empregado muitas vezes de maneira hipócrita (por exemplo, em falas como: "Temos o compromisso de melhorar o estado do mundo"). Além disso, só um indivíduo, e não uma organização, pode cumprir um voto.

Quando jovem, Christensen observava muitos executivos que sacrificavam a primeira parte de sua vida dedicando-a exclusivamente à carreira para depois, na segunda metade e já tendo obtido independência financeira, poderem se dedicar integralmente à família. O problema era que, àquela altura, as famílias já estavam se esfacelando ou os filhos já tinham levantado voo. Portanto, Christensen fez um voto e prometeu a Deus que não trabalharia nos fins de semana e que, nos dias úteis, estaria sempre em casa para jantar em família — o que significava que, de vez em quando, saía para o trabalho às três da manhã.

Quando escutei isso pela primeira vez, achei o comportamento de Christensen irracional, teimoso e antieconômico. Por que não decidir caso a caso? Às vezes, é preciso trabalhar no fim de semana, compensando na segunda ou na terça-feira. Afinal, flexibilidade é um ativo, em particular numa época em que tudo muda a todo momento.

Hoje, já encaro de outra maneira. Em questões importantes, a flexibilidade não é uma vantagem, e sim uma armadilha. Hernán Cortés, o CEO que dispensa a sobremesa, e Clayton Christensen têm em comum uma inflexibilidade radical que lhes permite atingir metas de longo prazo que não podem ser alcançadas com um comportamento flexível. Por que é assim? Há duas razões. Primeira: quem precisa sempre decidir de novo, de uma situação para outra, perde força de vontade. Existe um termo científico para isso, a "fadiga decisória". Um cérebro cansado de tomar decisões vai escolher a opção mais confortável — que, não raro, é a pior. Por isso, as promessas fazem sentido. Quando você faz uma promessa, não precisa considerar os prós e os contras a cada vez. A decisão já foi tomada e não custa nenhuma energia mental.

A segunda razão pela qual a inflexibilidade é tão valiosa tem a ver com reputação. Ao se manter firme em determinadas questões você deixa clara sua posição e sinaliza que não há espaço para negociação nesses temas. Você demonstra ser soberano e se torna menos vulnerável a ataques. A intimidação mútua durante a Guerra Fria se baseava nesse efeito. Os Estados Unidos e a União Soviética sabiam que o adversário revidaria de imediato se alguém desferisse o primeiro golpe nuclear. Então, não havia o que refletir, não havia o que pensar. A decisão em favor ou contra o botão vermelho já havia sido tomada a priori. Ser o primeiro a disparar simplesmente não era uma opção válida.

O que vale para os países também vale para você. Se você viver de forma coerente com as suas promessas — sejam elas quais forem —, a tendência é que o deixem em paz depois de algum tempo. O lendário investidor Warren Buffett jamais barganha por uma questão de princípio. Quem quiser vender sua empresa para Buffett só tem uma chance. Só pode fazer uma oferta. Buffett pode comprar a empresa ao preço sugerido ou recusar.

Se o preço estiver muito alto para Buffett, nem tente oferecer um preço mais baixo. Um "não" é um "não", todo mundo sabe. Assim, Buffett ganhou a fama de ser inflexível, garantindo que, desde o início, sempre receberá logo a melhor oferta e não perderá seu tempo pechinchando.

Promessas, votos, princípios incondicionais — tudo isso soa fácil, mas não é. Suponha que você esteja dirigindo um caminhão cheio de dinamite numa estrada reta de mão única. Pela mesma pista, na contramão, vem outro caminhão, também carregado de dinamite. Quem desvia primeiro? Se conseguir convencer o outro motorista que você decidiu jamais desviar, vai vencer. Ou seja, o outro vai desviar primeiro (caso seja alguém que age racionalmente). Se você puder provar, por exemplo, ao outro motorista que o seu volante está bloqueado com um cadeado e você jogou a chave pela janela, estará sinalizando um compromisso extremamente forte. Da mesma forma, suas promessas precisam ser fortes, críveis e radicais para que tenham efeito de sinalização.

Conclusão: diga adeus ao culto à flexibilidade. Ela só traz infelicidade, cansaço e o desvia das suas metas sem que você perceba. Agarre-se às suas promessas. Sem concessões. É mais fácil respeitar a promessa 100% do que apenas 99%.

4. O princípio da caixa-preta

A REALIDADE NÃO LIGA PARA OS SEUS SENTIMENTOS
(OU: POR QUE SUA VIDA MELHORA DEPOIS DE UMA
QUEDA)

A aeronave britânica De Havilland Comet 1 foi o primeiro avião
comercial do mundo com propulsão de motores a jato. Em 1953
e 1954 houve uma série de acidentes misteriosos: as aeronaves
se partiam em pleno ar. Um dos aviões caiu pouco depois de
decolar do aeroporto de Calcutá. Depois, outro rachou ao meio
ao sobrevoar a ilha de Elba. Algumas semanas depois, um Comet 1 caiu no mar próximo à cidade de Nápoles. Nos três casos,
não houve sobreviventes. A frota foi proibida de levantar voo.
Mas ninguém encontrou a causa. Por isso, voltou-se atrás com
a proibição. Duas semanas depois, mais um avião voltou a cair,
novamente perto de Nápoles. Foi o fim do Comet 1.

Mais tarde a falha de construção foi identificada: estava no
design quadrado das janelas da aeronave. Os cantos eram a origem
de minúsculas rachaduras que se estendiam pelo corpo do avião,
causando a queda. Por isso, os passageiros até hoje veem o céu

através de janelas arredondadas. Mas houve outra consequência ainda mais importante: o investigador David Warren sugeriu que fosse instalado em todos os aviões comerciais um sistema de registro de dados e voz, mais tarde chamado de caixa-preta — e a ideia foi colocada em prática. A caixa-preta registra milhares de dados por segundo, bem como as conversas dos pilotos na cabine, permitindo, assim, uma análise precisa das causas de um acidente.

Poucos outros setores levam tão a sério os erros quanto a indústria aeronáutica. Depois de sua queda espetacular no rio Hudson, o capitão Sullenberger escreveu: "Todo conhecimento na aviação, toda regra, todo procedimento existe porque alguém caiu em algum lugar". Ou seja: cada queda aumenta a segurança de voos no futuro. Esse "princípio da caixa-preta" é uma ferramenta mental sofisticada que pode ser transferida para outras áreas da vida. Esse conceito foi criado por Matthew Syed, que dedicou um livro inteiro a isso.

Os seres humanos são o oposto da indústria aeronáutica. Imagine, por exemplo, que você comprou ações a cem euros há alguns anos. Agora, a cotação caiu para míseros dez euros. O que passa pela sua cabeça? Claro, você tem esperança e reza para que a ação se recupere. Ou xinga o gestor da empresa. Ou apela para uma bebida para afogar as mágoas. Pouquíssimos aceitam a realidade e analisam a sua própria caixa-preta. E isso exige duas coisas: a) aceitação radical e b) pensar segundo o princípio da caixa-preta. Vamos pela ordem:

O saldo negativo em sua conta — bem, ele simplesmente está lá, não importa como você se sinta. O e-mail enfurecido ao gestor da empresa foi enviado, qualquer que seja o número de taças de vinho que você vai usar para justificar esse surto de raiva. E mesmo o câncer que se espraia dentro de você segue indiferente aos seus desejos.

O psicólogo Paul Dolan, da Escola de Economia e Ciência Política de Londres, descreve como pessoas que estão acima do peso vão deslocando o foco para questões nas quais o peso não tem tanta importância – por exemplo, o emprego. Por quê? Porque é mais fácil deslocar o foco do que perder peso. Mas os fatos não ligam para o seu foco, os seus interesses ou os seus motivos. Para o mundo, é indiferente o que você pensa e quais sentimentos desenvolve por conta disso. Combata essas táticas de embuste do seu cérebro.

"Não deixar o autoengano se estabelecer é a precondição absoluta de uma felicidade segura e sustentável", escreveu Bertrand Russell, matemático e filósofo que recebeu o prêmio Nobel de Literatura. Trata-se de um exagero, uma vez que não existe felicidade segura e sustentável. Mas Russell tem razão em apontar que enganar a si próprio não harmoniza com a boa vida. Aceitar a realidade é fácil quando se gosta dela. Mas é preciso aceitá-la também quando não é tão agradável. Russell deu um exemplo: "O dramaturgo que nunca tem sucesso deveria pensar na hipótese de que suas peças simplesmente não prestam". Talvez você não escreva peças de teatro, mas com certeza se lembrará de exemplos assim na sua vida. Talvez você simplesmente não tenha talento para línguas estrangeiras? Não tenha nascido para ser executivo ou, por natureza, não tenha um corpo atlético? Você deveria considerar essas hipóteses e tirar as próprias conclusões.

Como fazer para aceitar, sem dó nem piedade, as falhas, os fracassos e as quedas? É difícil fazer isso sozinho. Em geral, enxergamos os outros com muito mais clareza do que a nós próprios. Por isso, tantas vezes ficamos desiludidos com outros, mas raramente conosco mesmos. A melhor coisa é poder contar com um parceiro de vida ou um amigo que lhe apresenta a verdade sem retoques. E ainda assim o seu cérebro tentará maquiar fatos menos favoráveis. Com o tempo, porém, você aprende a levar a sério o julgamento dos outros.

Além dessa aceitação radical, você precisará de uma caixa--preta. Construa a sua. No momento em que tomar uma decisão importante, anote o que passa pela sua cabeça. Se essa decisão de vida se revelar equivocada, dê uma olhada na sua caixa-preta (não precisa ser à prova de queda, um simples notebook bastará) e analise exatamente quais raciocínios levaram a esse erro. Simples assim. Com cada decisão errada cuja origem você entendeu, a sua vida vai acabar melhorando. Se não conseguir explicar onde estava o erro, você não entendeu o mundo ou a si próprio. Em outras palavras: se não conseguir explicar a queda, voltará a cair. Vale a pena ser obstinado na análise dos fatos.

Pequeno adendo: pensar segundo o princípio da caixa-preta funciona não apenas na vida privada, mas também no trabalho. Em todas as empresas, isso deveria fazer parte da rotina.

No entanto, a aceitação radical da realidade e pensar segundo o princípio da caixa-preta, por si sós, ainda não bastam. Para considerar seu futuro, você também precisa eliminar as causas dos erros encontrados. Charlie Munger, sócio de Warren Buffett, afirma a esse respeito: "Se você não enfrentou um problema e, em vez disso, esperou até que se tornasse insolúvel, é tão idiota que mereceu esse problema". Outro autor, Alex Haley, adverte: "Não espere as consequências fazerem o estrago. Se você não der conta da realidade, a realidade é que dará conta de você".

Conclusão: aceite a realidade de maneira radical — principalmente aqueles aspectos dos quais não gosta. Faça isso, ainda que na hora pareça difícil. A recompensa virá mais tarde. A vida não é simples. Mesmo tendo uma boa vida você terá que lidar com uma boa quantidade de fracassos. E tudo bem cair de vez em quando. Importante é descobrir as causas da queda e resolvê-las. Problemas não são como vinhos franceses, que melhoram com o tempo.

5. Contraprodutividade

POR QUE EQUIPAMENTOS FEITOS PARA POUPAR
TEMPO MUITAS VEZES ROUBAM O SEU TEMPO

O automóvel, sem dúvida, foi um salto imenso em eficiência. Comparado à caminhada, a 6 quilômetros por hora, ou à carroça puxada por cavalos, com seus 15 quilômetros por hora, hoje é fácil deslizar sem esforço a 160 quilômetros por hora pelas estradas (da Alemanha, é claro). Ainda que nem sempre você esteja em uma estrada vazia: qual é a velocidade média do seu carro? Anote o seu palpite aqui mesmo, à margem deste livro, antes de continuar a leitura.

Como fez o cálculo? Dividiu a quantidade de quilômetros rodados por ano pela estimativa de uso anual do carro? Esse, aliás, é o cálculo fornecido por qualquer computador de bordo dos veículos. No caso do meu Land Rover Discovery, dá cerca de 50 quilômetros por hora. Mas a conta está errada, pois ainda é preciso levar em conta: a) as horas que você precisou trabalhar para comprar o carro, b) as horas que você precisou trabalhar para pagar o seguro, a manutenção, a gasolina e as multas; c) o tempo que se perde dirigindo para o trabalho a fim de pagar por a) e b), incluindo as horas perdidas em engarrafamentos. Foi o que fez o ex-sacerdote católico Ivan Illich no caso dos carros nos Estados Unidos. O resultado? Um carro norte-americano atinge a velocidade média de 6 quilômetros por hora — ou seja, exatamente igual à do pedestre. Isso foi nos anos 1970, quando o país tinha 40% menos habitantes do que hoje, mas a rede viária já era do mesmo tamanho. Hoje em dia, a velocidade média com certeza deve estar bem abaixo disso.

Illich chamou esse efeito de contraprodutividade. O termo designa o fato de que muitas tecnologias, à primeira vista, poupam tempo e dinheiro, mas que essa economia se dissipa no momento em que se faz uma conta total. Não importa como você prefere se locomover, a contraprodutividade é uma armadilha decisória da qual é melhor ficar bem longe.

Tomemos outro exemplo: o e-mail. Avaliado de forma isolada, é genial. Escrevem-se e enviam-se e-mails muito rápido — e, ainda por cima, de graça! As aparências enganam. Cada e-mail atrai grande quantidade de spam que precisa ser filtrada. Pior: atrai notícias, em sua maioria irrelevantes, mas que precisam ser lidas de qualquer maneira para decidir se é preciso agir logo. Um enorme gasto de tempo. Para ser bem correto, é preciso calcular em cada e-mail a parcela de custo do computador ou do smartphone, além do tempo gasto na atualização dos softwares. Uma conta aproximada resulta no custo de um euro por e-mail relevante — mais ou menos o mesmo preço de uma carta enviada à moda antiga, pelos correios.

Outro exemplo é o das apresentações. Antigamente, uma palestra para a direção da empresa ou para clientes consistia em uma sequência de argumentos lógicos. Bastavam algumas anotações feitas à mão, no máximo enriquecidas com alguns traços em um projetor. Em 1990, chegou ao mercado o programa PowerPoint. De um só golpe, milhões de executivos e seus assistentes passaram a investir milhões de horas nessas apresentações, enriquecendo-as com cores berrantes, tipos de letra bizarros e aqueles efeitos engraçados de mudança de slide. Lucro líquido: zero. Como todo mundo de repente começou a usar o PowerPoint, a surpresa logo se esvaiu. Um típico efeito de corrida armamentista (ver capítulo 46). Somem-se a isso os custos da contraprodutividade, ou seja, milhões de horas esbanjadas para aprender a usar o software, as inúmeras atualizações e, por fim, a configuração e decoração dos slides. O PowerPoint costuma ser considerado o software da produtividade. Na verdade, deveria ser o software da contraprodutividade.

Para nós, o efeito negativo da contraprodutividade pode ser inesperado. Mas os biólogos nem se surpreendem. A natureza conhece esse efeito há milhões de anos. O pavão, equipado com uma plumagem cada vez mais linda e comprida por uma espécie de competição estética com a concorrência, vai perceber a contraprodutividade no mais tardar quando encontrar uma raposa pelo caminho. Quanto mais compridas e faustosas as penas, maiores as chances com a fêmea — e mais visível ele se torna a seus predadores. Ao longo de milhões de anos, instituiu-se um equilíbrio entre atração sexual e discrição para garantir a sobrevivência. Cada centímetro adicional em plumagem será contraproducente. O mesmo vale para a galhada de veados ou a potência sonora de aves de canto melodioso.

Cuide-se, portanto, para não cair na armadilha da contraprodutividade. Ela só é visível à segunda vista. Eu me acostumei a usar apenas *um* laptop (sem rede em casa), a limitar os aplicativos no meu smartphone ao mínimo absoluto e a trocar muito raramente um aparelho velho que ainda funciona por um novo.

Não uso nenhuma outra tecnologia — nem TV, nem rádio, nem jogos, nem smartwatch, nem o aplicativo Alexa. A ideia da casa inteligente é um pesadelo para mim. Prefiro ligar e desligar as luzes em casa manualmente a usar um aplicativo que eu primeiro preciso instalar, colocar em rede e para o qual depois ainda sou obrigado a fazer atualizações constantes. Além disso, nenhum hacker pode invadir meus velhos interruptores. É mais um fator de contraprodutividade que pode ser eliminado.

Você se lembra de quando as câmeras digitais chegaram ao mercado? Que libertação, pensávamos. Acabaram-se os filmes caros. Acabou a espera pela revelação. Acabaram as fotos em que não saíamos bem. Agora, basta fazer mais uma dúzia e escolher. Parecia uma simplificação imensa. Mas, olhando para trás, é um claro caso de contraprodutividade. Hoje, você está sentado em uma montanha de fotos e vídeos dos quais 99% são desnecessários. Você não tem mais tempo de organizar, mas leva para todo canto nos backups locais e na nuvem — visíveis e uma boa fonte de exploração para os grandes conglomerados da internet. E ainda tem o tempo gasto em processar a imagem com um software complicado que pede atualizações periódicas e precisa ser migrado quando você compra um computador novo.

Conclusão: anunciada com tantas promessas, a tecnologia muitas vezes tem efeito contraproducente para a qualidade de vida. Uma regra básica da boa vida é: esqueça tudo aquilo de que você não precisa de verdade. Isso vale principalmente para a tecnologia. Antes de comprar o próximo gadget, ligue o seu cérebro.

6. A arte negativa da boa vida

NÃO FAÇA NADA DE ERRADO PARA QUE A COISA CERTA POSSA ACONTECER

"Existem pilotos velhos e pilotos corajosos. Mas não existem pilotos velhos corajosos." Como piloto amador, volta e meia eu me lembro dessa máxima. A ideia de um dia fazer parte da categoria de pilotos velhos me agrada — bem mais do que a alternativa.

Quando entro na cabine do meu velho avião monomotor (ano de fabricação 1975), não planejo nenhum voo espetacular. Apenas tento não cair. As causas de quedas são bem conhecidas: voar com tempo ruim, voar sem ter feito o checklist, voar cansado, voar sem reserva de combustível.

Investir no mercado de ações não é tanto uma questão de sobrevivência, mas envolve muito dinheiro. Investidores falam bastante em *upside* e *downside* — ou seja, o potencial de valorização ou de desvalorização. *Upside* engloba todos os possíveis resultados positivos de um investimento, como lucros acima da média, e *downside*, todos os resultados negativos imagináveis (como a bancarrota). Esses conceitos podem ser aplicados à aviação. Antes e durante o voo, coloco um excesso de atenção no *downside*. Tento evitá-lo de todas as maneiras. Em contrapartida, mal me preocupo com o *upside*. Se a neve se estende, majestosa, pelos Alpes, se houver lindas nuvens a admirar, se o meu sanduíche estará delicioso nas alturas, todas essas maravilhas eu vou experimentar no momento oportuno. Enquanto o *downside* estiver desligado, o *upside* acontecerá de forma automática.

O investidor Charles Ellis recomenda o mesmo princípio a todos os tenistas amadores. Ao contrário dos jogadores profissionais, que conseguem colocar quase todas as bolas onde e como desejam, os amadores vivem errando: jogam a bola na rede, erram na altura, na distância, nos quadrantes. Um jogo profissional é bem diferente de um jogo amador. Os profissionais *ganham* pontos, os amadores *perdem* pontos. Se você jogar com um amador, concentre-se simplesmente em não errar. Adote um estilo conservador e mantenha a bola em jogo o máximo de tempo possível. Sem jogar intencionalmente de modo conservador, o seu adversário cometerá muito mais erros do que você. No tênis amador, as partidas não são *ganhas*, e sim *perdidas*.

Concentrar-se no *downside* em vez de no *upside* é uma valiosa ferramenta mental. Os gregos, os romanos e os pensadores medievais tinham um nome para essa prática: teologia negativa — o caminho negativo, o caminho da renúncia, do abrir mão, da redução. Em outras palavras, não se pode dizer o que é Deus, pode-se dizer apenas o que Deus não é. Aplicando esse princípio ao nosso tema: não é possível dizer o que garante uma boa vida. É possível dizer apenas o que não garante uma boa vida — e dá para fazer isso com certeza.

De fato, há 2500 anos, filósofos, teólogos, médicos, sociólogos, economistas, psicólogos, neurologistas e publicitários tentam descobrir o que torna o ser humano feliz. Os resultados são parcos.

Costuma-se dizer que contatos sociais são importantes, que o amor pela vida ajuda, que sexo não atrapalha, nem a ação moral. Bem, tudo isso já sabemos, não é? Os resultados não poderiam ser mais imprecisos. No que se refere aos fatores de felicidade concretos (o tal do *upside*), continuamos no escuro.

Mas, quando nos perguntamos o que poderia *ameaçar* a felicidade ou *pôr em risco* uma boa vida, sabemos bem quais são os fatores: alcoolismo, drogas, estresse crônico, barulho, tempo que se perde para chegar ao trabalho, um emprego odiado, desemprego, um casamento falido, expectativas muito elevadas, pobreza, dívidas e dependência financeira, solidão, convivência com pessoas que só se lamentam, dependência de julgamentos externos, comparação com os outros, vitimismo, falta de amor-próprio, insônia crônica, depressão, nervosismo, ira e inveja. Para isso, nem precisamos de ciência. Você pode observar esses fatores em si mesmo, entre amigos, na vizinhança. O *downside* costuma ser mais concreto do que o *upside*. O *downside* é como granito — duro, palpável, concreto. Já o *upside* é como o ar.

Por isso, procure eliminar sistematicamente o *downside* em sua vida para ter uma chance real de obter uma boa vida. É claro que o destino sempre pode se intrometer. Um meteorito destrói a sua casa, uma guerra irrompe, seu filho adoece, sua firma vai à falência. Mas o destino é uma categoria que você, por definição, não pode influenciar. Portanto, nem pense nisso.

Na lista acima você sentirá falta de algumas categorias: doença, complicações físicas, divórcio. Diversos estudos demonstraram que o efeito desses golpes se dissipa mais rápido do que imaginamos. Durante os primeiros meses depois de um acidente, pessoas que ficaram paraplégicas se concentram apenas em suas mazelas. É compreensível que se sintam infelizes. Mas em poucos meses seu ânimo se normaliza e as questões normais do cotidiano voltam para primeiro plano e a mazela perde importância.

O mesmo acontece em casos de divórcio. Depois de alguns anos, o vale de lágrimas fica para trás. Já com alcoolismo, drogas, estresse crônico, ruído, longos trajetos até o trabalho etc. — ou seja, todos os itens da primeira lista — o ser humano não se acostuma. Não dá para simplesmente riscar esses fatores. Eles estão sempre presentes e impossibilitam uma boa vida.

Investidores que se tornaram bem-sucedidos no longo prazo, como Warren Buffett e Charlie Munger, trabalham com posturas, truques e ferramentas mentais que podem muito bem ser aplicados à vida cotidiana. Em primeiríssimo lugar: evitar o *downside*. Em seus investimentos, Buffett e Munger focam sobretudo no que deve ser evitado — ou seja, no que *não* fazem —, antes de se concentrarem no *upside*. Buffett declara: "Não aprendemos a resolver problemas difíceis na vida empresarial. Aprendemos a evitá-los". Não é preciso ser um gênio para fazer isso. O sócio de Buffett, Charlie Munger, completa: "É surpreendente o êxito que pessoas como nós atingem ao apenas tentarem *não ser idiotas*, em vez de tentarem ser *brilhantes*".

Conclusão: uma grande parte da boa vida consiste em evitar bobagens, tolices e modismos, em vez de almejar a felicidade total. O que enriquece a vida não é o que você acrescenta, e sim o que deixa de fazer. Como diz Charlie Munger, que no quesito humor é brilhante: "Quero saber onde vou morrer para jamais visitar o local".

7. A loteria dos óvulos

POR QUE VOCÊ NÃO MERECEU SEU SUCESSO

Felicidade é algo que se tem. Já o sucesso precisa ser conquistado. Essa é a opinião corrente. Faça um balanço e se pergunte: quão bem-sucedida foi a minha vida até agora? Atribua notas de +10 (sucesso total) até -10 (fracasso total). Anote a resposta na margem desta página. Pergunta seguinte: qual é a parcela desse sucesso que você deve a si mesmo? Aos seus esforços, ao seu trabalho, ao seu engajamento — em suma, ao seu desempenho pessoal? E qual parcela se deve ao acaso, a fatores pelos quais você não é responsável? Anote também essas duas porcentagens. Bem, acredito que você deve ter registrado aproximadamente 60% de trabalho próprio e 40% de acaso (pelo menos é a resposta que recebo da maioria das pessoas).

Agora faça um pequeno exercício mental que eu também peguei emprestado de Warren Buffett: "Imagine gêmeos univitelinos na barriga da mãe, ambos igualmente inteligentes e cheios de vida. De repente aparece uma fada e diz: 'Um de vocês vai crescer nos Estados Unidos, o outro em Bangladesh. Aquele que crescer em Bangladesh não terá que pagar impostos'. Que parcela do seu futuro rendimento você daria para ser aquele gêmeo que nasce nos Estados Unidos?". Nesse contexto, Buffett fala da "loteria dos óvulos" (*ovarian lottery*). Naturalmente, você pode substituir os Estados Unidos pela Alemanha, a Suíça ou outro país desenvolvido. Como responderia a esse dilema?

A maioria das pessoas a quem apresento essa pergunta indica por volta de 80%. Isso também ocorre comigo. Portanto, estamos dispostos a "entregar" uma parcela extremamente elevada do nosso rendimento para crescer no nosso país dos sonhos. Se uma boa origem vale tanto dinheiro para nós, isso exemplifica qual é a influência que exerce no nosso sucesso.

A loteria dos óvulos não se limita ao país de origem. Além de ter nascido em determinado país, você nasceu numa região com determinado CEP e em determinada família. Você não é responsável por nada disso. Você foi equipado com valores, posturas e princípios que, hoje, podem ser positivos ou negativos para a sua vida e pelos quais também não é responsável. Você foi matriculado num sistema escolar com professores que não pôde escolher. Sofreu doenças, golpes do destino (ou foi poupado deles) sem ter sido responsável por nada disso. Desempenhou uma série de papéis e tomou decisões — com base em quais critérios? Talvez tenha lido um livro que transformou a sua vida, mas como o encontrou? Conheceu alguém que lhe abriu portas, sem as quais não estaria onde está hoje. A quem deve agradecer por ter conhecido essa pessoa?

Mesmo que você brigue com o seu destino, precisa admitir que tem uma sorte imensa. Neste exato momento vivem 6% de todas as pessoas que já povoaram a Terra. Em outras palavras: 6% de todas as pessoas nascidas ao longo dos últimos 300 mil anos, desde que o *Homo sapiens* povoou o mundo, vivem hoje. Você poderia ter vindo ao mundo em outra época, e a probabilidade de isso ter acontecido era de 94%. Imagine você sendo escravo no Império Romano, uma gueixa na época da dinastia Ming, carregador de água no Antigo Egito. Quanto das suas habilidades inatas realmente valeria alguma coisa naqueles ambientes?

Minha mulher e eu somos pais de gêmeos bivitelinos. O mais velho (por quarenta segundos) é louro de olhos azuis. O segundo, moreno de olhos castanhos. Embora nos empenhemos em educar os meninos da mesma forma, eles têm personalidades totalmente diferentes. Um é sempre bem-humorado e aberto a todos. O outro não consegue lidar tão bem no quesito social, em compensação é extremamente habilidoso com suas mãozinhas, desde que nasceu. O acaso misturou meus genes com os da minha mulher e gerou duas pessoas novas. Do mesmo modo, os seus genes são uma mistura casual dos genes dos seus pais, que, por sua vez, são uma mistura casual dos genes dos seus avós, e assim por diante. Você é hoje a mistura casual e o descendente biológico de cerca de 4 mil pessoas que viviam na época de Luís XIV, o Rei Sol. Pense nisso quando visitar o palácio de Versalhes.

Você deve aquilo que é aos seus genes — e ao ambiente em que o seu projeto genético se torna realidade. Os alicerces da sua inteligência também são basicamente genéticos. Assim como o fato de você ser mais introvertido ou extrovertido, aberto a novas ideias ou medroso. Se achar que o seu sucesso se baseia em trabalho duro, em serões no trabalho e na incessante vontade de avançar, não está errado. Só que você também deve aos seus genes e ao seu ambiente a força de vontade da qual tanto se orgulha.

Portanto, considerando esses fatos, voltemos à pergunta: qual porcentagem do seu sucesso você atribuiria ao seu próprio desempenho? Correto — a resposta lógica é: 0%. No fundo, seu sucesso se baseia em coisas pelas quais você não é nem um pouco responsável. Na verdade, você não "mereceu" o seu sucesso. Desta vez, são duas as conclusões. A primeira: continue sendo modesto, especialmente se for bem-sucedido. Quanto maior o seu êxito, menos ele deve ser alardeado. A modéstia saiu de moda. Adoramos expor nossos imensos esforços e colocá-los em rede para todo mundo ver. Evite isso. Não estou falando da falsa modéstia, e sim de modéstia verdadeira. Pois quem estufa o peito — ainda que em silêncio — é vítima de uma ilusão. O orgulho não leva a nada e é falso. Acabar com o orgulho é um componente fundamental da boa vida. Veremos mais sobre isso no capítulo 51. Lembre-se todos os dias que tudo o que você é, o que possui e o que sabe são o resultado de mera coincidência. O único sentimento cabível aos que foram eleitos pela sorte — eu e você, por exemplo — é a gratidão. Eis um belo efeito colateral, pois pessoas gratas são comprovadamente mais felizes.

Segunda conclusão: compartilhe de modo voluntário e generoso uma parte do seu (imerecido) sucesso com aqueles que nasceram com os genes errados em famílias erradas e que moram nos CEPs errados. O gesto não é apenas de nobreza, mas também de razão. Doações e impostos não são uma questão financeira. São, acima de tudo, uma questão moral.

8. A ilusão da introspecção

LEVE AS EMOÇÕES A SÉRIO – MAS NÃO AS SUAS

O que você está vendo neste momento? Quais objetos estão ao seu redor? Tente descrever da maneira mais detalhada possível. Pare um minuto antes de continuar a leitura. Próxima pergunta: como está se sentindo neste momento? Quais emoções consegue identificar? Tente descrever da melhor forma possível. Pare um minuto antes de continuar a leitura.

No primeiro caso, suas respostas devem ter sido bem precisas. Você enxerga a página de um livro, com letras pretas em fundo claro. Talvez tenha erguido o olhar e observado o ambiente: móveis, plantas, quadros na parede. Não importa o que viu, foi fácil descrever.

Agora tomemos as respostas à segunda pergunta, que diz respeito às suas emoções. Suspeito que tenham produzido uma imagem um tanto nebulosa. Talvez você esteja mal-humorado neste momento. Mas o que sente exatamente? Está com raiva, decepcionado, ranzinza, amargo? Em caso afirmativo, por quê? Caso seja o contrário e você esteja bem-humorado, por qual razão? Ou será que nenhum sentimento especial move você neste exato momento? Talvez só tenham surgido alguns sentimentos quando leu a pergunta? Não se chateie se tiver dificuldades em descrever seus sentimentos. A causa não são suas habilidades linguísticas. Existem centenas de adjetivos. Temos muito mais palavras para designar emoções do que para cores, e mesmo assim não conseguimos descrever os sentimentos com clareza. "A auto-observação da nossa emoção momentânea, longe de ser segura, ou mesmo infalível, é falha, nem sempre confiável e pode gerar equívocos — não só pode ser equivocada, mas talvez seja quase sempre equivocada. Não acredito que só dentro de mim esteja escuro, mas em todas as pessoas", é o que comenta o professor Eric Schwitzgebel, de Stanford, sobre essa incapacidade.

Ora, poderíamos conviver muito bem com essa incapacidade se o mundo inteiro não passasse o tempo todo exigindo: siga seu coração! Siga suas emoções! Siga sua voz interior! Meu conselho: nem tente. Não transforme suas emoções em bússola. Se formos comparar com uma bússola, nossa voz interior consiste em uma dúzia de ponteiros, todos apontando em direções diferentes, oscilando e girando sem parar. Você teria coragem de atravessar um oceano com uma bússola dessas? Creio que não. Portanto, não a utilize para a navegação ao longo da sua vida.

Você não vai encontrar a boa vida fazendo uma introspecção investigativa. A psicologia denominou "ilusão de introspecção" a crença equivocada de que, por meio da mera auto-observação interior, podemos descobrir nossas inclinações, nosso propósito, o sentido da vida, o núcleo de ouro da felicidade. É fato: se você seguir as suas emoções por essa floresta densa — que é como tantos poetas descrevem nosso mundo interior —, com certeza se perderá, ficará atolado num pântano de emoções, fragmentos de pensamento e sentimentos.

Se já fez alguma entrevista de emprego, conhece o problema: você conversa meia hora com um candidato e toma sua decisão com base nisso. A pesquisa mostra que essas entrevistas de emprego não servem para nada, que é melhor analisar a trajetória profissional do candidato. Parece lógico. Afinal, o que vale mais: breves trinta minutos de conversa ou o balanço de trinta anos de experiência? A introspecção investigativa nada mais é do que uma entrevista de emprego consigo mesmo, ou seja, nem um pouco confiável. Em vez disso, você deveria observar o seu passado. Quais temas perpassam a sua vida? Observe os fatos, não a sua interpretação posterior deles.

Mas por que a introspecção investigativa é tão pouco confiável? Há duas razões. Em primeiro lugar, ouvir sua voz interior com mais profundidade e frequência não vai ajudar a replicar seus genes na próxima geração. Do ponto de vista evolucionário, é muito mais importante saber ler os sentimentos dos outros do que os próprios. E é bom saber, pois somos comprovadamente melhores nisso. Na prática, sua melhor aposta é perguntar a um amigo ou ao seu parceiro o que se passa no seu interior. Ele saberá julgar com mais objetividade do que você.

A segunda razão pela qual a introspecção investigativa é tão pouco confiável é que todo mundo gosta de ser a única autoridade no recinto. Não importa o que achamos que sentimos em nosso íntimo — ninguém ousará duvidar. É confortável, mas não ajuda, pois falta o mecanismo de correção.

Uma vez que nossos sentimentos são tão pouco confiáveis, como regra geral deveríamos levá-los menos a sério, em particular os negativos. Os filósofos gregos chamavam essa capacidade de eliminar sentimentos negativos de *ataraxia*. O conceito designa a tranquilidade de ânimo, a paz de espírito, a ausência de inquietude, a harmonia. Quem domina a ataraxia é capaz de manter a calma quando o destino resolver dar um golpe. Um degrau acima está a apatia, ou seja, a completa eliminação de sentimentos (que os gregos antigos também tentaram). Ambos — ataraxia e apatia — são ideais muito difíceis de atingir. Mas não se preocupe, não é disso que tratamos aqui. Eu defendo apenas que deveríamos cultivar uma relação nova, distante, cética e lúdica com a nossa voz interior.

Eu, por exemplo, trato meus sentimentos como se não fossem meus. Eles vêm de algum lugar para me visitar e vão embora. Se você preferir uma metáfora: eu me vejo muitas vezes como um mercado aberto e arejado por onde passam pássaros de todos os tipos. Ora só passam voando, ora pousam por algum tempo e ora deixam "cair" alguma sujeira. Mas acabam seguindo seu caminho. Há pássaros de que eu gosto mais, outros de que gosto menos. Desde que inventei essa imagem do mercado, os sentimentos não me "possuem" mais, e eu nem me sinto dono deles. Alguns desses visitantes não são muito bem-vindos, mas também não me atrapalham — como os pássaros no mercado. Eu os ignoro ou os vejo à distância. Essa comparação com os pássaros pode ser levada adiante. Se você atribuir certas espécies de pássaros a determinadas emoções, pode lidar de maneira ainda mais lúdica com isso. A inveja, para mim, é um pequeno pardal verde e ruidoso. O nervosismo é um pica-pau que martela sem cessar. A ira é um falcão, o medo, um tordo que bate as asinhas nervosamente. E assim por diante.

Você vai me entender, pois deve conhecer a situação por experiência própria: quem usa a força de vontade para tentar reprimir sentimentos negativos apenas os reforça. Mas quem encontrar um jeito mais leve, menos sério de lidar com eles, talvez não atinja a paz de espírito total (ninguém consegue isso), mas certo equilíbrio.

Admito que alguns sentimentos — sobretudo a pena de si mesmo, a tristeza e a inveja — são tão tóxicos que é difícil acabar com eles desse jeito mais brincalhão. Requerem estratégias mentais adicionais das quais trataremos com detalhes nos capítulos 24, 29 e 32. Mas o fundamental é: não confie nos seus sentimentos. É mais fácil dizer com precisão o que existe dentro de um Big Mac do que o que sente ao comer um Big Mac. Leve muito a sério os sentimentos dos outros, mas não os seus próprios. Deixe-os voar, pois de qualquer maneira eles vêm e voltam como e quando querem.

9. A armadilha da autenticidade

POR QUE VOCÊ PRECISA DE UM MINISTRO DAS
RELAÇÕES EXTERIORES

Você gosta de pessoas autênticas? É claro que sim. Dá para saber o que uma pessoa autêntica pensa e sente, o que passa pela cabeça dela e o que está tramando. Esses indivíduos sinceros não escondem o que se passa no seu íntimo. É o que torna o contato pessoal tão agradável, estreito e eficiente. Não admira que a questão da autenticidade esteja em voga. Quase todas as palestras de coaching oferecem um treinamento especial sobre o tema. Quase todos os livros da área têm um capítulo sobre "liderança autêntica". Quase todos os blogs sobre como ter uma vida bem-sucedida oferecem dicas de como ser o mais autêntico possível. Da mesma forma que não vale a pena investir num Picasso falsificado, não vale a pena investir — nem dinheiro, nem tempo — em pessoas que não sejam autênticas.

Mas de qual grau de autenticidade estamos falando? Vamos fazer um exercício mental. Suponha que você tenha combinado um almoço com Lisa, uma moça hiperautêntica. Ela chega vinte minutos atrasada, o cabelo desgrenhado. Murmura uma desculpa e depois trombeteia em alto e bom som para o restaurante inteiro ouvir que "não está com ânimo de almoço", muito menos naquele restaurante brega. As pessoas nas mesas ao lado apoiam o garfo no prato. Após um momento de silêncio, Lisa elogia sua roupa, mas reclama que o relógio não combina. Em seguida, ela se inclina, estende o braço, pega sua taça de vinho e bebe tudo de um só gole: "Desculpa, eu estava com taaanta sede!". Depois do prato de entrada, ela apoia a cabeça na mesa e adormece, enquanto você aguenta o fogo cruzado dos olhares alheios. Cinco minutos mais tarde, quando chega o prato principal, ela acorda, alonga os braços com um bocejo animalesco e sorri: "Sabe, sem essa dormidinha não sou a mesma". Com os dedos, ela pega o espaguete e mergulha um a um no molho "porque é muito mais gostoso assim". Depois, ela narra — porque precisa compartilhar — toda a bobagem que sonhou à noite, enquanto você já está pedindo a conta. Isso, caro leitor, seria pura autenticidade.

Em seu livro *Mirror, Mirror* [Espelho, espelho], o filósofo britânico Simon Blackburn conta a história do enterro de Charles Darwin na Abadia de Westminster. William, o filho mais velho do grande biólogo (e principal personagem da solenidade), estava na primeira fila da catedral quando sentiu um golpe de vento em sua careca. Ele tirou as luvas pretas e as colocou na cabeça, e ali permaneceram durante toda a cerimônia sob os olhares embasbacados do público do mundo inteiro.

O comportamento de William Darwin pode não ter sido tão ruim quanto o de Lisa do almoço fictício, mas uma coisa fica clara: é possível exagerar na autenticidade. Ainda esperamos certa medida de educação, boas maneiras, autocontrole — ou seja, de dissimulação civilizatória — pelo menos no trato pessoal. No contato virtual já alcançamos o nível de Lisa. Quem não compartilha suas emoções mais íntimas com uma selfie antes de adormecer já é tido como antiquado. Mas, no fundo, mesmo as cenas mais autênticas na web são meras encenações, e todo mundo sabe disso.

Recomendação: não surfe nessa onda da autenticidade. Há diversas razões para isso. O primeiro argumento contrário é que nem sabemos direito quem somos. Como vimos no capítulo anterior, nossa voz interior não é de forma alguma uma bússola confiável, e sim uma confusão de movimentos contraditórios. Não entendemos a nós mesmos. Então o que a chamada autenticidade deve revelar? A autenticidade tem seu espaço justificado numa relação de amor ou de amizade, mas não com conhecidos e muito menos perante a opinião pública.

Em segundo lugar, você se torna ridículo. Pense em qualquer grande personalidade — um estadista, um general, uma filósofa, um grande empresário, uma cientista — que você respeita muito e que, de tempos em tempos, abre o coração. Você não vai se lembrar de nenhum nome. Pessoas são respeitadas porque cumprem suas promessas, e não porque compartilham com os outros o seu monólogo interior.

Por fim, em terceiro lugar: as células são os tijolinhos da vida. Cada célula é envolta por uma membrana cuja função é se defender contra invasores predatórios e regular com precisão quais moléculas podem transpor essas fronteiras. No nível do organismo observa-se a mesma organização e pelas mesmas razões: animais têm uma pele; as plantas, uma epiderme. Qualquer organismo que não estabeleça um limite para com o mundo exterior morreria na hora. A autenticidade não é senão abrir mão dessa barreira em nível psicológico. Assim, você praticamente convida os outros a usarem você para alcançar os objetivos deles. Assim, torna-se não só ridículo, mas também vulnerável.

Estrela da Segunda Guerra Mundial e depois presidente dos Estados Unidos, o general Dwight Eisenhower criou uma personalidade para uso externo. David Brooks, colunista do jornal *The New York Times*, fala de um segundo "eu" de Eisenhower que contradiz a crença atual de que só existe um único e autêntico "eu". Essa segunda personalidade não é uma pose artificial, e sim uma postura profissional, consistente e confiável voltada para fora. Frustrações e decepções são excluídas, reservadas apenas para o diário, o parceiro de vida ou o travesseiro. Recomendo que você adquira uma segunda personalidade, a exemplo de Eisenhower. Reduza a sua autenticidade a manter o que prometeu e a agir segundo os seus princípios. Todo o resto não interessa a mais ninguém.

Caso não se interesse pelo modelo mental da segunda personalidade, tente o seguinte: cada país tem uma política exterior e um ministro das Relações Exteriores. Pense que você é um país. Anote explicitamente os princípios de sua política exterior. Você terá que assumir o papel do ministro das Relações Exteriores, quase como um casamento. Não se espera de um ministro das Relações Exteriores que desabafe seus problemas, mostre suas fraquezas ou se derrame em dúvidas sobre si próprio. Espera-se que ele cumpra o que prometeu, que mantenha seus compromissos, que suas aparições sejam profissionais, que não espalhe fofocas, que não se queixe e apresente um mínimo de boas maneiras. Examine de tempos em tempos se está exercendo bem o seu trabalho como seu próprio ministro das Relações Exteriores e se você votaria novamente em si mesmo.

Não importa se essa pele, essa barreira, é uma "segunda personalidade" ou um "ministro das Relações Exteriores". O importante é que não apenas sirva de defesa contra influências tóxicas como ajude a manter o seu interior equilibrado. Como toda fronteira, essa estrutura externa também cria uma boa medida de clareza interior. Mesmo que a opinião pública, seus colegas ou supostos amigos exijam mais "autenticidade", não caia nessa armadilha. Um cachorro é autêntico. Mas você é um ser humano.

10. O "não" de cinco segundos

PEQUENOS FAVORES PODEM SE TORNAR GRANDES
DISSABORES

Quantas vezes você aceita espontaneamente fazer um pequeno
favor? Quantas vezes se recusa? Quantas vezes se irritou depois
de ter aceitado? E quantas vezes se arrependeu do seu "não"?

Há alguns anos, quando fiz minha estatística pessoal sobre essa
questão, constatei que aceitava com muita frequência quando me
pediam pequenos favores — uma palestra, um texto, uma rápida
entrevista. Muitas vezes o tempo empenhado era muito maior e
o benefício significativamente menor do que eu imaginara num
primeiro momento. Afinal, eu só queria fazer um favor para alguém — e o resultado era que não estava fazendo favor nenhum
para mim.

De onde vem essa mania de querer agradar aos outros, que os
americanos chamam de *disease to please?* Nos anos 1950, biólogos tentaram descobrir por que animais que não são parentes
cooperam entre si. Por que os chimpanzés dividem a carne? Por
que um babuíno se dá ao trabalho de cuidar do pelo do outro?

Entre animais aparentados, a resposta é clara: eles têm muitos genes em comum. A cooperação serve para conservar essa reserva de genes a qualquer preço, mesmo que o indivíduo tenha um prejuízo ou até morra. Mas por que não parentes correriam esse risco? Perguntando de outro jeito: por que seres sem relação de parentesco às vezes são altruístas? Por que o chimpanzé não come a carne sozinho em vez de dividi-la com um estranho? Por que o babuíno não fica simplesmente na preguiça em vez de desperdiçar preciosas calorias durante horas catando insetos e piolhos de outro macaco que nem é seu parente? Não são questões triviais.

A matemática — mais precisamente, a teoria dos jogos — fornece a resposta. O americano Robert Axelrod comparou vários programas de computador. Cada programa seguiu uma estratégia específica para lidar com o parceiro — cooperar com ele, enganá-lo, comportar-se de maneira egoísta, ceder sempre etc. No longo prazo, a estratégia mais bem-sucedida é a chamada *tit for tat*, olho por olho. Trata-se de uma estratégia muito simples, que consiste em sempre iniciar o jogo cooperando e depois copiar o comportamento do oponente durante todo o restante do jogo. Na prática, funciona assim: se depois da minha primeira ação de cooperação o oponente também cooperar, continuarei cooperando. Se o adversário não for cooperativo, também não serei. Se, mais tarde, o oponente voltar a cooperar, então volto a me comportar de modo cooperativo.

No mundo animal encontramos exatamente esse comportamento, chamado de "altruísmo recíproco" ou reciprocidade. O chimpanzé divide sua refeição com outro porque supõe que da próxima vez este outro também dividirá a caça com ele. Assim, se o chimpanzé voltar de mãos abanando da próxima caçada, ainda pode esperar conseguir matar sua fome.

A reciprocidade só funciona entre animais com boa memória. O chimpanzé só pode seguir essa estratégia de forma bem-sucedida por ser capaz de lembrar que outro chimpanzé dividiu a carne com ele da última vez. São poucas as espécies animais altamente desenvolvidas que têm essa capacidade de memorização. É claro que os chimpanzés não "pensam" estrategicamente no nível consciente. Esse comportamento se firmou ao longo da evolução. Grupos de macacos que não seguem a estratégia *tit for tat* desapareceram do fundo genético. Como nós, seres humanos, somos uma espécie animal altamente desenvolvida, também temos esse impulso para a reciprocidade.

A estratégia *tit for tat* é o que faz girar a economia mundial. Todos os dias, cooperamos com dezenas de pessoas com quem não temos parentesco, às vezes gente que está do outro lado do globo, e tivemos muito sucesso com isso. Mas atenção: também há riscos na reciprocidade. Se alguém lhe faz um bem, você se sente comprometido a retribuir, por exemplo, fazendo um favor. Assim, você se torna manipulável. E existe um segundo risco, ainda maior. Toda estratégia *tit for tat* começa com uma "antecipação" de desempenho e de confiança, com um primeiro e espontâneo "sim". E é exatamente esse primeiro e espontâneo "sim" que nos chateia depois. No momento em que pronunciamos esse "sim", tendemos a racionalizá-lo. Pensamos nos bons motivos que fundamentaram o pedido do favor, mas não no tempo necessário para atendê-lo. Valorizamos mais os motivos do que o tempo. Trata-se de um equívoco mental, pois os motivos são infinitos, mas o tempo é finito.

Desde que eu entendi que esse "sim" tão espontâneo é um reflexo biológico com raízes profundas no nosso ser, passei a usar, como tática oposta, o "não de cinco segundos", criado por Charlie Munger: "É difícil encontrar algo realmente bom. Então, se você disser 'não' em 90% das vezes, não perderá muita coisa no mundo". Se me pedirem um favor, eu reflito exatos cinco segundos, depois eu decido, geralmente com um "não". Prefiro negar favores sistematicamente e correr o risco de não ser amado por todos do que fazer o contrário. Por que não tentar? Pouquíssimos dos que lhe pedem um favor o considerarão um monstro por isso. Ao contrário, você será admirado pela coerência.

Há dois mil anos, o filósofo romano Sêneca escreveu: "Todos os que te chamam para si te arrancam de ti próprio". Por isso, aproprie-se do "não de cinco segundos". É uma das melhores regras para uma boa vida.

11. A ilusão do foco

POR QUE VOCÊ NÃO SERIA MAIS FELIZ NO CARIBE

Imagine que você mora na Alemanha e é inverno. As ruas estão abarrotadas de neve suja. Você tenta limpar o para-brisa. O vento sopra partículas de gelo no seu rosto. Seus sapatos estão encharcados daquela lama molhada. Parece que mil agulhas espetam a ponta dos seus dedos. Com muita força, você consegue abrir a porta congelada do carro. Senta-se no banco de couro que parece um bloco de gelo e coloca as mãos no volante congelado. Da sua boca sai uma fumaça branca. E eu pergunto: você seria mais feliz se morasse em Miami Beach — com sol, temperatura de 26 graus e uma suave brisa do mar? Indique um número entre 0 (nem um pouco mais feliz) e 10 (infinitamente mais feliz). A maioria das pessoas a quem fiz essa pergunta dá respostas entre 4 e 6.

Você saiu da vaga e segue rumo ao trabalho. Pouco depois, está num megaengarrafamento. Chega ao trabalho com meia hora de atraso. Precisa lidar com aquela montanha de e-mails e, além disso, tem a irritação usual com o chefe. Depois do trabalho, é preciso fazer as compras da semana. Em casa, você cozinha seu prato predileto (ficou delicioso!), deita-se no sofá, assiste a um filme bacana e vai dormir.

A mesma coisa na Flórida: você sai, engarrafamento, e-mails, irritação com o chefe, compras da semana, jantar gostoso, filme bacana, dormir. Volto a perguntar: estaria mais feliz em Miami Beach? A maioria das pessoas atribui agora um número entre 0 e 2.

Vivi dez anos em Miami Beach. Antes e depois vivi na Suíça, com aquela neve lamacenta e o para-brisa ocasionalmente congelado. Fui mais feliz em Miami Beach? Quanto? Resposta: zero. Eis a ilusão do foco (*focusing illusion*).

"Nada na vida é tão importante quanto você imagina enquanto pensa sobre aquilo" — é como o prêmio Nobel Daniel Kahneman descreve esse efeito. Quanto mais nos concentramos em determinado aspecto da vida, mais valorizamos a influência desse aspecto. No início, nós nos concentramos exclusivamente na meteorologia — gelo na Alemanha, sol em Miami Beach. Esse aspecto dominou quando comparamos a felicidade de viver na Alemanha com a de viver em Miami.

Em seguida, esboçamos o roteiro de um dia inteiro, da ida ao trabalho até o descanso vendo um filme no sofá à noite. O clima era apenas um aspecto parcial desse dia. Se olharmos para períodos mais longos — uma semana, um mês, um ano, uma vida inteira — o clima de repente se torna menos importante para a felicidade.

Dominar a ilusão do foco é uma das ferramentas para uma boa vida. Quantas decisões bobas você pode eliminar dessa forma! Por exemplo, se comparar coisas (carros, carreiras, destinos de férias), você tende a comparar muito intensamente um aspecto e negligenciar uma centena de outros. Por causa da ilusão do foco, você dá uma importância exagerada àquele único aspecto por achar que é mais decisivo do que é de fato.

O que se pode fazer para combater isso? Das duas, uma: ou compara toda a centena de aspectos (o que custa muito tempo), ou tenta ver as duas coisas que gostaria de comparar como duas coisas inteiras. Compare de uma distância maior, para não superestimar nenhum aspecto. Bem, é mais fácil falar do que fazer. Eis um exemplo: uma criança pequena só pensa no que está na sua frente. Se eu tiro um brinquedo de um dos meus filhos de três anos, ele vai berrar como se o mundo estivesse acabando, embora tenha uma dúzia de outros brinquedos e provavelmente se esquecerá daquele um minuto depois de eu o tirar da sua mão. Ao longo da vida, aprendemos a nos liberar da situação momentânea. Se, numa noite de verão, morro de vontade de tomar uma cerveja, abro a geladeira e descubro que não tem nem uma única latinha, não vou começar a berrar. Posso tirar meu foco da cerveja e, assim, aquele vazio da geladeira só vai afetar a minha felicidade em escala reduzida. Não vai estragar o meu dia. Mas, infelizmente, o nosso desenvolvimento nesse quesito ficou no meio do caminho. Temos imensa dificuldade em analisar a situação do momento pela perspectiva de uma lente grande-angular. Não fosse assim, não nos chatearíamos com bobagens.

Quantas vezes você se pergunta se sua vida não seria melhor com outra carreira, outra cidade, outra casa, outro penteado. Claro, seria um pouco diferente, sim. Mas você sabe agora que o efeito de uma mudança seria muito menor do que imagina. Observe a sua vida a partir da maior distância possível. Você vai ver como as coisas que lhe parecem tão importantes neste momento encolhem até virar pontinhos que não afetam a imagem como um todo.

Uma boa vida só acontece quando vez ou outra você olha pela grande-angular. Quando fiz o check-in da última vez no hotel em Paris que fica ao lado do Trocadéro, havia um homem ao meu lado brigando com a recepcionista porque, pelo jeito, ela não tinha nenhum quarto com vista para a Torre Eiffel. "Você está estragando minha estadia em Paris", acusou ele (em inglês). Balancei a cabeça. Não tem a menor importância ver ou não a Torre Eiffel da cama do hotel. Muito mais importante é conseguir dormir direito. A vista para a Torre Eiffel é um aspecto mínimo de uma estadia parisiense bem-sucedida. Além disso, basta pisar na rua para ver a Torre de vários ângulos. Mas o americano estava roxo de raiva. Sua ilusão do foco transformou uma formiga em um elefante.

Somos especialmente vulneráveis à ilusão do foco quando se trata de dinheiro. Quanto mais feliz você seria como multimilionário? Warren Buffett, um dos homens mais ricos, certa vez comparou a sua vida com a de um cidadão comum. Nem é tão diferente assim. Buffett passa um terço da vida dormindo em um colchão normal, como eu ou você. Compra roupa pronta, que não é mais cara. Sua bebida predileta é coca-cola. Sua alimentação não é melhor ou mais saudável que a de um estudante. Quando trabalha, senta-se a uma mesa normal, em uma cadeira normal. Desde 1962 seu escritório é no mesmo lugar, em um prédio enfadonho em Omaha, Nebraska. Se comparar a vida de Buffett com a sua, minuto a minuto, o efeito de sua fortuna é irrisório.

Mas há uma minúscula diferença: Buffett tem um jato privado, enquanto nós nos apertamos na classe econômica. Mas, depois deste capítulo, sabemos que, muito pior do que um assento apertado no avião — em que você passa no máximo 0,1% de todo o tempo da sua vida —, é uma armadura que estrangula seus pensamentos. Enquanto foca em trivialidades, você gasta a sua vida.

12. O que você compra se vai

POR QUE DEVERIA COMPRAR MENOS E VIVER MAIS

Quanto prazer você tem com o seu carro? Responda com um número entre 0 e 10. Se não tiver carro, dê nota à casa, ao apartamento, ao laptop, qualquer coisa. Os psicólogos Norbert Schwarz, Daniel Kahneman e Jing Xu fizeram essa pergunta a donos de carros, comparando as respostas ao valor do automóvel. Resultado: quanto mais luxuoso o carro, mais prazer ele dá ao proprietário. Um BMW gera 50% mais prazer do que um Ford Escort. Até aí, tudo bem: já que alguém investiu um monte de dinheiro em um carro, pelo menos tem um retorno em termos de prazer.

Agora, outra pergunta: quão feliz você ficou durante a última vez que andou com o seu carro? Os mesmos cientistas também fizeram essa pergunta. Mais uma vez, compararam as informações dos proprietários com o valor dos automóveis. Resultado: nenhuma relação. Não importa se o carro era luxuoso ou se já estava em mau estado: os resultados da felicidade foram todos baixíssimos.

A primeira pergunta apresentou uma relação entre o valor do carro e o prazer percebido — quanto mais luxuoso, mais prazer. A segunda pergunta não apresentou nenhuma relação — um carro de luxo não torna mais feliz quem o dirige. Como é possível? A resposta é simples: na primeira pergunta, você pensou no carro. Na segunda, já estava concentrado em pensamentos bem diferentes — um telefonema durante a viagem de carro, uma situação no trabalho, engarrafamento ou motoristas idiotas à frente. Em outras palavras, um carro dá prazer quando pensamos nele, não quando o dirigimos. É o efeito da ilusão do foco mencionada no capítulo anterior.

Obviamente, isso não vale apenas para carros. A ilusão do foco limita o prazer com todas as coisas materiais que você compra. Enquanto pensa em X, você tende a superestimar exageradamente o efeito de X na sua vida. Não importa se é uma casa de praia, uma televisão de plasma gigante ou um novo par de sapatos elegantíssimos. Pensar naquilo de maneira focada pode dar prazer, mas ao longo do uso cotidiano essas coisas se afundam no seu mar de pensamentos e, com elas, também o efeito do prazer. Além disso, ainda há a contraprodutividade (ver capítulo 5), os efeitos colaterais secretos e os custos ocultos em termos de tempo e dinheiro necessários para manter coisas legais. Combinados, esses efeitos resultam no fato de que, não raro, você acaba pagando a mais. O resultado líquido é uma perda de felicidade.

Difícil de acreditar? Tome o seguinte exemplo: você comprou uma linda casa fora da cidade. Durante os três primeiros meses, você aproveita cada um dos quinze cômodos e curte cada pequeno detalhe da nova propriedade. Mas depois de seis meses você mal se dá conta da vista daquele lindo lugar, pois a rotina já voltou a dominar e você está ocupado com mil outras coisas mais importantes. Ao mesmo tempo, alguma coisa mudou, pois a casa com quinze cômodos e um jardim é bem diferente daquele apartamento de quatro cômodos em que você morava antes. Agora, você precisa de uma faxineira e de um jardineiro, não pode mais fazer compras a pé e a ida até o trabalho lhe custa duas horas por dia, em vez de vinte minutos de bicicleta. Em pouco tempo, a sua linda casa lhe reservou uma perda líquida em prazer. O saldo de felicidade é negativo.

O exemplo foi inventado. Mas conheço muitos casos concretos. Um amigo meu tem um iate — na verdade, tinha, pois acaba de vendê-lo. Seja como for, pelo jeito o iate ajudou a torná-lo mais sábio. Segundo ele mesmo sentenciou, lacônico, os dois dias mais felizes para um dono de iate são o dia da compra e o dia da venda.

Como você pode ver, quem almeja uma boa vida deve conter o impulso de compra. É verdade, porém, que existe uma categoria de "bens" cuja satisfação não é limitada pela ilusão do foco: experiências. Quando você tem uma experiência prazerosa, participa dela com todos os seus pensamentos e o coração pleno. Portanto, em vez de investir em coisas materiais, procure investir mais em boas experiências. A maioria não custa tanto e não tem o efeito da contraprodutividade — a leitura de um bom livro, uma excursão em família, um carteado com amigos. Claro, existem momentos bons que custam dinheiro, como uma volta ao mundo ou uma viagem particular ao espaço. Mas, se tiver dinheiro para isso, com certeza serão investimentos melhores do que uma coleção de Porsches.

É importante não esquecer que o trabalho também é uma experiência — e pode ser agradável. O trabalho não existe apenas enquanto você o executa, é diferente do Porsche que some nos bastidores da sua mente enquanto você o dirige. O seu trabalho requisita suas ideias, monopoliza os seus pensamentos — o que é bom, quando você gosta dele. Se você odeia o seu trabalho, terá um sério problema, pois não poderá nem esperar que outras ideias desviem sua atenção das tarefas chatas. Essa foi uma das razões pelas quais me tornei escritor. Adoro escrever. Para mim, é muito mais importante do que o livro que vai ser publicado. Claro que fico feliz toda vez que tenho em mãos o primeiro exemplar de um livro novo. Acaricio a capa, folheio admirando as páginas, inspiro o delicioso cheiro da cola fresquinha da encadernação. Mas logo o livro some na estante e praticamente não penso mais nele, porque já começo a ter ideias para o próximo.

Não há idiotice maior do que fazer um trabalho que rende muito dinheiro mas nenhuma alegria — sobretudo quando você investe essa montanha de dinheiro em coisas materiais em vez de partir para boas experiências. Warren Buffett descreve o fenômeno da seguinte maneira: "Trabalhar para pessoas que lhe dão náuseas é como casar por dinheiro — uma ideia ruim sob qualquer circunstância, mas uma absoluta idiotice quando você já tem dinheiro".

A propósito do casamento: também é uma experiência. Não há sentido em manter, por mera lealdade ou falta de opção, um relacionamento que não deixa mais você feliz. A ilusão do foco não o ajudará. Claro, nem toda relação consiste só em dias ensolarados. Mas os dias sombrios não deveriam dominar. Em caso de nuvens pesadas, tente fazer uma correção de rumo (capítulo 2). Se, definitivamente, não conseguir, pise no freio. Uma relação, em especial uma parceria para a vida inteira, jamais desaparecerá nos bastidores da mente.

Conclusão: superestimamos a felicidade como efeito de coisas materiais e subestimamos o efeito de felicidade de boas experiências. Pensar na sua casa — mesmo que você esteja dentro dela — vai desaparecer na cacofonia de todos os demais pensamentos cotidianos. Não acontece o mesmo com as boas experiências. E se você já comprou aquele par de Louboutins? Nesse caso, garanta que vai ter felicidade plena com eles. O melhor é limpá-los, engraxá-los todas as manhãs e sonhar com a sola vermelha todas as noites. Assim, quem sabe, ao menos uma vez na vida a ilusão do foco poderá nutrir a sua felicidade.

13. Dane-se o dinheiro

POUPANÇA PARA A LIBERDADE

O sol queima suas costas e a areia à sua frente lembra um deserto. Sua boca está seca e a língua virou uma lixa. Faz dois dias que você tomou a última gota de água. Desde então, engatinha em direção a um oásis no horizonte. Quanto pagaria agora por um litro de água? Vamos supor que você pagou e recebeu a água. Depois de ter matado a pior sede: quanto pagaria pelo próximo litro de água? E depois, pelo terceiro? A não ser que você seja um faquir com uma capacidade de sofrimento sobre-humana, provavelmente entregaria toda a sua poupança e sua casa de campo pelo primeiro litro. Pelo segundo litro, talvez seu relógio Rolex. Pelo terceiro, seu fone de ouvido. E para o quarto, no máximo, a palmilha do seu sapato. Os economistas chamam isso de Lei da Utilidade Marginal.

Cada litro adicional lhe traz um benefício um pouco menor. A partir de determinado ponto, o benefício é zero. É o que acontece com todos os bens — água, roupa, canais de TV e, sobretudo, dinheiro. Com isso, chegamos a uma pergunta milenar: o dinheiro traz felicidade? Vamos fazer uma pergunta de teste: a partir de que salário anual, na sua opinião, um euro a mais não teria mais influência sobre a felicidade que você sente? Anote sua estimativa na margem desta página, antes de continuar a leitura.

A ciência tem uma resposta clara. Se você viver na pobreza, o dinheiro tem um papel importante. A falta de dinheiro é pura miséria. Se você ganhar 50 mil euros por ano, o papel do dinheiro já nem é mais tão importante. A partir de uma renda de 100 mil euros por ano, o efeito de qualquer renda adicional é zero, e continua sendo zero, mesmo se você atingir 1 milhão. Isso não é tão surpreendente assim. Imagine a vida de um milionário, de manhã cedo até o final do dia. Ele também precisa escovar os dentes. Ele também tem insônia de vez em quando ou se sente mal. Ele também fica às voltas com aquelas querelas familiares. Ele também teme a velhice e a morte. E, além disso, ele precisa liderar toda a equipe de colaboradores pessoais, proteger-se da mídia, lidar com a montanha de cartas com pedidos variados. Será que aquela piscina olímpica que ele tem no jardim compensa isso tudo?

Num estudo de 1978, pesquisadores investigaram a felicidade de ganhadores da loteria. O resultado foi que, poucos meses depois de terem ganhado o prêmio, os novos milionários já não eram significativamente mais felizes do que antes.

O economista Richard Easterlin comparou o grau de satisfação dos norte-americanos em 1946 e em 1970. Embora o padrão de vida tenha praticamente duplicado ao longo desse período (quase todos tinham carro, geladeira, máquina de lavar roupa e água quente corrente), a felicidade reportada estava praticamente no mesmo nível. Isso vale também para os outros dezoito países cujos dados foram comparados pelo economista. Ou seja, logo depois da guerra as pessoas não estavam menos satisfeitas com a vida do que em 1970. Todo o progresso material não resultou em mais satisfação. É o que se costuma chamar de "paradoxo de Easterlin": quando as necessidades básicas já foram atendidas, qualquer bem-estar adicional não gera felicidade adicional. E por que sempre almejamos os milhões, contra todos os resultados da ciência? O principal motivo é que a riqueza não é absoluta, mas relativa.

Suponhamos que você e seu colega de trabalho conseguiram gordos contratos para o seu empregador. O que prefere: a) você receber sozinho um bônus de 10 mil euros ou b) você receber um bônus de 15 mil euros e seu colega receber um bônus de 20 mil euros? Se você for como a maioria das pessoas, vai escolher o bônus de 10 mil euros — embora ficasse mais rico com o outro.

Suponha que você comprou um belo terreno e construiu uma bela casa, com pelo menos três quartos a mais do que precisa. Um ano depois, alguém compra o terreno ao lado e constrói uma mansão que faz a sua propriedade parecer a casa do caseiro. Resultado: sua pressão sobe e seu grau de satisfação cai, embora você continue morando muito bem.

O dinheiro é relativo, não só comparado com os outros, mas também comparado com o seu próprio passado. Se, na primeira metade da sua carreira profissional, você ganhasse o equivalente a 50 mil euros por ano e hoje 100 mil euros, você seria mais feliz do que se você ganhasse 100 mil euros na primeira parte da carreira e hoje apenas 60 mil — embora, no cômputo geral, o segundo caso seja bem melhor. Em outras palavras, dinheiro acima da linha da pobreza é, acima de tudo, uma questão de interpretação. Isso, por sua vez, é uma boa notícia, pois assim é você quem decide se o dinheiro vai torná-lo mais feliz ou não.

Aqui estão algumas regras básicas para o trato com dinheiro.

Primeira regra: existe uma expressão em inglês que se chama *fuck-you-money*, ou dane-se o dinheiro. A expressão refere-se às palavras que alguém gritaria para o chefe antes de uma saída intempestiva da sala dele — e provavelmente as últimas direcionadas a ele, para todo o sempre. Em termos concretos, o *fuck-you-money* é aquela poupança que lhe permite mandar o emprego às favas a qualquer momento sem resvalar para uma situação de penúria financeira. Pode-se dizer que "dane-se o dinheiro" equivale a liberdade. Mais importante do que a independência material é que o *fuck-you-money* permite pensar e ver as coisas de modo objetivo. Mantenha o seu custo fixo de vida bem baixo, caso ainda não tenha juntado o seu *fuck-you-money*. Quanto mais baixo o custo de vida, mais rápido você poupará. Aliás, a melhor coisa é ter dinheiro e mal precisar dele.

Segunda regra: não reaja a pequenas oscilações de sua renda ou de seu patrimônio. Nem se preocupe se o seu portfólio de ações caiu ou subiu 1%. Nem pense tanto em dinheiro. O dinheiro não se multiplica com mais rapidez se você pensar nele.

Terceira regra: nunca se compare com quem é rico. Isso só traz infelicidade. Se quiser se comparar com alguém, então o faça com aqueles que têm menos do que você. O ideal, mesmo, é não se comparar com ninguém.

Quarta e última regra: mesmo que você seja podre de rico, viva modestamente. A riqueza chama a inveja. Qualquer pessoa pode comprar um iate de luxo se tiver dinheiro, não há vantagem alguma nisso. É bem mais impressionante, se você é bilionário, *não* comprar nenhum iate de luxo e viver modestamente.

Conclusão: no momento em que você ultrapassou a linha da pobreza e conseguiu juntar uma poupança que lhe proporcione segurança, outros fatores determinam se você vai ou não ter uma boa vida. Trabalhe nesses fatores em vez de juntar dinheiro. Como veremos no último capítulo deste livro, o verdadeiro sucesso não tem nada a ver com sucesso financeiro.

14. O círculo de competências

POR QUE VOCÊ PRECISA CONHECER SEUS LIMITES

Ninguém entende o mundo por completo. Ele é complicado demais para o cérebro de um ser humano. Mesmo sendo alguém com alto nível de instrução, você entende apenas uma pequena fração dele. Ainda assim, já é o bastante, porque essa fração é o ponto de partida para o seu sucesso na vida. Sem essa posição inicial, nunca chegará a decolar.

O investidor Warren Buffett utiliza a extraordinária noção do "círculo de competência". O que se encontra dentro do círculo, dominamos com maestria. O que está fora, nós não entendemos ou entendemos apenas em parte. O lema de Buffett é: "Conheça o seu círculo de competência e permaneça nele. O tamanho desse círculo não é tão importante, mas é muito importante saber com exatidão por onde passa a linha circular". Charlie Munger, sócio de Buffett, acrescenta: "É preciso descobrir quais são os seus talentos. Se tentar a sorte fora do seu círculo de competência, terá uma péssima carreira. Isso é quase certo". Tom Watson, fundador da IBM, é a prova viva dessa tese. Disse sobre si mesmo: "Não sou um gênio. Minha inteligência é pontual, no entanto permaneço de forma coerente em torno desses pontos".

Seja rigoroso ao organizar sua vida profissional em torno dessa ideia. O foco absoluto no próprio círculo de competência traz não só benefícios financeiros, mas também frutos emocionais, que são importantes; sendo mais específico, esse foco traz um inestimável senso de domínio. Além disso, você economiza tempo porque não precisa decidir toda vez se deseja aceitar ou rejeitar alguma coisa. Propostas que não lhe convêm, mas são irresistíveis, tornam-se de repente resistíveis com um círculo de competências bem definido.

O importante é nunca ultrapassar o seu círculo de competência. Há anos, um empresário muito rico me ofereceu 1 milhão de euros para escrever uma biografia sobre ele. Uma oferta bem tentadora. Recusei. Biografias estão fora do meu círculo de competência. Escrever uma biografia de qualidade demanda conversas intermináveis e pesquisas meticulosas. As habilidades exigidas são diferentes daquelas necessárias para escrever romances e livros de não ficção — talentos que não tenho. Eu teria desperdiçado minhas energias, teria frustrado a mim mesmo e, o mais importante, na melhor das hipóteses teria escrito um livro medíocre.

Dylan Evans, em seu livro nada medíocre *Inteligência de risco: uma competência essencial das organizações*, descreve um jogador de gamão profissional:

J.P. cometeu alguns erros deliberados para ver como seu opositor tiraria proveito da situação. Se o outro provasse ser hábil para isso, J.P. interromperia o jogo. Assim, deixaria de apostar seu bom dinheiro em algo que poderia vir a ter um resultado desfavorável. Em outras palavras, J.P. entendia o que muitos outros jogadores não entendem: sabia quando *não* devia jogar.

Ele sabia quais oponentes o puxariam para fora do seu círculo de competência e, por isso, evitava-os.

Além da tentação de ultrapassar o seu círculo de competência, há uma segunda sedução, também forte: expandi-lo. Essa tentação é maior se você for bem-sucedido e estiver confortável no círculo atual. Apesar disso, não o faça. As habilidades não se transferem de uma área para a outra. Em outras palavras, as habilidades são específicas de seus domínios. Ser um exímio jogador de xadrez não torna alguém um bom estrategista na vida empresarial. Ser um cirurgião cardíaco não torna alguém um bom diretor de hospital. Ser um especulador imobiliário não torna alguém um bom governador de estado.

Como você cria seu círculo de competência? Não é com alguns cliques na Wikipédia; nem mesmo um clássico curso superior é suficiente. É preciso tempo, muito tempo. "Conte com isto: tudo o que é valioso precisa de muito tempo", determina uma regra adotada (com sucesso) pela designer norte-americana Debbie Millman.

O que mais é necessário? Obsessão. A obsessão é um tipo de vício. É por isso que se costuma falar dela de modo depreciativo. Lemos sobre jovens viciados em videogames, em séries de TV, em aeromodelismo. Já é hora de revestir a obsessão com alguma positividade. Ela impele as pessoas a investirem milhares e milhares de horas em uma coisa. Quando jovem, Bill Gates tinha uma obsessão: programação. Steve Jobs: caligrafia e design. Warren Buffett colocou seus primeiros trocados em ações aos doze anos e, desde então, viciou-se em investimentos. Ninguém diria hoje que Gates, Jobs ou Buffett desperdiçaram sua adolescência. Ao contrário, só por serem obcecados investiram milhares de horas necessárias para alcançar a maestria. A obsessão é um motor, não é a avaria do motor.

A propósito, o oposto da obsessão não é a aversão, mas o "interesse", um jeito educado de dizer: "Isso, de fato, não me interessa".

Por que o círculo de competência é uma ideia tão poderosa? Qual é o segredo? É muito simples: um programador brilhante não é duas, nem três, nem dez vezes melhor que um bom profissional. Um programador brilhante resolve o mesmo problema em um milésimo do tempo exigido por um "bom" programador. O mesmo acontece com advogados, cirurgiões, designers, pesquisadores e vendedores. Dentro versus fora do círculo de competência — o fator de que tratamos aqui é da ordem do milhar.

Mais uma coisa: a ideia de que a vida pode ser planejada é uma ilusão (ver capítulo 2). O acaso bagunça tudo, às vezes é como um furacão. Apenas em um lugar sopra uma brisa mais suave, justamente no seu círculo de competência. Você não encontrará nele um mar sem ondulações, mas as ondas permitirão ao menos que você navegue com segurança. Em outras palavras, dentro do seu círculo de competências, de certo modo, você está imune a ilusões e erros. Ali pode até assumir o risco de romper com as convenções, porque tem a perspicácia necessária para avaliar o que pode acontecer.

Conclusão: pare de se incomodar com suas fraquezas. Se você tem dois pés esquerdos, largue as aulas de dança; pare de sonhar com uma carreira artística caso seu filho não consiga distinguir se você pintou um cavalo ou uma vaca; e tire da cabeça a ideia de abrir um restaurante se perceber que fica sobrecarregado só com a visita de uma tia. As áreas nas quais você está na média ou abaixo da média não têm importância. O principal é que você esteja muito acima da média em pelo menos uma coisa e, idealmente, no mundo todo. Se for assim, você apresenta boas condições para uma boa vida. Vencer um único campeonato compensa mil fraquezas. Cada hora investida dentro do seu círculo de competências vale mil vezes mais do que uma hora fora.

15. O segredo da perseverança

POR QUE PESSOAS MONÓTONAS TÊM MAIS SUCESSO DO QUE AS AVENTUREIRAS

Corretores da bolsa, com os colarinhos abertos e as mangas arregaçadas, gesticulam e gritam, usando vários telefones ao mesmo tempo como se estivessem diante de uma questão de vida ou morte. Há tensão no ar. De vez em quando, alguém bate o telefone na mesa como se fosse quebrá-lo. Em seguida, os *traders* berram mais uma vez uns com os outros, por cima dos monitores da Bloomberg, nos quais as cotações do mercado de ações piscam como luzes em uma quermesse. Essas são as imagens que a mídia nos fornece do mercado financeiro, do pregão da bolsa de valores ou da sala de operações de um banco.

Mudança de cena. Um escritório monótono no 14º andar de um edifício discreto, na sonolenta Omaha, em Nebraska, o estado menos importante dos Estados Unidos. Sem monitor da Bloomberg, sem terminal de computador, sem e-mails. Apenas uma mesa antiquada com um telefone. Warren Buffett, o investidor mais bem-sucedido de todos os tempos, senta-se ali, dia após dia, há quase cinquenta anos.

O contraste não poderia ser maior. De um lado, os corretores da bolsa, hiperativos, molhados de suor, carregados de testosterona; do outro, o silencioso tio Warren com seus cabelos grisalhos. Quem tiver entendido a diferença entre especular e investir descobrirá paralelos em todos os lugares da vida e, assim, terá uma boa ferramenta mental em suas mãos.

Então, onde estão as diferenças? O negociante do mercado de ações tenta promover lucros através da frenética compra e venda de títulos. O que há por trás dos títulos, seja uma empresa de software na Califórnia, seja uma mina de cobre no Peru, é secundário. O principal é que os preços dos títulos se movam no curto prazo na direção desejada.

Os investidores tradicionais, porém, compram títulos de um punhado de empresas que conhecem tão bem quanto seus próprios bolsos. Nem ligam para os humores do mercado. Seu compromisso é de longo prazo. Para evitar os custos das transações, compram e vendem tão raramente quanto possível. Buffett e seu sócio Charlie Munger nem chegam a buscar ativamente as oportunidades de investimento. Esperam até que lhes sejam oferecidas. Como já saiu da boca do próprio Buffett: "Charlie e eu ficamos sentados, esperando o telefone tocar".

Quem é mais bem-sucedido, o especulador ou o investidor? Há vencedores e perdedores de ambos os lados, mas os gigantes entre os vencedores estão apenas do lado dos investidores. Por quê? Por causa de uma diferença primordial: os investidores pensam em períodos longos, já os negociadores do mercado de ações, não.

O cérebro adora desenvolvimentos abruptos, de curto prazo. Reagimos excessivamente a altos e baixos, a mudanças rápidas e notícias estridentes. Mas mal notamos os desenvolvimentos contínuos. Ao fazer isso, sistematicamente superestimamos o "fazer" contra o "não fazer nada", o esforço contra a reflexão e o ativismo contra a espera.

Quais são os livros mais vendidos de todos os tempos? Com certeza não são os da lista atual de best-sellers ou os títulos que formam as pilhas mais altas na vitrine da livraria; e sim aqueles que vêm sendo impressos sem interrupção por muitas décadas, às vezes séculos — a Bíblia, o *Livro vermelho* de Mao, o Alcorão, o *Manifesto comunista*, *O Senhor dos Anéis*, *O Pequeno Príncipe*. Esses são os chamados *longsellers* — os mais vendidos no longo prazo, sem os quais nenhuma editora consegue viver. O mesmo vale para os shows da Broadway, as atrações turísticas, as músicas e muitos outros produtos. Qual é o carro mais bem-sucedido de todos os tempos? O Toyota Corolla, sempre disponível em novos modelos, desde 1966 e agora em sua 11ª geração. Não foram as vendas do primeiro ano que tornaram o Corolla o campeão de vendas, mas o longo período durante o qual vem sendo vendido.

Em tais êxitos de longo prazo existe muitas vezes um ingrediente discreto que funciona como fermento: minúsculos avanços que se acumulam em períodos prolongados. Vejamos o exemplo do investimento: se você aplicar 10 mil euros com 5% de retorno ao ano, ficará quinhentos euros mais rico depois de um ano. Quase nada. Se, contudo, investir esses lucros modestos repetidas vezes, alcançará um capital de 16 mil euros após dez anos; respeitáveis 26 mil euros após vinte anos e fabulosos 115 mil euros após cinquenta anos. O capital não cresce de modo linear, e sim exponencial. Como o cérebro não tem um sensor de prazos, tampouco tem a noção de crescimentos exponenciais.

Este é o segredo da perseverança: êxitos no longo prazo se desenvolvem como bolos. Processos lentos, monótonos e duradouros levam aos melhores resultados. Isso também se aplica à vida.

Nunca houve outro século em que a ação, a negociação e o esforço foram tão celebrados quanto no nosso. O moderno culto à "ruptura" exige que estejamos constantemente destruindo e reinventando nossas carreiras, nossas empresas e até nossa vida. Só assim, reza o senso comum, permanecemos competitivos. Muitas pessoas também acreditam que uma boa vida deve consistir em muitas aventuras, viagens, mudanças de residência e pontos altos. Penso que o oposto é verdadeiro. Quanto mais calma a vida, mais produtiva ela é. O matemático e filósofo ganhador do prêmio Nobel Bertrand Russell percebeu isso da mesma forma numa época substancialmente mais calma:

> Desconsiderando alguns momentos significativos, a vida de grandes homens não é empolgante. Sócrates deleitava-se de vez em quando em um banquete [...], mas passou as horas importantes da vida tranquilo ao lado de sua Xantipa, à tarde fazia seu passeio para ajudar a digestão e talvez encontrasse um amigo ou dois. Dizem que Kant nunca se distanciou mais do que dez quilômetros de Königsberg [hoje, Calininingrado]. Depois de voltar de sua viagem ao redor do mundo, Darwin viveu tranquilo em casa até sua morte... Resumindo, descobriremos que, em geral, ter uma vida tranquila é uma característica de grandes homens e que, olhando de fora, seus prazeres na vida não têm nada de excitante.

Claro, isso também se aplica às grandes figuras femininas da história. Não existe correlação entre conduta barulhenta e boas ideias, entre inquietação e insight, entre atividade e resultado.

O que significa isso para sua boa vida? Menos ocupação e, em troca, mais solidez. Depois de criar o seu círculo de competência (veja o capítulo anterior), permaneça nele o máximo possível. Da mesma forma, quando tiver encontrado um bom companheiro, uma residência adequada ou um hobby gratificante. Perseverança, pensamento de longo prazo e estabilidade são virtudes muito valiosas, porém subestimadas. Devemos voltar a cultivá-las. Charlie Munger diz que "em geral, não é preciso ser brilhante, só um pouco mais esperto do que os outros por um *longo, longo* tempo".

16. A tirania da vocação

FAÇA O QUE PODE, NÃO O QUE GOSTARIA DE PODER FAZER

Antônio nasceu no ano 251, era filho de ricos latifundiários, no Egito. Quando tinha dezoito anos, seus pais morreram. Na igreja, ouviu uma frase do Evangelho de Mateus: "Se queres ser perfeito, vai, vende tuas posses e dá o dinheiro aos pobres; assim terás um tesouro duradouro no céu; então vem e me segue!". Coerente, doou seus bens e passou a vagar à beira do deserto, onde viveu como eremita durante muitos anos. Com o tempo, outros o seguiram. Mais e mais jovens também ouviram o chamado de Deus. Foi assim que surgiu a vida monástica no cristianismo, a partir da livre associação de eremitas que viviam separados. É por isso que, na atualidade, Santo Antônio também é chamado de "pai dos monges".

Mil anos depois, algo semelhante aconteceu com o filho de um italiano rico, comerciante de tecidos. Francisco de Assis levava uma vida dissoluta até aquele momento, quando recebeu num sonho o chamado de Deus. Doou seus pertences, trocou suas roupas com as de um mendigo, viveu como eremita e restaurou igrejas. Pouco a pouco, outros se juntaram a ele e assim surgiu a Ordem dos Franciscanos.

Quando ouvimos a palavra "vocação", pensamos em pessoas como Antônio ou Francisco de Assis. Eles não tinham como fazer outra coisa a não ser seguir o chamado de Deus. Conhecemos vocações semelhantes, dentro e fora da Bíblia — Paulo, Agostinho, Blaise Pascal e outros convertidos.

Ao mesmo tempo, vocação também tem um sentido muito contemporâneo. "Como encontro minha vocação?" Essa é uma das perguntas mais comuns que ouço dos jovens. Toda vez engulo em seco, porque a vocação é um resquício do cristianismo. Para quem não acredita em Deus, o termo parece um pouco uma alucinação.

As pessoas que hoje em dia procuram sua vocação não pensam mais em se afastar da vida mundana, isso é evidente. Trata-se, ao contrário, de uma dedicação mais forte a ela. Carregam consigo a ideia romântica de que no íntimo de cada ser humano há um botão que um dia desabrochará no auge de sua vida. Por isso ficam atentos à sua voz interior, na esperança de ouvir o chamado de um trabalho que lhes preencha a vida. Isso é perigoso, porque a ideia da vocação é uma das grandes ilusões do nosso tempo.

O norte-americano John Kennedy Toole achava que tinha nascido para ser escritor. Aos 26 anos, quando enviou um manuscrito à editora Simon & Schuster, estava convencido de que havia concluído o romance do século, mas o editor o recusou. Outros editores também não estavam prontos para publicar o romance. Toole viu abaladas suas mais profundas convicções e perdeu-se na bebida. Seis anos depois, em 1969, em Biloxi, Mississippi, enfiou uma mangueira de jardim no escapamento do carro, canalizou a fumaça para dentro do veículo e morreu ali. Após o suicídio, sua mãe acabou encontrando uma editora para o manuscrito. O livro *A conspiração dos idiotas* foi lançado em

1980 e saudado pela crítica como uma obra-prima da literatura sulista dos Estados Unidos. Toole foi postumamente laureado com o prêmio Pulitzer pelo melhor romance do ano. O livro vendeu mais de 1,5 milhão de exemplares.

"Um dos sintomas da aproximação de um colapso nervoso é a crença de que o próprio trabalho tem uma importância enorme", escreveu o matemático e filósofo Bertrand Russell, ganhador do prêmio Nobel de literatura. E esse é o perigo da vocação: levar a si mesmo e ao seu trabalho a sério demais. Quem, como John Kennedy Toole, torna-se dependente do cumprimento de sua suposta vocação não terá uma boa vida. Se Toole não tivesse considerado a vida de escritor a única vocação possível, mas um simples ofício que dominava muito bem, é provável que não tivesse tido o mesmo destino. Deve-se seguir no ofício com amor e, de bom grado, com uma pitada de obsessão. O foco, contudo, deve estar sempre na atividade, no trabalho, no input — não no sucesso, no resultado, no output. Portanto, é bem melhor pensar "hoje quero criar pelo menos três páginas" do que "amanhã deveria ganhar o prêmio Nobel de Literatura".

A noção romântica de que a vocação traz felicidade está errada. Quem segue sua vocação com obstinação não é feliz, apenas obstinado — e é provável que logo esteja frustrado, simplesmente porque a maioria das vocações está ligada a expectativas irreais. Quem se propõe a escrever o romance do século, estabelecer um recorde mundial, fundar uma nova religião ou realizar um combate definitivo à pobreza tem, talvez, uma chance em um bilhão de alcançar seu objetivo. Não me entendam mal: não há problema algum em perseguir grandes objetivos, desde que se mantenha com esses objetivos uma relação desapaixonada e distante. Qualquer pessoa que persiga sua vocação com paixão cega terá a garantia de uma vida infeliz.

Adicione-se a isso a armadilha do "viés de seleção" (*selection bias*). Nós só enxergamos exemplos de sucesso em pessoas com uma vocação: Marie Curie, que se percebia como cientista aos quinze anos e mais tarde, de fato, conquistou dois prêmios Nobel; ou Picasso, admitido na Escola de Belas-Artes aos dez anos e que depois revolucionou a pintura. Há muitas biografias, entrevistas e filmes documentários sobre essas belas histórias. O que não vemos é o número infinitamente maior dos fracassados: por exemplo, o cientista frustrado cujos relatórios de pesquisa são lidos por apenas duas pessoas, a esposa e a mãe; ou a pianista desconhecida que, agora, como professora de música numa cidadezinha qualquer, está seguindo sua "vocação", embora não tenha talento algum para ensinar. Todos seguiram a doce melodia da vocação até saírem do jogo. Nem mesmo um jornal local informa sobre essas pessoas. Por quê?

As pessoas costumam afirmar que não têm outra escolha a não ser dedicar-se a uma atividade x. Embora se encaixe na retórica romântica, no fundo isso é um disparate. Caçadores e coletores não tinham escolha. Escravos no Egito tampouco. Uma camponesa na Idade Média não tinha escolha. Não bate muito bem quem, hoje, afirma que sua voz interior não lhe deixa outra escolha a não ser, por exemplo, dedicar sua vida ao violão.

E, mesmo que houvesse algo como uma genuína vocação, de forma alguma seria aconselhável segui-la sem restrições. Hackers, fraudadores, terroristas, todos acreditam ter encontrado sua vocação e estão satisfeitos com seu trabalho. Sem dúvida, Hitler sentia-se convocado para uma missão. Da mesma forma, Napoleão, Stalin ou Osama bin Laden. A vocação também não serve como bússola moral.

O que fazer? Não dê bola para vozes interiores. Uma vocação não passa de uma carreira que você gostaria de seguir. A vocação no sentido romântico não existe, trata-se apenas de talentos e preferências. Use como ponto de partida a sua real capacidade, não uma suposta vocação. Felizmente, o que dominamos com maestria costuma ser algo que gostamos de fazer. Além disso, é importante saber que o seu talento tem de ser valorizado por outras pessoas, porque, de alguma forma, é preciso pôr comida na geladeira. Concordando com o filósofo inglês John Gray: "Poucas pessoas são tão infelizes quanto aquelas que têm um talento que não interessa a ninguém".

17. A prisão da boa reputação

DA AVALIAÇÃO EXTERIOR PARA A AVALIAÇÃO INTERIOR: COMO MUDAR?

O que você prefere: ser a pessoa mais inteligente, mas o mundo pensar que é a mais idiota? Ou: ser a pessoa mais estúpida, mas o mundo acreditar que é a mais inteligente?

Quando Bob Dylan foi anunciado como ganhador do prêmio Nobel de Literatura em 2016, durante semanas não se ouviu nada dele. Nenhuma declaração, nenhuma entrevista. Ele nem mesmo atendeu o telefonema da Academia Sueca. Choveram críticas de todos os lados. Como alguém pode ser tão ingrato! Tão arrogante! Tão indiferente! Quando, por fim, Dylan se apresentou numa entrevista para um jornal britânico, disse de um jeito seco: "De fato, aprecio muito essa honra". Como se um consultor de relações públicas o tivesse empurrado para essa frase. Ele não participou da cerimônia de premiação três meses depois. Pode-se ou deve-se partir do pressuposto de que ele não dá a mínima para o prêmio mais renomado do mundo.

Nascido em 1966, Grigori Perelman é considerado o maior

matemático vivo. Em 2002, resolveu um dos sete "problemas matemáticos do milênio". Os seis restantes ainda não foram resolvidos. Foi-lhe concedida a Medalha Fields, uma espécie de prêmio Nobel da Matemática, mas ele declinou. Recusou até o prêmio em dinheiro — 1 milhão de dólares oferecidos por um instituto de matemática —, embora pudesse usá-lo muito bem: desempregado, Perelman mora com a mãe num conjunto de casas pré-fabricadas em São Petersburgo. Para ele, apenas a matemática importa. O que o mundo pensa sobre ele e suas realizações lhe é sinceramente indiferente.

No início da minha carreira de escritor, saber o que os outros pensam sobre meus livros era importante para mim. Eu ficava satisfeito com resenhas benevolentes e me incomodava com cada palavra de crítica. Tomava o aplauso como medida do meu sucesso. Em algum momento, aos quarenta e poucos anos, tive meu momento Bob Dylan. Entendi que a apreciação pública tem pouco a ver com a qualidade do meu trabalho. Ela não torna meus livros melhores ou piores. Essa percepção foi como libertar-me de uma prisão que eu mesmo havia construído.

Voltando à questão inicial, Warren Buffett a propõe da seguinte forma: "Você prefere ser o melhor amante do mundo enquanto é considerado o pior? Ou prefere ser o amante mais desprezível, mas ser considerado o melhor diante de todo mundo?". É assim que Buffett ilustra uma das percepções mais importantes para uma boa vida: a diferença entre o *inner scorecard* (padrão de referência interno) e o *outer scorecard* (padrão de referência externo), ou seja, a diferença entre os esquemas de avaliação interno e externo. A questão é, portanto, se é mais importante como você se avalia ou como o mundo externo avalia você. "As crianças aprendem muito cedo sobre o que é importante para os pais. Se os pais enfatizam o que o mundo pensa sobre você, sem correlação com o que você de fato faz, então você crescerá com um esquema de avaliação externa." Como você imagina, isso pode sufocar uma boa vida já no embrião. Esforçar-se pela melhor imagem possível é um impulso que está muito arraigado em nós. O que você acha que era mais crucial para nossos antepassados caçadores e coletores: o padrão de referência interno ou o externo? O último, é claro. A vida deles dependia de forma decisiva do que os outros pensassem deles. Disso dependia se cooperavam com eles ou os expulsavam do grupo. Aqueles antepassados que não se importaram com seu padrão de referência externo desapareceram do fundo genético.

Há cerca de 10 mil anos surgiram as primeiras vilas e cidades. Como nesses assentamentos nem todos se conheciam, tornava-se necessário cultivar a "reputação" que precedia cada um. A fofoca assumiu a função do conhecimento pessoal e, desde então, a fofoca conquistou o mundo. Preste atenção na próxima vez que encontrar amigos: vocês passarão 90% do tempo falando sobre outras pessoas.

Assim, o fato de estarmos tão atentos ao nosso impacto externo tem razões evolutivas rastreáveis. Isso não significa, porém, que essa orientação ainda faça sentido. Pelo contrário, as opiniões dos outros sobre você são muito menos importantes do que você pensa. Sua resposta emocional às mudanças em seu prestígio, reputação e fama está muito "afinada" — ou, em outras palavras, ainda está no modo da Idade da Pedra. Se você é louvado no céu ou arrastado na lama, o efeito real em sua vida é muito menor do que o seu orgulho ou sua vergonha o fazem acreditar. Portanto: liberte-se. Por vários motivos. Primeiro, poupe-se da montanha-russa emocional. De qualquer modo, você não poderá gerenciar sua reputação no longo prazo. Gianni Agnelli, o ex-chefe da Fiat, afirma: "Na idade avançada, você tem a reputação que merece". Quero dizer, podemos fingir para os outros no curto prazo, mas não a vida inteira. Em segundo lugar, o foco no prestígio e na reputação distorce nossa percepção daquilo que realmente nos torna felizes. Terceiro, ela nos estressa, o que é prejudicial para a boa vida.

O foco na avaliação interna nunca foi mais urgente do que é hoje. "As mídias sociais", diz o jornalista David Brooks, "criam uma cultura que transforma as pessoas em pequenos gerentes de marca, de modo que elas apresentam no Facebook, no Twitter, em aplicativos de mensagens e no Instagram um eu externo falso, alegre e melhorado." Brooks usa a excelente expressão "máquina de busca por aprovação", na qual podemos nos transformar se não tomarmos cuidado. Curtidas do Facebook, avaliações, número de seguidores, entre outros recursos, geram uma rede de feedback quantificado sobre nosso próprio status — que nem é o status verdadeiro. Os que estão presos nessa rede terão de espernear para se libertar e levar uma boa vida.

Conclusão: o mundo inteiro vai escrever sobre você, tuitar, postar o que quiser. Vão sussurrar e bater palmas pelas suas costas. Vão oprimi-lo com montanhas de louvor e envolvê-lo em tempestades de críticas. Você não tem como controlar isso. Felizmente, nem precisa. Se não for um político ou uma celebridade, que ganham dinheiro com publicidade, deixe de se preocupar com sua reputação. Não se importe em curtir ou receber curtidas. Não pesquise sobre si mesmo no Google e nem busque o reconhecimento. Em vez disso, realize algo e viva de modo que ainda possa se olhar no espelho todos os dias. Warren Buffett diz: "Se faço algo de que os outros não gostam, mas me sinto bem com isso, então sou feliz. Se os outros me elogiam, mas não estou satisfeito com o meu desempenho, então sou infeliz". Esse é o perfeito padrão de referência interno. Atenha-se a isso também e abandone tanto o louvor quanto a censura vinda de fora, com um desinteresse tranquilo e amistoso. Só importa o que você pensa de si mesmo.

18. A ilusão do "fim da história"

VOCÊ PODE MODIFICAR A SI MESMO, MAS NÃO AOS OUTROS

Toda vez que atravesso o aeroporto de Zurique percebo pequenas mudanças. Uma nova loja aqui, ali um novo café, em cima reluz um outdoor gigantesco, embaixo brilham, enfileirados como soldados, novos balcões de check-in. De tempos em tempos, com meu carro num estacionamento novo, erro o caminho e, às vezes, desesperado, procuro encontrar tomadas na ala reformada de um terminal. Tenho atravessado o labirinto do aeroporto em média uma vez por mês — e isso ao longo de trinta anos. Toda vez o meu cérebro se acostuma com a infraestrutura levemente alterada e, assim, na vez seguinte encontro sem problemas o caminho até o portão. No entanto, eu me lembro da primeira visita, quando, ainda menino, segurava a mão da minha mãe enquanto esperava o meu pai, que chegava de uma viagem de negócios; eu o vi descendo as escadas do avião, e acenamos um para o outro de longe. Preciso esclarecer: o aeroporto daquela época quase nada tinha a ver com o de hoje. Naqueles tempos, o aeroporto de Kloten, em Zurique, consistia em um único salão, agradável, onde cada partida e cada passageiro atrasado eram anunciados em voz monofônica (também em francês); além disso, havia o repetido farfalhar das letras e dos números no painel. O Aeroporto Internacional de Zurique se compara agora a um shopping vibrante, com três pistas. Por certo você também conhece lugares — estações de trem, cidades, universidades — que mudaram totalmente ao longo do tempo, sem que isso tenha chamado sua atenção durante as muitas visitas.

Mas e você? Quanto mudou no decorrer do tempo? Tente imaginar quem você era há vinte anos. Por favor, não pense nas coisas externas (trabalho, local de residência, aparência), mas em sua personalidade, seu caráter, seu temperamento, seus valores e suas preferências. Ao lado disso, coloque o seu "eu" atual e quantifique a mudança de 0 (sem alteração) a 10 (mudança total, tornei-me uma pessoa bem diferente).

A maioria das pessoas a quem dirijo essa pergunta reconhece que houve alguma mudança na personalidade, nos valores e nas preferências nos últimos vinte anos. Em geral, a resposta fica entre 2 e 4. Não é uma reforma radical, como a do aeroporto de Zurique, mas há alguma mudança.

Agora, a pergunta complementar: quanto você acha que mudará nos próximos vinte anos? As respostas usuais se encontram mais abaixo, entre 0 e 1. Em outras palavras, a maior parte das pessoas não acredita que se modificará em seu íntimo no futuro e, se for o caso, apenas em pequena medida. É evidente que isso nos distingue de aeroportos, estações de trem e cidades. Estranho, não? Será mesmo que o desenvolvimento de nossa personalidade chegou justo hoje a uma paralisação? Claro que não. Daniel Gilbert, psicólogo de Harvard, chama isso de "ilusão do fim da história". O fato é que mudaremos no futuro quase tanto quanto no passado. Em que direção ainda não está claro, mas é certo que no futuro você terá uma personalidade diferente, com valores diferentes. Pesquisas mostram isso de modo inequívoco. Deixemos de lado, porém, conceitos importantes como "personalidade" e "valores". Tomemos suas preferências mais simples. Pense em vinte anos atrás. Quais eram os seus filmes favoritos na época? Quais são hoje? Quais eram seus ídolos? Quais são hoje? Quem eram seus amigos mais importantes? Quem são hoje? Pare um minuto para responder a essas perguntas.

Daniel Gilbert teve uma ideia brilhante para medir a mudança dessas preferências. Ele fez duas perguntas às pessoas: a) Qual era sua banda favorita *há dez anos*, e quanto pagaria *hoje* por um ingresso para o show dessa banda? b) Qual é a sua banda favorita *hoje* e quanto pagaria por um ingresso para o show dessa banda *daqui a dez anos*? A diferença é incrivelmente elevada. Para ver daqui a dez anos a banda favorita de hoje, as pessoas estão dispostas a pagar em média 61% a mais do que para ver hoje a banda preferida daquela época. É uma prova da ilusão do "fim da história" e da instabilidade das nossas preferências.

Agora, uma boa e uma má notícia. Primeiro a boa: você pode influenciar um pouco a sua mudança de personalidade. Não muito — pois a maior parte do desenvolvimento da personalidade se desdobra em função da interação da programação genética com o ambiente —, mas mesmo assim você deve aproveitar essa oportunidade. A maneira mais eficiente de controlar o desenvolvimento do seu caráter é através dos ídolos. Tenha cuidado ao escolher as pessoas que admira.

A má notícia é que você não tem como modificar outras pessoas — não, nem mesmo o seu parceiro ou seus filhos. A motivação para a mudança pessoal tem que vir de dentro. Nem a pressão do exterior nem os argumentos racionais funcionam.

É por isso que uma das minhas regras mais importantes para uma boa vida é: "Evite situações em que precisa modificar as pessoas". Essa estratégia simples poupou-me de muitos prejuízos, custos e decepções. Na prática, não contrato pessoas cujo caráter eu teria de mudar, pois nem poderia fazê-lo. Não faço negócios com pessoas cujo temperamento não combina comigo — não importa quão elevado poderia ser o lucro. Eu jamais assumiria a liderança de uma organização se tivesse que mudar a mentalidade das pessoas dessa organização.

Empresários inteligentes sempre agiram assim. Por exemplo, desde a sua fundação, a bem-sucedida Southwest Airlines adotou o lema "Contrate pela atitude, treine as habilidades". Não se pode mudar temperamentos, pelo menos não em um tempo razoável e não a partir de fora, com certeza. Habilidades, no entanto, podem ser modificadas.

Sempre me surpreendo ao ver quantas pessoas desprezam essa regra simples. Um conhecido, boa-vida e rei das festas, casou-se com uma mulher linda e introvertida e pretendeu transformar essa alma silenciosa numa festeira exuberante. Ele fracassou, claro, e o resultado foi um divórcio rápido e caro.

Uma regra de vida semelhante é: "Trabalhe apenas com pessoas de quem gosta e em quem confia". Nas palavras de Charlie Munger: "Ah, é tão conveniente lidar apenas com pessoas de confiança e mandar os outros para o inferno [...] Pessoas sábias se afastam de pessoas que são como veneno de rato, e há muitas assim". Como você expulsa essas pessoas venenosas da sua vida? Tenho um conselho: todos os anos, no dia 31 de dezembro, minha esposa e eu escrevemos em pequenos papeizinhos os nomes das pessoas que não nos fazem bem e que não queremos mais em nossa vida. Nós os jogamos solenemente na lareira, um papelzinho depois do outro. É um ritual calmante e curativo.

19. O pequeno sentido da vida

QUAIS METAS VOCÊ PODE ALCANÇAR, E QUAIS NÃO PODE

Quando o autor norte-americano Terry Pearce ligou para o seu colega Gary, ouviu o seguinte: "Olá, aqui é o Gary, e isto não é uma secretária eletrônica, é uma pesquisa de campo. As duas perguntas são: 'Quem é você?' e 'O que você quer?'". Seguiu-se uma longa pausa, depois a voz continuou: "Se acha que essas perguntas são triviais, lembre-se de que 95% da população passa pela vida sem responder a nenhuma delas".

Como responderia à pergunta "Quem é você?". A maioria das pessoas diz o nome e a profissão. Às vezes, segue-se uma declaração sucinta sobre a família ("sou mãe de dois filhos") ou um traço de caráter ("gosto de gente"). Para que serve, porém, essa resposta? Nada. No entanto, não se deve culpar a pessoa, porque não dá para responder com uma frase a essa pergunta a respeito da própria identidade. Nem em um parágrafo. Nem mesmo em dez páginas. Não importa quem você seja, seria necessário um romance de profundidade proustiana para fazer justiça à sua natureza e à sua vida.

Levando em conta que nossa vida é constituída de infinitas facetas, cada singularidade a nosso respeito será sempre imprecisa. No entanto, continuamos a nos reduzir a essas singularidades, não apenas quando ligamos para Gary, mas, por curioso que seja, também na concepção de nós mesmos, uma imagem que carregamos e que se assemelha a um personagem de desenho animado: simplificada ao extremo, sem nenhuma contradição e positiva demais. No capítulo 22, veremos como fantasiamos nossas histórias de vida, mas já posso antecipar que é melhor deixar sem resposta a pergunta "Quem é você?". Ao tentar respondê-la, você só vai desperdiçar seu tempo.

Vamos à segunda pergunta: "O que você quer?". Em contraste com a primeira, é bastante plausível dar uma resposta; e é importante que isso seja feito. É a questão do propósito de vida, às vezes também chamado de "sentido da vida". A palavra *sentido*, porém, é bastante confusa. Recomendo diferenciar o "grande sentido da vida" do "pequeno sentido da vida".

Aqueles que querem encontrar o "grande sentido da vida" estão procurando respostas para perguntas como: por que estamos no mundo? Por que o universo existe? E qual é afinal o significado disso tudo? Até agora, cada cultura respondeu com um mito. É bem bonita a história de que a Terra é a carapaça de uma tartaruga gigante — um mito corrente na China e na América do Sul. Ou o mito cristão: Deus criou tudo em seis dias e, no Dia do Juízo Final, vai acabar com tudo de novo. Ao contrário dos escritores de mitos, a ciência não encontrou respostas para o "grande sentido da vida". Sabemos apenas que a vida evolui sem um objetivo definido, desde que haja material e energia suficientes. Não se reconhece um objetivo de ordem superior. O mundo é fundamentalmente sem sentido. Assim, também é importante parar de procurar o "grande sentido da vida". Você também só vai desperdiçar seu tempo com isso.

No entanto, a questão do "pequeno sentido da vida" é importante. Trata-se aqui dos seus objetivos pessoais, suas ambições, sua missão — a segunda pergunta de Gary na secretária eletrônica. Não há boa vida sem objetivos pessoais. O filósofo romano Sêneca sabia disso há dois mil anos: "Tudo o que você faz deve estar direcionado a um objetivo. Mantenha esse objetivo em mente". Não há garantia de atingir esse objetivo, mas quem não tem um objetivo tem a garantia de que não conseguirá coisa alguma.

Objetivos de vida são importantes. Por exemplo, pesquisadores dos Estados Unidos entrevistaram estudantes de dezessete e dezoito anos sobre a importância que davam ao sucesso financeiro, pedindo que classificassem como: 1 - desimportante, 2 - um pouco importante, 3 - muito importante, ou 4 - indispensável. Muitos anos depois, as mesmas pessoas foram questionadas sobre sua renda real e seu grau de felicidade com a vida em geral. Primeiro resultado: quanto maior a ambição financeira na juventude, maior era a renda que tinham na meia-idade. Isso mostra que os objetivos funcionam! Isso só surpreendeu os psicólogos, porque durante muito tempo eles acreditavam que pessoas, como os cães de Pavlov, só reagiam a estímulos externos.

Segundo resultado: aquelas pessoas que, na juventude, estabeleceram por meta uma alta renda ao terminar os estudos e que, mais tarde, alcançaram esse objetivo apresentavam uma tendência a se sentirem muito felizes. Aqueles para quem o dinheiro também era muito importante, mas que não atingiram seus objetivos financeiros, sofriam de profunda insatisfação. Você pode pensar: é evidente, dinheiro traz felicidade. Mas esse não é o ponto central: o nível de renda teve pouco efeito sobre o grau de satisfação pessoal daqueles para os quais a riqueza não era uma meta de vida. Portanto, não é o dinheiro que faz feliz ou infeliz, mas o fato de ter alcançado seu objetivo ou não. Isso se aplica, de modo análogo, a outros objetivos de vida.

Por que os objetivos funcionam? Porque as pessoas com objetivos investem mais esforço para alcançá-los. Também porque as metas facilitam as decisões. A vida consiste em inúmeras bifurcações. Em cada entroncamento pode-se seguir a espontaneidade do humor — ou questionar seus objetivos. Não admira que os estudantes que na pesquisa descreveram o sucesso financeiro como "indispensável" tenham escolhido ocupações bem remuneradas (médico, advogado, consultor).

Portanto, é recomendável ter objetivos na vida. Há, porém, dois problemas. "Uma receita para a insatisfação na vida consiste em estabelecer objetivos difíceis de alcançar", comenta o ganhador do prêmio Nobel Daniel Kahneman. Então, preste atenção em quão realistas são seus objetivos. Se você é corpulento e sonha em se tornar um astro do basquete, não refletiu bem. Isso também vale se quiser ser o primeiro a pousar em Marte, ou se quiser se tornar presidente. Ou bilionário. Essas metas não podem ser controladas — 99% dos componentes necessários para alcançá-las estão além do seu controle. Alvos irreais são assassinos da sorte. A minha recomendação é: deixe que seus objetivos fiquem um pouco vagos (por exemplo, "rico" em vez de "bilionário"). Se você os alcançar, ótimo. Se não os alcançar, ainda poderá interpretar sua condição como se tivesse atingido os objetivos (pelo menos em parte). Você nem precisa fazer isso de forma consciente. Seu cérebro resolve automaticamente.

Conclusão: objetivos funcionam. É importante ter objetivos. Mas grande parte das pessoas não pensa com suficiente acuidade sobre o "pequeno sentido da vida". Ou elas não têm metas ou aceitam como suas as metas que estão em voga. Às vezes, esse caminho leva a uma boa vida, mas apenas se derrubarmos expectativas altas demais e estabelecermos metas alcançáveis. É mais importante saber aonde estamos indo do que chegar rápido a algum lugar.

20. Seus dois "eus"

POR QUE SUA VIDA NÃO É UM ÁLBUM DE FOTOS

Gostaria de lhe apresentar duas pessoas com as quais você está muito familiarizado, embora ainda não as conheça por esses nomes: seu "eu" *que experimenta* e seu "eu" *que se lembra*. O eu que experimenta é aquela parte da sua consciência que vive o momento atual. No seu caso, é aquele que lê as palavras desta frase neste momento. Daqui a pouco, experimentará que você fecha e guarda o livro, que se levanta e, talvez, faz um café. O eu que experimenta não experimenta apenas o que você está fazendo, mas também o que pensa e sente enquanto isso. Percebe estados físicos como cansaço, dor de dente ou tensão. Tudo isso se funde em um único momento vivido.

Quanto tempo dura um momento? Os psicólogos supõem que sejam cerca de três segundos. Essa é a temporalidade que percebemos como presente, todas as coisas, enfim, que experimentamos e resumimos em um "agora". Um período mais longo já é vivenciado como uma sequência de diferentes momentos. Sem contar o tempo de sono, experimentamos cerca de 20 mil momentos por dia — considerando a expectativa média de vida, serão cerca de meio bilhão de momentos ao longo da vida. O que acontece com as impressões que passam pelo cérebro em um momento? Quase tudo se perde de modo irrecuperável. Você pode fazer um teste com o seguinte exemplo: como experimentou o momento passado há 24 horas, dez minutos e três segundos? Pode ser que tenha espirrado. Que tenha olhado pela janela. Ou tirado uma migalha de suas calças. O que quer que tenha sido, não está mais presente. Nem mesmo a milionésima parte das nossas experiências é preservada. Somos gigantescas máquinas de desperdício de experiências.

É esse o seu eu que experimenta. A segunda pessoa que gostaria de lhe apresentar é o seu eu que se lembra. É aquela parte da sua consciência que recolhe, avalia e classifica as poucas coisas que o seu eu que experimenta não descartou. Se há 24 horas, dez minutos e três segundos você saboreou o melhor bombom da sua vida, pode ser que seu eu que se lembra ainda saiba disso.

A diferença entre os dois eus pode ser bem demonstrada com uma simples pergunta: você está feliz? Reserve um tempinho para responder.

Tudo bem. Como se saiu? Se tiver consultado seu eu que experimenta, ele terá compartilhado a condição que está vivenciando neste momento, seu estado mental num intervalo de apenas três segundos. Como autor das frases que você lê agora, espero que a resposta tenha sido positiva. Se, por outro lado, tiver questionado seu eu que se lembra, ele terá feito uma afirmação comum sobre seu humor geral, sobre como tem se sentido nos últimos tempos, quão satisfeito está de fato com a vida que leva.

Infelizmente, os dois eus raramente respondem da mesma forma. Pesquisadores estudaram a felicidade dos estudantes durante as férias. Por um lado, mediram o estado mental a cada momento, de modo aleatório — várias vezes ao dia algumas perguntas pelo celular. Por outro lado, entrevistaram os estudantes logo depois das férias. Resultado: o eu que experimenta estava menos feliz do que o eu que se lembra. Isso não surpreende, você já deve ter ouvido falar dos óculos cor-de-rosa da memória. Em retrospecto, muita coisa parece melhor. Isso também significa que não devemos confiar em nossas lembranças, porque elas estão propensas a erros sistemáticos.

A magnitude desses erros é revelada por um experimento. Durante um minuto, os estudantes mantiveram a mão em água fria, a catorze graus — uma experiência bastante desagradável. Em um segundo teste, eles mantiveram a mão por um minuto em água fria, a catorze graus, e, em seguida, por mais trinta segundos em água fria, a quinze graus. De imediato, foram questionados sobre qual das duas tentativas eles repetiriam. Nada menos que 80% escolheram o segundo teste. Isso não faz sentido porque, fazendo uma consideração objetiva, a segunda tentativa é pior — tem-se toda a dor do primeiro teste e depois mais os trinta segundos bastante desconfortáveis do segundo.

O que se passa aqui? O ganhador do prêmio Nobel Daniel Kahneman chama isso de regra do pico-fim, da qual falamos no capítulo 1. Kahneman descobriu que nos lembramos principalmente do pico de um episódio, do clímax, ou seja, do momento mais intenso, e do final do episódio. O restante quase não flui para a memória. No caso do experimento com a água, a experiência do pico foi idêntica em ambos os testes, ou seja, a água fria de catorze graus. Os dois finais, no entanto, foram diferentes. O final do primeiro teste (quatorze graus) é mais desagradável do que o final do segundo (quinze graus). Por isso, o cérebro gravou todo o segundo teste como sendo mais confortável, embora seja mais desagradável do ponto de vista do eu que experimenta (e também se considerado com objetividade).

Nem mesmo a duração do experimento fez diferença. Se durou sessenta ou noventa segundos, isso nem foi incorporado na avaliação dos estudantes. O que vale de modo geral é: se sua viagem de férias demorar uma semana ou três semanas, a lembrança a respeito será a mesma. Se você passa um mês ou um ano na prisão, não faz diferença para a memória. Você vai se lembrar do seu tempo atrás das grades com a mesma intensidade. Esse erro cognitivo é chamado de *duration neglect*, ou a "não percepção da duração". Fora a regra pico-fim, esse é o segundo erro grave da memória.

Enquanto o eu que experimenta é perdulário (joga quase tudo fora), o eu que se lembra é extremamente propenso a falhas e, assim, nos desvia para decisões erradas. Por causa da avaliação equivocada do eu que se lembra, tendemos a supervalorizar os prazeres curtos e intensos e, em contrapartida, subvalorizamos os prazeres tranquilos, duradouros e não agitados — *bungee jumping* em vez de caminhadas longas, relações excitantes de uma só noite em vez de sexo regular em um relacionamento estável, vídeos fresquinhos no YouTube em vez de um bom livro.

Existe toda uma variedade de livros sobre "vida radical". Com poucas exceções, os autores são repórteres de guerra, montanhistas radicais, empreendedores de start-ups ou artistas performáticos. Eles pregam que a vida é muito curta para nos atermos a prazeres moderados. E que é apenas nos extremos de ápices e depressões que se pode realmente sentir alguma coisa. Uma vida tranquila e nada espetacular é uma vida fracassada. Esses autores — e seus leitores — tornaram-se vítimas da condição do eu que se lembra. Correr descalço pelos Estados Unidos ou chegar ao topo do monte Everest em velocidade recorde é uma grande experiência apenas quando considerada em retrospectiva. No momento da realização é um tormento. Esportes radicais alimentam a memória em detrimento da felicidade do momento.

O que conta então: seu eu que experimenta ou seu eu que se lembra? Os dois, naturalmente. É óbvio que ninguém quer perder boas lembranças. Mas tendemos a valorizar mais o eu que se lembra e vivemos em função de reunir lembranças futuras, em vez de nos alinhar ao presente. Oponha-se a essa tendência. Decida o que é mais importante para você: uma vida plena ou um álbum cheio de fotos?

21. Uma conta-corrente de lembranças

AS EXPERIÊNCIAS SE SOBREPÕEM ÀS LEMBRANÇAS

Imagine a melhor experiência possível: uma viagem de veleiro durante dez anos pelo Caribe, uma viagem espacial pela galáxia ou um jantar com Deus em pessoa no Kronenhalle, em Zurique, incluindo um Cheval Blanc Vandermeulen, safra 1947. Quanto você estaria disposto a pagar por sua experiência favorita?

Pare um momento e escreva algumas palavras que representem a melhor experiência que puder imaginar e indique seu limite de preço.

Pergunta complementar: quanto você estaria disposto a pagar por sua experiência favorita se, em seguida, não conseguisse se lembrar de nada? Quer dizer, você não tem mais ideia de como era o iate caribenho. Sai da cápsula espacial e nem sabe mais se as estrelas brilhavam. Não consegue se lembrar se Deus era homem ou mulher e muito menos do sabor do Cheval Blanc 1947. Poderia vasculhar o seu cérebro o tempo que quisesse — não haveria mais nada lá, nadinha. A maioria das pessoas a quem faço essa pergunta diz que tal experiência não teria valor.

É provável que seja assim com você também. Agora, quanto estaria disposto a pagar por sua experiência favorita se pudesse se lembrar dela por um dia? Por um ano? Uma década? É lamentável que não haja pesquisas científicas a respeito disso. As respostas que colecionei são anedóticas: as experiências só chegam a compensar por causa das lembranças. Vamos chamar esse fenômeno de conta-corrente das lembranças. Quanto mais tempo vivemos com determinada lembrança, mais valor lhe é atribuído. Se uma lembrança (positiva) se mantiver até o final da vida, a experiência receberá retroativamente a avaliação máxima. Se ela durar até a metade do resto da vida, apenas metade do valor lhe é atribuído, e assim por diante até o zero: se não há lembrança, a experiência é considerada sem valor. Isso é surpreendente e sem sentido. Por certo é melhor experimentar algo fabuloso do que não o experimentar — com lembranças ou não. Afinal, no momento da experiência, você desfrutará de uma ocasião fabulosa! Além disso, você e eu esqueceremos tudo depois da morte — porque não haverá mais "você" e "eu". A morte vai apagar suas lembranças. É tão importante, então, se você ainda as carrega consigo até aquele exato momento?

Seria interessante explorar o mundo emocional dos pacientes com demência porque é bem isso o que vivenciam: uma série de experiências momentâneas, instante por instante, sem nenhuma lembrança. Até o ponto em que sabemos, é assim que acontece com a maior parte dos animais. Eles têm apenas momentos, mas pouca ou nenhuma lembrança. Há cuidadores em clínicas que maltratam os pacientes com demência, afirmando que "eles não se lembrarão mais disso mesmo". É verdade, de fato, mas não há dúvida de que os pacientes vivenciam aqueles momentos. O eu que experimenta funciona para eles — e o mesmo se aplica a você.

Estudos mostram que as pessoas que se lembram de belas experiências são mais felizes — em especial quando olham para elas pelos óculos cor-de-rosa da nostalgia. Muitos psicólogos concluem que se deve reservar um tempo para lembrar os belos momentos do passado. Uma proposta questionável. Por que não investir esse tempo para criar belos momentos presentes, no aqui e agora? O esforço para experimentar conscientemente o momento presente não me parece ser maior do que aquele para avivar antigas lembranças, pelo contrário. Além disso, a vivência do momento é muito mais forte, mais saborosa e mais colorida do que lembranças enevoadas. Para aproveitar o momento não é preciso experimentar um salto de paraquedas ou o pôr do sol perfeito. Mesmo sentado em uma cadeira, como agora, lendo este capítulo, você experimentará (espero) uma sucessão de pequenos e felizes intervalos de tempo. Aperceba-se fisicamente dessas camadas de tempo, em vez de remexer em suas memórias. Aliás, você não vai desenterrar muita coisa. Por exemplo, no caso de uma viagem de férias, só nos lembramos do melhor e do pior momento, além de seu final. Essa é a regra pico-fim, de Kahneman, que conhecemos no capítulo anterior. Ainda poderemos nos lembrar de duas ou três outras cenas, mas é só. As pessoas sempre acham que lembrar é como assistir a um filme pela segunda vez. Não é. As lembranças são unidimensionais, defasadas, abstratas, muitas vezes falhas, em parte fantasiadas e, por fim, improdutivas. Em suma, nós supervalorizamos as lembranças e subvalorizamos o momento vivido.

A correção necessária só veio nos anos 1960, quando a consciência do "aqui e agora" chegou ao centro das atenções. Os jovens o experimentavam com LSD, sexo livre e grandes eventos. Em 1971, Richard Alpert, professor de Harvard (conhecido pelo nome indiano de guru Ram Dass), lançou o best-seller *Be Here Now*

[Esteja aqui agora]. Não poderíamos pensar num lema melhor para essa atitude perante a vida. Ram Dass propagou, em grande parte, antigas práticas budistas e as adaptou à vida ocidental. Hoje, a atitude dos anos 1960 de "estar no momento" voltou a estar em voga, com o rótulo "atenção plena", ou mindfulness. Uma camada elitista de hipsters urbanos — professores de ioga e coaches de estilo de vida — está obcecada com essa atitude.

Tudo bem, tudo certo, só que a atenção plena é muitas vezes confundida com "não pensar no futuro". Trata-se de um erro. Uma sentença popular em calendários diz: "Viva cada dia como se fosse o último"; é um conselho idiota que, num piscar de olhos, jogaria você num hospital, no túmulo ou na cadeia. Prevenir-se para o futuro e antecipar acontecimentos perigosos dispondo de um grande espaço para contorná-los são atitudes que realmente fazem parte da boa vida.

Conclusão: nosso cérebro dedica-se de modo automático aos três níveis do tempo — passado, presente e futuro. A questão é: em qual deles nos concentramos. Minha sugestão é fazer, de vez em quando, um plano de longo prazo e, quando estiver pronto, concentrar-se apenas no agora. Maximize suas experiências atuais em vez de suas memórias futuras. Aprecie o pôr do sol em vez de fotografá-lo. Uma vida de momentos fabulosos, mesmo sem nenhuma lembrança, seria uma vida fabulosa. Pare de considerar experiências como depósitos em sua conta-corrente de lembranças. No mais tardar, essa conta será fechada no dia de sua morte.

22. Histórias de vida são histórias mentirosas

POR QUE AVANÇAMOS PELO MUNDO COM UMA FALSA IMAGEM DE NÓS MESMOS

O que você sabe sobre a Primeira Guerra Mundial? Certo: em 1914 um combatente sérvio, a favor da independência, mata a tiros o herdeiro do trono austro-húngaro em Sarajevo. Em seguida, o Império Austro-Húngaro declara guerra à Sérvia. Uma vez que quase todos os países europeus estão inseridos em alianças, em poucos dias todos aderem à guerra. Logo o front paralisa porque nenhum dos blocos da aliança domina. Acontece uma batalha humana e material sem precedentes. A batalha de Verdun tornou--se o símbolo dessa devastadora guerra de trincheiras. Tudo só acabou quatro anos mais tarde, com a morte de um total de 17 milhões de pessoas.

É provável que você também tenha memorizado a Primeira Guerra Mundial assim, ou de modo semelhante. A menos que seja um historiador. Então saberá, é claro, que não foi assim. A guerra, como evento, foi muito mais complexa, tortuosa e trespassada de acasos do que os livros de história nos fazem acreditar. Na verdade, ainda não entendemos por que a guerra teve seu início justo na Sérvia. Naquela época, havia muitos atentados (mais do que hoje em dia). A Alemanha poderia ter igualmente declarado guerra à França ou vice-versa. Tampouco sabemos por que a guerra de trincheiras demorou tanto. Olhando em retrospecto, as inúmeras inovações da tecnologia bélica pouco antes da guerra (metralhadoras, tanques, gás venenoso, submarinos e o início de uma força aérea) deveriam ter levado a uma linha de combate muito mais fluida.

Muitas vezes o cérebro é comparado a um computador. A comparação é capenga. Os computadores armazenam dados brutos, em bits, que é a menor unidade de informação. Já o cérebro armazena dados tratados, não brutos. Seu formato preferido não é o bit, mas a história. Por quê? Porque o espaço de armazenamento no crânio é limitado. Oitenta bilhões de células cerebrais! Parece muito, mas não é suficiente, nem de longe, para armazenar tudo o que vemos, lemos, ouvimos, cheiramos, saboreamos, pensamos e sentimos. Assim, o cérebro encontrou um truque para comprimir os dados: a história.

O mundo real não conhece histórias. Você pode se arrastar por todos os continentes do planeta, armado com uma lupa, vagar por dez anos e revirar cada pedra, mas não encontrará uma única história. Encontrará pedras, animais, plantas, cogumelos... Com um microscópio potente, até células, e então moléculas, depois átomos e, finalmente, partículas elementares. Nenhuma história, porém. Mesmo que você tivesse participado da Primeira Guerra Mundial, sendo objetivo, não teria visto uma guerra mundial, apenas trincheiras cheias de pessoas que usavam curiosos chapéus de aço, florestas que consistiam apenas em troncos de árvores, esferas de aço que assobiavam pelo ar, inúmeros cadáveres de pessoas e de cavalos.

Como o cérebro espreme uma lembrança a partir dos fatos? Ao sintetizá-la em uma história compacta, consistente e causal. Compacto, consistente e causal — os três Cs. Compacto significa que as histórias são curtas, simplificadas e sem "buracos". Consistente significa que não têm contradições. Causal significa que há uma seta, uma causa para o efeito, A leva a B que leva a C, os desenvolvimentos têm sentido.

O cérebro cuida disso de modo automático. Não apenas no que se refere a fatos, como as guerras, os desdobramentos da bolsa de valores ou as tendências da moda, mas também no que se refere à nossa própria história de vida. Estruturar histórias é o principal trabalho do seu "eu" que se lembra, como vimos nos últimos dois capítulos. Sua história de vida inclui quem você é, de onde veio, para onde vai, o que é importante para você. Também a chamamos de self ou "autoimagem". Trata-se de uma história de vida compacta: quando alguém lhe pergunta quem é, você tem pronta uma resposta curta e concludente. Sua história de vida é consistente: coisas que não se encaixam bem são comodamente esquecidas, e os vazios dos quais não consegue mais se lembrar você preenche com um impressionante gênio inventivo (do qual nem está consciente). Sua história de vida é causal: seus enredos têm sentido; para tudo o que aconteceu na sua vida você encontra uma razão. Compacta, consistente e causal.

No entanto, quão realista é a história de vida que você carrega nos seus pensamentos? Tão realista quanto os retratos que meus filhos de três anos rabiscam com giz no muro da casa. Talvez você diga: pode ser, mas isso é um problema? Sim, e há quatro motivos para isso.

Primeiro: nós mudamos mais depressa do que pensamos (capítulo 18). Isso não vale apenas para as nossas preferências (hobbies, músicas favoritas, comida predileta), vale também para coisas que parecem imutáveis, como características da personalidade e valores. A pessoa que seremos daqui a vinte ou quarenta anos — e é para o bem futuro dela que hoje nos educamos, labutamos setenta horas por semana, criamos filhos e compramos uma casa de férias —, essa pessoa será com certeza outra, diferente daquela que imaginamos. Talvez, depois, aquela pessoa não queira mais a casa de férias e, sem compreender, olha para trás, para o infarto e para as setenta horas a serviço de empregadores anônimos.

Segundo: parece-nos que é mais possível planejar a vida do que de fato é. O acaso tem um papel bem mais importante do que gostaríamos de aceitar. Nos últimos cem anos, nos apegamos à ideia do destino, da Fortuna, a deusa do acaso — uma ferramenta mental protegida por milhares de anos. Por isso ficamos tão abalados quando algo ruim nos acontece do nada — acidente, câncer, guerra, morte. Até o século passado, tais catástrofes eram aceitas de boa vontade. As pessoas estavam mentalmente preparadas para a visita da Fortuna. Hoje, destino significa "falha do sistema". Faz parte da boa vida, porém, voltar a acomodar a ferramenta mental da Fortuna no lugar necessário.

Terceiro: a fantasiosa história de vida que criamos para nós mesmos torna difícil julgar fatos isolados, despidos de interpretação, de contextos e de desculpas. Desculpas são pastilhas de freio que nos impedem de aprender com nossos erros.

Quarto: vemo-nos sendo melhores, mais bonitos, mais bem-sucedidos e mais inteligentes do que somos. Esse viés de *self-serving* (agir para sua autossatisfação) nos faz assumir mais riscos do que deveríamos. Ele faz com que nos levemos muito a sério.

Conclusão: andamos por aí com uma falsa autoimagem. Acreditamos que não somos tão complexos, contraditórios e paradoxais quanto realmente somos. Não se surpreenda se o avaliarem de modo "errado". Você também faz isso. Você consegue uma imagem realista de si mesmo com alguém que o conhece há muitos anos — seu parceiro de vida ou um amigo de longa data que possa ser sincero sem pudor. Melhor ainda: escreva um diário e leia-o de vez em quando para se espantar com o que escreveu há muitos anos. Faz parte da boa vida ver a si mesmo do modo mais realista possível — acompanhado de contradições, erros e facetas obscuras. A pessoa que sabe quem é tem chances bem melhores de se tornar o que gostaria de ser.

23. Melhor uma boa vida do que uma boa morte

POR QUE VOCÊ NÃO DEVERIA SE PREOCUPAR COM A ÚLTIMA HORA

Com certeza você conhece a seguinte reflexão: "quando um dia eu estiver no meu leito de morte e olhar para trás, para a minha vida...". Um pensamento bonito e patético, mas, na verdade, insensato. Primeiro, porque é difícil alguém estar assim lúcido em seu leito de morte. As três grandes portas para o Além são o infarto do miocárdio, o acidente vascular cerebral e o câncer. Nos dois primeiros casos, falta tempo para considerações filosóficas. Na maior parte dos casos de câncer, somos entupidos com medicamentos para aliviar a dor, de modo que fica difícil pensar com clareza. Em casos de demências lentas ou de Alzheimer, tampouco é possível chegar a novos conhecimentos no leito de morte. Mesmo que em nossa última hora tivéssemos tempo para pensar sobre a nossa vida, invocaríamos lembranças que, como vimos nos três últimos capítulos, quase não correspondem à realidade. Nosso eu que se lembra produz erros sistemáticos. É um contador de histórias mentirosas.

Não vale a pena, portanto, criar hipóteses sobre o momento da sua morte ou da sua última hora. Acredite: vai mesmo acontecer de um jeito diferente do que você imagina. E o mais importante: como você se sente nos últimos minutos é irrelevante, quando posto em relação com sua vida toda. Considerações sobre a hora da morte são improdutivas e apenas o afastam da boa vida.

Daniel Kahneman descobriu diferentes erros sistemáticos da memória. Um deles é a *duration neglect*, ou não percepção da duração, isto é, a duração de um episódio qualquer não fica sedimentada na memória. Em retrospecto, o cérebro considera férias de três semanas tão boas ou tão ruins quanto férias de uma semana. Para a avaliação total contam apenas os pontos altos e o final das férias (a chamada regra pico-fim, que conhecemos no capítulo 20). Um filme, que é emocionante no todo, ficará em nossa memória como um filme ruim se o seu final for insatisfatório. O mesmo vale para festas, concertos, livros, conferências, locais de residência e relacionamentos.

Também vale para a avaliação de uma vida inteira? Vamos descobrir. Considere a vida de Anna: "Anna nunca se casou e não teve filhos. Era extremamente feliz, tinha prazer em realizar seu trabalho, desfrutava das férias, do tempo livre e de seus muitos amigos. Aos trinta anos, morreu de repente e sem dor, em um acidente de carro". Julgue a atratividade da vida de Anna com um número de 1 (miserável) a 9 (excelente), tendo o 5 como valor médio (mais ou menos).

Avalie agora a vida de Berta: "Berta nunca se casou e não teve filhos. Era extremamente feliz, tinha prazer em realizar seu trabalho, desfrutava das férias, do tempo livre e de seus muitos amigos. Os cinco últimos anos da sua vida não foram mais tão bons, mas, ainda assim, agradáveis. Aos 35 anos, morreu de repente e sem dor, em um acidente de carro". Avalie também essa vida, com um número entre 1 e 9.

Pesquisadores nos Estados Unidos confrontaram estudantes com histórias de vida semelhantes. O resultado: vidas como as de Anna foram claramente mais bem classificadas do que a vida de Berta. Isso não tem lógica, pois as duas mulheres levaram uma vida bastante feliz nos primeiros trinta anos. No caso de Berta, vieram ainda cinco anos adicionais, não tão bons, é verdade, mas considerados no todo ainda foram anos de vida agradável. Em uma consideração racional, deveríamos classificar melhor a vida de Berta. É verdade que a vida de Anna terminou no auge e a de Berta, em contrapartida, num nível um pouco mais baixo. A regra pico-fim se alastra aqui também. É surpreendente que os cinco anos subsequentes de vida agradável não sejam computados. Num piscar de olhos, os pesquisadores descreveram esse resultado como "efeito James Dean". O ator morreu num acidente de carro quando estava no ápice de uma carreira brilhante — na tenra idade de 24 anos. Se tivesse vivido ainda muitos anos ou décadas como um ator de sucesso e felicidade medianos, com certeza muitos classificariam sua vida como menos atrativa.

Peço, então, que você avalie mais uma vez as biografias de Anna e Berta, desta vez com o pressuposto de que os acidentes de carro tenham acontecido aos sessenta anos (para Anna) e aos 65 anos (para Berta). Todo o resto fica inalterado. Que notas você dá aos dois currículos agora? Pare um momento para refletir antes de continuar a ler.

As pessoas que participaram da pesquisa fizeram o mesmo. O resultado: naturalmente a vida de Anna obteve mais uma vez uma classificação bem melhor do que a de Berta (seguindo a regra pico-fim). Foi espantoso, porém, que os trinta anos adicionais, muitíssimo felizes, que Anna pôde viver quase não foram incorporados na avaliação. Se Anna morre aos trinta ou aos sessenta, não faz diferença na avaliação sobre a atratividade de sua vida.

O mesmo acontece com Berta. Isso não tem lógica mesmo — é um exemplo clássico de não percepção da duração. Vamos resumir: temos grandes dificuldades quando se trata de avaliar a atratividade dos percursos de vida. Cometemos erros sistemáticos. Isso é justificável no caso de pessoas fictícias como Anna e Berta, mas não quando se trata da sua própria e autêntica vida. Tenha em mente que é grande a probabilidade de que você não morra no ponto alto de sua vida — como James Dean —, e sim depois de muitos anos de demorado e gradual declínio de suas forças físicas e intelectuais. Dependendo de quão grandes forem as suas deficiências físicas, a sua felicidade média a cada momento será menor do que foi nas décadas em que estava livre de reclamações. Que conclusões podemos extrair disso? Não permita que essas deficiências encubram a avaliação de *toda* a sua vida. É melhor ter uma boa vida e em seguida alguns poucos dias difíceis no leito de morte do que uma vida miserável e uma boa morte. Idade e morte, esse é o preço que temos de pagar por uma boa vida — como uma conta exorbitante depois de um jantar. Não estou pronto a desembolsar essa quantia por uma salsicha ao curry, mas por uma refeição com seis pratos num restaurante com muitas estrelas, um vinho de primeira e uma companhia requintada, sempre.

Conclusão: a competição a respeito de "quem vive mais" é vulgar. É muito melhor ter uma boa vida do que uma boa morte. Sobre a primeira, você deve fazer suas reflexões, sobre a segunda não desperdice nenhuma. Refletir sobre a morte vale a pena, no máximo, quando você a deseja ao seu pior inimigo. Isso mesmo, você pode fazer isso com tranquilidade, talvez seja bom para sua higiene psíquica, como Sêneca observou com correção. "Acalme-se", aconselhou o filósofo, "seu inimigo morrerá sem que você tenha de mover o seu dedo mindinho."

24. Um redemoinho
de autopiedade

POR QUE NÃO TEM SENTIDO REVIRAR O PASSADO

Um pouco antes de sua apresentação, o palhaço Canio descobre que é traído por sua linda mulher, a quem ama acima de tudo. Ele fica sentado atrás da tenda do circo, sozinho, e luta com suas lágrimas, enquanto tenta se maquiar. No interior da tenda, o público espera, ansioso, por sua entrada. Em poucos minutos deverá interpretar o engraçado, pois o show tem de continuar. Então ele se lança na maravilhosa ária, "Vesti la giubba" [Vista a fantasia], triste e bela, enquanto as lágrimas rolam sobre a maquiagem.

Assim termina o primeiro ato da ópera de Leoncavallo, *Pagliacci*, de 1892. É uma das árias mais emocionais já compostas e todos os grandes tenores do mundo caíram em prantos durante seu canto — Enrico Caruso, Plácido Domingo, José Carreras. Pesquise "Pavarotti" e "Vesti la giubba" no YouTube. A peça vai lhe partir o coração, enquanto Pavarotti se desmancha em autopiedade ao interpretar o palhaço Canio.

No segundo e último ato da ópera, acontece a terrível briga de facas e todos os participantes morrem. Passado o verdadeiro ponto alto, porém, aquilo mal consegue comover alguém. Desde a primeira apresentação, a imagem do palhaço com lágrimas se instalou em nossa memória cultural e há tempos encontrou seu lugar na nossa cultura: por exemplo, com a canção de Steve Wonder, "Tears of a Clown", um dos *singles* mais vendidos nos anos 1960, embora retenha da ária original apenas cerca de 1% da complexidade musical e talvez 0,5% da carga emocional.

Se você não fica com os olhos úmidos ao ouvir "Vesti la giubba", não posso ajudar. Sabemos, contudo, que o comportamento de Canio é contraprodutivo no longo prazo. Autopiedade é uma das reações mais infrutíferas diante das adversidades da vida. Ter pena de si mesmo não muda nada. Ao contrário, é um redemoinho, um turbilhão, e, quanto mais tempo se nada dentro dele, mais ele nos puxa para baixo. Presas nele, as pessoas logo descambam para a paranoia. Passam a ter a sensação de que um grupo de pessoas, toda a humanidade ou até o universo estão conspirando contra elas. É um círculo vicioso para os afetados, mas também para os mais próximos que, compreensivelmente, se distanciam em algum momento. Assim que percebo em mim os primeiros sinais de autopiedade, procuro logo me libertar dessa perigosa sucção — fiel ao lema: "Se você está no fundo do poço, pare de cavar".

O investidor Charlie Munger conta a história de um amigo que sempre trazia consigo uma pilha de cartõezinhos impressos. Quando encontrava alguém que demonstrasse autopiedade, mesmo que fosse apenas um pouco, ele erguia um cartão do topo da pilha com um gesto teatral e o entregava à pessoa. No cartão estava escrito: "Sua história me comoveu profundamente. Não conheço ninguém que esteja em condição pior que a sua". Um modo jocoso, revigorante e também um pouco insensível de mostrar aos outros a própria autopiedade. Ainda assim, Munger tem razão: ter pena de si mesmo é um modo de pensar catastrófico e falso.

Surpreende ainda mais que a autopiedade tenha feito uma carreira admirável nas últimas décadas, em especial sob a forma da chamada "reavaliação". Por um lado, há a reavaliação da sociedade, na qual grandes grupos se sentem vítimas, mesmo que em parte, de incidentes que aconteceram há centenas de anos. Há universidades que mantêm departamentos inteiros ocupados em tentar expor as raízes históricas dessa vitimização, analisando até suas mais tênues ramificações. Tudo justificado de modo consistente: os negros nos Estados Unidos ainda sentem os efeitos da escravidão e da segregação. A sombra do colonialismo continua sobre o continente africano. O mesmo se aplica a mulheres, nativos, judeus, homossexuais, imigrantes... Tudo rastreável e justificado.

No entanto, esse pensamento é improdutivo, tóxico mesmo. Além disso, quantos séculos se deve voltar atrás para "reavaliar" o passado — cem, duzentos, quinhentos anos? Há quinhentos anos viviam na Terra 1 milhão de ancestrais seus, parentes de sangue, diretos. São os avós dos avós dos avós dos seus avós, e por aí vai. Com certeza alguns ramos de sua ascendência foram reprimidos com brutalidade. Tudo isso poderia ser reavaliado, mas para quê? Aceite as injustiças do passado e, em vez disso, tente administrar ou suportar as adversidades do presente. A autopiedade coletiva é tão improdutiva quanto a individual.

Uma segunda forma de "reavaliação" está na esfera pessoal. No sofá do terapeuta, o paciente remexe em sua própria infância e encontra todo tipo de coisas que preferiria ter esquecido, mas que podem muito bem ser responsabilizadas pela situação atual, talvez igualmente imperfeita. Isso é problemático sob dois pontos de vista: primeiro, há uma data de validade para acusações aos outros, especialmente a seus próprios pais. Quem ainda aos quarenta anos considera seus pais responsáveis por seus problemas é tão imaturo que quase merece os problemas que tem.

Em segundo lugar, estudos mostram que mesmo duras fatalidades vividas na infância (como morte dos pais, divórcio, negligência, abuso sexual) quase não estão relacionadas ao sucesso ou à satisfação na idade adulta. O ex-presidente da Associação Norte-Americana de Psicologia, Martin Seligman, avaliou centenas de estudos sobre esse tema. Ele conclui: "É difícil encontrar qualquer mínimo efeito advindo de eventos da infância na personalidade adulta, e não há uma única indicação de que haja influências grandes e determinantes". Nossos genes são muito mais decisivos do que nossa história, e sua distribuição é puro acaso. Claro, você poderia culpar os genes por sua situação e se queixar da loteria dos óvulos (capítulo 7), mas o que ganharia com isso?

Conclusão: não se afundar na lama da autopiedade é uma das regras de higiene mental. Aceite o fato de que a vida não é perfeita — nem a sua, nem a de qualquer outra pessoa. O filósofo romano Sêneca diz: "O destino vai atirar coisas em sua cabeça. A vida não é para fracotes". Qual é o sentido de ser infeliz agora apenas porque foi infeliz uma vez? Se puder fazer algo a respeito das adversidades da sua vida atual, faça; se não puder, aguente a situação. A lamentação é um desperdício de tempo e a autopiedade é duplamente contraproducente: em primeiro lugar, durante esse tempo você não faz nada para superar sua desgraça; em segundo, acrescenta àquele infortúnio original a infelicidade da sua mortificação.

25. Hedonismo e eudemonia

COMO VOCÊ PODE COMPENSAR ATIVIDADES
PRAZEROSAS COM ATIVIDADES SIGNIFICATIVAS
— E VICE-VERSA

Quão prazerosas são as seguintes atividades para você? Atribua valores entre 0 (nenhum prazer, você não tem nenhum interesse nisso) e 10 (muito prazeroso, é impossível imaginar algo mais agradável): comer seu chocolate favorito, lutar por sua terra natal numa guerra, ocupar-se com seu hobby, criar filhos, fundar hospitais na África, interromper o aquecimento global, fazer sexo, assistir à Copa do Mundo, ajudar uma velhinha a atravessar a rua, passar férias em um spa no Caribe. Pare por alguns segundos.

A maioria das pessoas avalia o sexo, o chocolate, a televisão e as férias em um spa com 9 ou 10, enquanto criar filhos aparece com 2 ou 3.

Pergunta complementar: em sua opinião, quão significativas são as atividades acima? Mais uma vez, atribua valores entre 0 (nada significativa) e 10 (a mais significativa). Reserve mais alguns momentos para isso.

Para a maioria, a ordem agora é bem diferente. É visível que a criação de filhos recebe um valor mais alto do que as férias em um spa. Ajudar uma velhinha a atravessar a rua parece mais significativo do que comer chocolate. O que importa, na verdade? Em que devemos focar? Que atividades fazem parte de uma boa vida — as "prazerosas" ou as "significativas"?

Já no século v a.c., os pensadores gregos se posicionaram a esse respeito. Uma minoria de filósofos, os hedonistas, defendeu a opinião de que uma boa vida consiste em consumir tantos prazeres imediatos quanto possível. A palavra *hedonista* vem do grego antigo *hedoné*, que significa alegria, deleite, prazer, gozo, desejo sensual. Na prática a questão é: por que ajudar uma velhinha a atravessar a rua bem no momento em que se consegue baixar um vídeo divertido do YouTube no celular?

A maioria dos filósofos, porém, defendia o ponto de vista de que os prazeres imediatos eram baixos, decadentes e até animalescos. O que traria uma boa vida seriam, acima de tudo, as chamadas "alegrias mais elevadas". A essa busca por alegrias mais elevadas chamavam *eudemonia*. Tão logo essa frase vazia foi criada, começou a disputa a respeito de como se poderia preenchê-la melhor. Muitos filósofos chegaram à conclusão de que deveríamos preenchê-la com virtudes. Apenas uma vida honrada seria uma boa vida. Então, hospitais na África, em vez de Copa do Mundo de futebol. Segundo essa visão, algumas virtudes em particular foram consideradas as portadoras da felicidade. Platão e Aristóteles, por exemplo, acreditavam que o homem deveria ser o mais corajoso, valente, justo e sábio possível. Assim, criaram mais quatro palavras vazias, que a Igreja católica assumiu com gratidão alguns séculos mais tarde e as fixou (agora está na versão 2.0) como as virtudes cardinais: a temperança, a fortaleza, a justiça e a prudência. Seguindo essa lógica com rigor, chega-se a conclusões absurdas, como aquela observada pelo lacônico psicólogo de Harvard Dan Gilbert, que dizia: "Na verdade, o nazista criminoso de guerra que se banha ao sol numa praia da Argentina não é feliz, ao passo que o missionário devotado que acabou de ser comido vivo por canibais é feliz".

Um bocado de confusão. O psicólogo Paul Dolan, da Escola de Economia e Ciência Política de Londres, tentou desvendá-la. Assim como todo som tem duas características — altura do tom e volume do som —, cada momento vivido tem dois componentes: o componente do prazer (ou hedonista) e o componente do sentido. O componente hedonista refere-se aos gozos imediatos. Em contraste, o componente do sentido refere-se à nossa sensação quanto ao significado de um momento. Por exemplo, comer um chocolate tem um componente altamente hedonista para a maioria das pessoas, mas um baixo componente de sentido. Ajudar uma mulher idosa a atravessar a rua, por outro lado, tem um baixo componente de prazer, mas um alto componente de sentido.

Ao não definir com mais detalhe o que é "significativo", Paul Dolan pode deixar desmoronar atrás de si o velho castelo de cartas das virtudes, de 2500 anos atrás. Fiel ao lema "eu sei quando o vejo", todo ser humano percebe logo se um momento vivido é cheio ou vazio de significado. Neste momento, você lê este parágrafo. É provável que o componente de prazer seja menor do que um gole de Château Pétrus, mas esperamos que o componente de sentido seja maior. O que acontece com este autor é ainda mais extremo. Temos de reconhecer que escrever este capítulo não é um prazer; estou agora mordendo os lábios, mas acho que a tentativa de expressar esses pensamentos de modo inteligível no papel é altamente significativa. Sentido e prazer são os dois pilares da felicidade — "uma perspectiva corajosa e original", comenta Daniel Kahneman.

Todos os anos, Hollywood produz de quatrocentos a quinhentos filmes — um negócio de bilhões de dólares. Não é de admirar, portanto, que os pesquisadores estejam tentando descobrir por que as pessoas vão ao cinema, para com isso chegar à receita indiscutível de um campeão de bilheteria.

Durante muito tempo, prevaleceu a chamada teoria do cinema hedonista: dar ao público apenas tensão suficiente — não muito enfadonho, nem muito estressante — para sequestrá-lo de sua realidade banal. Entregar ao público belos atores e atrizes e histórias divertidas com um final feliz. Mas sempre voltamos a ver campeões de bilheteria cujo sucesso não está baseado nessa receita e que, portanto, não se explicam como hedonistas. Por exemplo, *A vida é bela*, *A lista de Schindler* ou *Uma mente brilhante*. Só recentemente as pesquisas confirmaram o que bons diretores e escritores sempre souberam: além do puro prazer, há também o componente do sentido. Mesmo um filme triste, de baixo orçamento e rodado com dificuldade, pode ser um bom filme, se houver nele sentido suficiente.

O sentido também desempenha seu papel no mercado de trabalho. Trabalhadores jovens, em especial, estão prontos a abrir mão de parte de um salário de mercado, se puderem trabalhar em projetos "significativos". Isso é bom para start-ups idealistas e ruim para grandes corporações — as últimas têm de compensar seu déficit de sentido com um componente hedonista mais alto (ou seja, dinheiro). Os artistas, é claro, sempre souberam desse dilema: morrer na beleza artística ou, por um bom dinheiro, jogar-se nos braços do grande público?

Recomendo que você busque equilíbrio entre o prazer e o sentido. Evite os extremos. Por quê? Porque a utilidade marginal diminui quanto mais você se move para os extremos. Tomemos o chocolate, a televisão e o sexo: eles se tornam ineficazes o mais tardar depois do segundo quilo de chocolate, da 24ª hora vendo televisão ou do quinto orgasmo. Investir dia e noite na salvação do mundo e com isso privar-se de qualquer prazer tampouco traz felicidade. É melhor alternar entre sentido e prazer. Se você salvou uma parte do mundo, agora se permita tomar uma boa cerveja.

26. O círculo da dignidade — parte 1

E, SE NÃO...

Em 1939, pouco depois de a Alemanha invadir a Polônia e desencadear a Segunda Guerra Mundial, a Inglaterra começou a enviar tropas pelo canal da Mancha para apoiar a França numa luta rápida contra os alemães. Um ano depois, em maio de 1940, 300 mil soldados britânicos estavam lotados em Dunquerque, cidade portuária no norte da França, e em seu arredores. No mesmo mês, o Exército alemão invadiu a Bélgica e a Holanda e marchou para a França. Alguns dias depois, os soldados britânicos encontravam-se sitiados. Era só uma questão de tempo até que os alemães os exterminassem. A situação era desesperadora. Um oficial britânico telegrafou três palavras a Londres: *But if not* ("E, se não..."). Pergunta: como você interpretaria essas palavras?

Alguém que conheça a Bíblia — e naquela época praticamente todos conheciam — identificaria na hora essa expressão, que está no Antigo Testamento (Daniel 3:18). Nesse versículo, o rei da Babilônia, Nabucodonosor, exige de três judeus tementes a Deus: "para vos prostrardes e adorardes a estátua que fiz; mas, se não a adorardes, sereis lançados, na mesma hora, dentro da fornalha de fogo ardente". O rei deu aos três homens tempo para pensar. Eles responderam: "Não necessitamos de te responder sobre este negócio. Eis que o nosso Deus, a quem nós servimos, é que nos pode livrar; ele nos livrará da fornalha de fogo ardente, e da tua mão, ó rei. E, se não, fica sabendo ó rei, que não serviremos a teus deuses nem adoraremos a estátua de ouro que levantaste".

A mensagem de rádio recebida por Londres em maio de 1940 dizia: A situação aqui em Dunquerque é sombria. Estamos cercados. Seria preciso um milagre para nos tirar daqui, mas estamos determinados a não nos render, não importa o que possamos enfrentar. Tudo isso estava contido nas três palavras, e, se não. Foi uma expressão de comprometimento total.

Poucos dias depois, os britânicos evacuaram 338 mil soldados ingleses e franceses numa ação caótica envolvendo oitocentos destróieres, barcos de pesca, navios mercantes, barcos de lazer e balsas do rio Tâmisa. Fala-se até hoje do "milagre de Dunquerque".

Por não conhecermos mais a Bíblia, quase ninguém entende o significado da expressão "e, se não". Para isso, com a mesma intenção, hoje se diz "só por cima do meu cadáver".

Desde então, essa atitude define uma área bem delimitada em minha vida, que abrange tudo o que não se pode mudar. Ela contém preferências e princípios que não precisam de justificação. Por exemplo, não faço nada por dinheiro que eu não faria por um décimo da mesma quantia, o que significa que nunca permito que o dinheiro seja o fator decisivo para mim. Nunca coloco fotos dos nossos filhos na internet. Nunca falaria mal da minha família ou dos meus amigos a alguém, mesmo que eu tivesse motivo — o que nunca aconteceu até agora. Análogo ao círculo de competências, chamo essa área de círculo da dignidade. A ideia segue o capítulo 3, no qual conhecemos a promessa. O círculo da dignidade resume as suas promessas individuais e protege você contra três tipos de ataques: a) argumentos melhores; b) risco à sua vida; e c) pacto com o diabo. Isso nos leva à primeira parte da trilogia sobre esse círculo da dignidade: o perigo dos argumentos melhores. O segundo e terceiro perigos serão discutidos em detalhes nos próximos dois capítulos.

Como no círculo de competências, o tamanho do círculo da dignidade não importa, e sim você conhecer exatamente os seus limites. Estabelecer um círculo da dignidade tem pouco a ver com o espírito do Iluminismo. Tal círculo contradiz tudo o que eu defendo — pensamento claro, racionalidade e a vitória do "melhor argumento". Pode isso? O progresso não se baseia em questionar tudo sem cessar? A resposta é: sim, mas... Um círculo da dignidade pequeno, intocável e definido com clareza é imprescindível para uma boa vida. É até imperativo que as coisas dentro do círculo não sejam racionalmente justificáveis. Se forem, a paz nunca seria alcançada. Sua vida não teria um fundamento. Você sempre teria que dar por certo que um argumento ainda melhor estaria por surgir para derrubar suas preferências, seus princípios e suas crenças.

Como se chega ao círculo da dignidade? Não é por meio de reflexão. Trata-se, antes, de algo que se cristaliza ao longo do tempo — para a maioria das pessoas, em algum momento no meio da vida. Essa cristalização é um passo essencial da maturidade pessoal. Até lá, você terá experimentado algumas coisas — decisões erradas, decepções, fracassos, crises. Precisa ser bastante ponderado para reconhecer quais princípios defende e de quais está disposto a abrir mão. Algumas pessoas nunca desenvolvem um círculo da dignidade. A essas pessoas falta um fundamento e, portanto, permanecerão sempre vulneráveis a argumentos inteligentes vindos de fora.

Conceba para si um círculo da dignidade que seja limitado. Um pequeno círculo é mais forte do que um grande. Por dois motivos: primeiro, quanto mais você coloca no círculo, mais cedo essas coisas entram em conflito umas com as outras. Você não conseguirá satisfazer a uma dezena de prioridades. Segundo, quanto menos você colocar nesse círculo, mais seriamente poderá defender essas crenças, melhor poderá protegê-las. "Os compromissos são tão sagrados que devem ser raros", adverte Warren Buffett. Isso vale não apenas para promessas feitas a outras pessoas, mas também para promessas feitas a si mesmo, por isso seja muito seletivo ao escolher seus princípios não negociáveis.

Tudo claro até aqui. No entanto, você precisa estar preparado para uma coisa: desapontará algumas pessoas quando defender suas convicções, especialmente as pessoas que ama. Machucará e escandalizará as pessoas. Em contrapartida, ficará desapontado, será ferido e insultado. Você deve estar pronto para suportar todas essas emoções. Esse é o preço a pagar pelo seu círculo da dignidade. Só marionetes têm uma vida livre de conflitos. O círculo de competências equivale a 10 mil horas. O círculo da dignidade equivale a 10 mil feridas.

Esse preço vale a pena? A questão está mal colocada. Por definição, o que é inestimável não tem preço. "Uma pessoa que não está pronta a morrer por algo não está madura para a vida", declarou Martin Luther King. Com certeza, não está pronta para a boa vida.

27. O círculo da dignidade — parte 2

QUEM SE ANIQUILA POR FORA

Em 9 de setembro de 1965, James Stockdale, jovem piloto da Marinha norte-americana, partiu do porta-aviões *USS Oriskany* em seu caça para o Vietnã do Norte. Depois de concluir com sucesso o ataque rotineiro às posições das tropas comunistas, deparou com o fogo da defesa antiaérea. O assento ejetável projetou-o da aeronave. "Estava a uma altura de cerca de trezentos metros e tive vinte segundos no paraquedas de emergência. Olhei para baixo e vi que desceria na rua principal de uma pequena aldeia. Soldados dispararam contra mim e as pessoas ergueram seus punhos em minha direção." Stockdale foi imediatamente preso e levado para a famigerada prisão de Hoa Loa, também conhecida por Hanói Hilton, onde já havia outros prisioneiros de guerra norte-americanos. Foi interrogado, espancado e torturado. Até o fim da Guerra do Vietnã, passou sete anos e meio no cativeiro, quatro deles em solitária.

Stockdale poderia ter escapado dos abusos se confraternizasse um pouco com seus algozes: bastava uma declaração antiamericana de vez em quando para ser tratado como um prisioneiro normal, sem torturas. Mas ele nem pensava nisso. Entregou-se aos torturadores com plena consciência. Como contou depois, foi a única maneira de preservar o respeito a si mesmo. Não fez aquilo por amor à pátria. Nem em nome da guerra, pois há muito já não acreditava nela. Tratava-se de não se anular por dentro. Fez isso apenas por si mesmo.

Certa vez, planejaram transferi-lo para outra prisão. Seria uma curta caminhada pela cidade, em que um Stockdale limpo e bem alimentado seria apresentado à mídia internacional. Mas, antes de saírem da prisão, Stockdale agarrou uma cadeira e desferiu golpes no próprio rosto até o sangue se derramar sobre seu corpo e seus olhos ficarem fechados de tão inchados. Daquele jeito não poderiam apresentá-lo ao público mundial. "Naquela noite, eu me deitei e chorei. Estava muito feliz, porque tive forças para confrontá-los."

Olhando de fora, parece absurdo. Nesse caso, teria sido mais sensato aderir às instruções dos torturadores. Fazer o que fosse exigido. Seguir o fluxo. Não dar na vista. Questionar a invasão norte-americana. Depois de sua libertação, poderia argumentar com credibilidade que, de outra forma, teria sido torturado até a morte. Todos teriam entendido esse comportamento, ninguém o acusaria de nada. Mas, se assim fizesse, teria Stockdale tido forças para suportar sete anos e meio? Em caso afirmativo, ainda teria avaliado seu tempo na prisão como "de inestimável valor"?

Se você não defender publicamente suas convicções mais íntimas, pouco a pouco se tornará um fantoche: será usado pelos outros para os propósitos deles. Mais cedo ou mais tarde, desistirá. Não lutará mais. Não aguentará a fadiga. Sua força de vontade definhará. Quem se acaba por fora, em algum momento, se acaba por dentro.

Há muita literatura escrita por prisioneiros — desde o *Arquipélago Gulag*, de Solzhenitsyn, passando por *Holocausto: canto de uma geração perdida*, de Elie Wiesel, e *É isto um homem?*, de Primo Levi, até *A busca do homem por sentido*, de Victor Frankl. Essa literatura é muitas vezes mal interpretada. Nesses textos, buscamos dicas para sobreviver em situações atrozes, mas, na maior parte das vezes, na verdade, a sobrevivência se dá pelo acaso. Em Auschwitz não havia uma estratégia para sobreviver. Quem foi preso perto do fim da guerra tinha maior probabilidade de ser libertado do que alguém que chegou a Auschwitz em 1942. É simples assim. Acrescente a isso o fato de que apenas sobreviventes podem escrever a literatura de prisioneiros de guerra. Mortos não escrevem livros. Stockdale teve a sorte de não ser atingido por uma bala enquanto descia de paraquedas na aldeia inimiga.

Ainda assim, extraímos dessa literatura um princípio: quem se ergue para suportar mais um dia — e outro, e outro — aumenta sua probabilidade de sobrevivência, passo a passo. Afinal, um dia chegaria a hora de libertar Auschwitz. Todo confinamento de guerra cessa em algum momento. Mas é preciso encontrar um modo de resistir por um período mínimo. Isso só pode ser feito por alguém que — sem se importar por ser tão minúscula sua momentânea liberdade de ação — não se deixa aniquilar nem por dentro, nem por fora, que nunca se rende e preserva sua força de vontade.

Como eu disse, tudo isso só pode ser entendido sob o céu dominante do acaso. Registros de situações extremas também são relevantes para pessoas comuns. Por sorte não somos torturados, não temos que sobreviver em confinamento solitário nem perseverar no gelo eterno. Mas também sofremos ataques diários à nossa vontade, aos nossos princípios, às nossas preferências, enfim, ao nosso círculo da dignidade. Esses ataques não são extremos como a tortura; pelo contrário, são tão sutis que muitas vezes nem os notamos: anúncios publicitários, pressão social, conselhos não solicitados de todos os lados, propaganda, tendências da moda, espetáculos midiáticos e leis. É como se, todos os dias, n flechas voassem na direção do seu círculo da dignidade. Flechas com pontas envenenadas — nenhuma delas letal, mas cada uma afiada o suficiente para prejudicar sua autoestima e enfraquecer seu sistema imunológico emocional.

Por que a sociedade atira flechas em você? Porque tem interesses diferentes dos seus. A sociedade está preocupada com a própria coesão — não com os interesses privados de um único membro. O indivíduo é dispensável; sobretudo quando se permite defender princípios divergentes, é logo percebido como um perigo para o conjunto. A sociedade só deixa em paz aqueles que se comportam da maneira que ela considera adequada. Portanto, arme-se contra essas flechas e fortaleça seu círculo da dignidade.

O círculo da dignidade, o muro de proteção que envolve os seus votos, só chega a mostrar seu valor quando se vê sob fogo cruzado durante o combate. Você pode defender ideais elevados, estabelecer princípios nobres e reproduzir suas inclinações mais particulares — mas apenas quando tiver que defendê-los você "chorará de felicidade", como disse Stockdale.

Você sabe por experiência que os golpes mais baixos muitas vezes não são físicos, mas verbais. Há uma tática de defesa que você pode usar nessas ocasiões. Se for atacado com palavras venenosas, por exemplo, em uma reunião, peça ao agressor para repetir sua declaração palavra por palavra. Você verá que, na maioria das vezes, o atacante se retrai. O presidente sérvio Aleksandar Vučić pediu a um jornalista que o insultou de forma muito grosseira em seu site para que ele próprio lesse aquela maldade durante uma entrevista — envergonhado, o jornalista interrompeu a conversa.

Em geral, a luta no círculo da dignidade não é uma questão de vida ou morte, mas de manter a vantagem. Torne as coisas difíceis para seu agressor, o mais difícil possível. Quando se tratar de coisas sagradas para você, segure firme as rédeas da situação enquanto puder. Se tiver que desistir, que seja de modo que seus oponentes tenham de pagar o mais alto preço por sua capitulação. Há uma força tremenda nessa convicção, uma das chaves para o bem viver.

28. O círculo da dignidade — parte 3

O PACTO COM O DIABO

Os Alpes são uma imensa barreira no coração da Europa. Desde tempos imemoriais, eles bloqueiam o transporte de pessoas e de mercadorias entre o norte e o sul. Aventureiros sempre tentaram desbravar novos caminhos pelas montanhas. O passo mais promissor era o passo de São Gotardo, que fica no meio do maciço alpino, entre os cantões suíços de Ticino e Uri. Interpõe-se, contudo, o profundo desfiladeiro de Schöllenen, que leva até o passo, vindo do norte. Como transpor aquele imenso abismo? A resposta foi a construção da ponte do Diabo, no século XIII.

Os habitantes do cantão de Uri sempre fracassaram em suas tentativas de construção de uma ponte. Um dia, o líder da comunidade exclamou: "Ora, que o diabo construa essa ponte!". Mal terminou de pronunciar essas palavras, o próprio tinhoso estava diante dos moradores estarrecidos e propôs um pacto: faria a ponte com prazer, mas insistia em uma contrapartida. A primeira alma a atravessar a ponte seria dele, do diabo.

Os espertos moradores aceitaram o pacto e pensaram em um

ardil. Depois de o diabo terminar a obra, mandaram um bode atravessar a ponte. Furioso, o diabo pegou uma rocha para arremessar contra a ponte. Naquele momento, encontrou uma mulher religiosa que riscou uma cruz na pedra. Confuso com o símbolo divino, o diabo deixou cair a pedra, que despencou no desfiladeiro de Schöllenen, passou raspando pela nova ponte e parou abaixo da aldeia de Göschenen, onde pode ser vista até hoje. Os moradores de Uri venderam sua alma e saíram incólumes — e com uma ponte revolucionária em termos de arquitetura.

Quase todas as culturas têm lendas parecidas, mas em pouquíssimas o final é feliz. No romance *O retrato de Dorian Gray*, de Oscar Wilde, o herói vende a alma ao diabo em troca de beleza e juventude eternas, enquanto o retrato envelhece. Gray se torna um miserável pecador, seu retrato se torna uma caricatura terrível, ele por fim não aguenta mais, destrói o retrato e, assim, se mata. Mais famoso ainda é o pacto que o alquimista Johann Georg Fausto fez com o diabo. Vendeu sua alma para se tornar onisciente e poder usufruir todos os prazeres possíveis e impossíveis. Na versão de Goethe, a lenda se tornou um clássico da literatura universal.

O que significa "vender a alma"? Pelo jeito, em todas as épocas e todas as culturas existem determinadas coisas que são tabu para transações econômicas. Não podem ser negociadas, não podem ser vendidas nem compradas. Essas coisas são sagradas, não têm preço. Acontece que, para um economista, não existe nada que não possa ser precificado. Coisas sagradas são apenas "supervalorizadas", diria ele. Se alguém oferecer dinheiro suficiente, o vendedor se torna fraco. É o que torna histórias como *A visita da velha senhora*, de Friedrich Dürrenmatt, tão espetaculares. Claire Zachanassian oferece 1 bilhão pelo assassinato de um ex-amante e consegue o que quer.

Tente responder à seguinte pergunta: existem coisas sagradas em sua vida que você jamais venderia, nem por 1 bilhão de dólares? Anote à margem deste livro. O que consta da sua lista? Claro — sua vida, a vida dos seus parentes mais próximos, da família mais ampla, dos seus amigos, talvez qualquer vida humana. E sua saúde? Você estaria disposto a ter uma doença, digamos uma leucemia ou uma depressão, em troca de 1 bilhão? Suas opiniões têm preço? Determinados políticos vendem seus votos a empresas com o orçamento mais elevado. Você consideraria essas opções se estivesse abaixo da linha da pobreza? E quanto ao seu tempo? Sua atenção? Seus princípios? Existem princípios que você não sacrificaria nem por 1 bilhão?

Algumas dessas decisões podem ser fáceis, outras não. O ponto é: como já vimos, ter um pequeno e bem definido círculo da dignidade faz parte de uma boa vida. Com isso, chegamos à última parte da trilogia sobre esse círculo da dignidade. Precisamos protegê-lo de três tipos de ataque: a) argumentos melhores; b) risco à sua vida; e c) "pacto com o diabo". É dele que tratamos aqui. Quem não circunscrever claramente o próprio círculo da dignidade terá de pensar antes de qualquer nova proposta sedutora, qualquer negociação. Isso não significa apenas jogar tempo fora. Também erode o respeito a si mesmo e à sua reputação, tornando-o mais suscetível a futuras propostas. Um verdadeiro círculo vicioso, portanto. E propostas indecorosas não devem faltar na sua vida.

No livro *O que o dinheiro não compra*, o professor Michael Sandel, de Harvard, mostra como, ao longo dos últimos cinquenta anos, a lógica da compra e da venda cada vez mais se infiltrou em diversas áreas da vida. Coisas antes inegociáveis são hoje objeto de contrato. Exemplo: uma mulher manda tatuar o nome de uma empresa na testa por 10 mil dólares para conseguir pagar a escola do filho. Embora seja uma transação voluntária, toca em algo antes sagrado, o corpo humano, que não deveria ser abusado como espaço comercial. Ou então: bancos investem em seguros de vida de aposentados. Quanto antes essas pessoas morrem, mais dinheiro ganham os bancos. Centenas de exemplos desse tipo revelam como a economia do dinheiro estende seus ataques a regiões antes sagradas. Não se pode ficar esperando que o legislador interrompa essa lógica econômica demoníaca. Só você mesmo pode se defender dos ataques ao seu círculo da dignidade.

Conclusão: defina claramente seu círculo da dignidade. Não se deixe contaminar quando o vírus econômico tentar penetrar no sistema imunológico dos seus valores. As coisas dentro do seu círculo da dignidade são inegociáveis, não importa o dinheiro oferecido. Qualquer coisa diferente seria um pacto com o diabo — e raramente se consegue sair desse pacto sem prejuízos, como os moradores de Uri e a sua ponte do diabo.

29. O livro das preocupações

COMO DESLIGAR O ALTO-FALANTE NA SUA CABEÇA

Suponha que você seja Deus e tenha direito de criar um animal novo. Você já se decidiu pelo hardware: o novo bicho deve parecer um chimpanzé. Agora, vamos ao software: com quanta força, rapidez e sensibilidade ele poderá reagir a perigos, sobretudo quando são pouco claros, apenas hipotéticos?

Se você configurar o "sensor de perigo" da sua criatura para uma sensibilidade muito baixa, não vai demorar até que a nova espécie animal caia dos rochedos ou seja devorada por seus inimigos naturais. Em pouquíssimo tempo terá sido extinta. Se, por outro lado, configurar esse sensor para uma sensibilidade muito aguçada, a nova espécie animal nem sairá do lugar, de tanto medo. Vai morrer de fome antes mesmo de conseguir se reproduzir. Também, nesse caso, a extinção será imediata.

Portanto, você precisa da medida certa de preocupação — a configuração correta do "detector de preocupações". Mas o que é "certo"? A quantidade correta estaria bem no meio entre os extremos morais? Não. Você programa o software do seu novo animal para que seja um pouco mais cauteloso. Melhor sair correndo rápido de uma sombra que se move do que não se mexer. Portanto, você vai equipar a sua espécie animal com uma boa porção de medo, preocupação e temor — mas, ao mesmo tempo, não tanto que o bicho nem saia mais para procurar alimento.

É precisamente o que a evolução fez com todas as espécies, incluindo os seres humanos. Por isso, o sentimento de preocupação nos tortura da manhã até a noite. Essa inquietação interior é um componente muito normal do software do nosso cérebro. Por estar biologicamente conectado, não pode ser desligado. Sem essa carga de preocupação, caro leitor, nem vocês nem eu existiríamos, nem qualquer outra pessoa. Ao longo dos últimos milhões de anos, nossa preocupação constante revelou ser uma perfeita estratégia de sobrevivência.

Vamos dar graças a Deus por isso! Mas existe um probleminha. Hoje, a sua atitude medrosa já não tem mais a menor relação com perigos reais. Você já não vive mais na savana, onde há um jacaré à espreita em cada poça d'água. Em breve, 90% de suas preocupações serão supérfluas — seja porque os problemas que giram na sua cabeça não são realmente perigosos, seja porque você não pode mudar a situação. Preocupar-se noite adentro com as mudanças climáticas, os ânimos da bolsa de valores ou o reino dos céus não vai adiantar nada. Apenas lhe roubará o sono.

Nosso medo constante só gera estresse crônico, o qual, por sua vez, custa preciosos anos de vida. Um exemplo impressionante do mundo animal ilustra o problema. Os pardais têm um monte de inimigos naturais — ursos, corujas, falcões. Pesquisadores canadenses cobriram um pedaço da floresta com redes, excluindo, assim, os inimigos naturais dos pardais. Nunca, antes, os pardais se sentiram tão seguros. Em seguida, os pesquisadores esconderam alto-falantes na mata. Em uma parte da floresta se escutavam os ruídos de predadores naturais, na outra, ruídos inócuos da natureza. As pardocas na parte da floresta onde se escutavam os ruídos "perigosos" puseram 40% menos ovos. Os ovos eram menores e um número menor deles foi chocado. Muitos dos filhotes que nasceram acabaram morrendo de fome porque os pais, amedrontados, traziam menos alimentos, e aqueles que sobreviveram eram mais fracos. O experimento mostra claramente que não é preciso haver uma ameaça real. Basta o medo para influenciar todo um ecossistema.

O que vale para os pardais também vale para nós, seres humanos. Pior ainda: não temos apenas medo dos inimigos, mas ficamos matutando sobre um monte de coisas. Matutar também é uma boa estratégia de desviar a atenção: você foca em questões abstratas para não ter que lidar com os problemas de verdade — e reflete por comodidade. O medo crônico que resulta disso gera decisões equivocadas e pode causar doenças, mesmo que não existam perigos concretos.

Nesse ponto seria ótimo se eu pudesse lhe indicar o interruptor para desligar o alto-falante na sua cabeça. Mas esse interruptor infelizmente não existe.

Os filósofos gregos e romanos chamados de estoicos recomendavam o seguinte truque para eliminar a preocupação: descubra o que você pode e o que não pode influenciar. Você deve enfrentar o que pode influenciar. E nem deve esquentar a cabeça com o que não pode influenciar. Dois mil anos mais tarde, o teólogo americano Reinhold Niebuhr cunhou a seguinte fórmula: "Conceda, Senhor, a serenidade para aceitar as coisas que não posso modificar, coragem para modificar aquelas que posso e sabedoria para reconhecer a diferença". Parece fácil, mas não é, porque "serenidade" não é algo que acontece apertando-se um simples botão.

Recentemente, a meditação tem sido indicada como panaceia para tudo e qualquer coisa, em especial para as inquietações interiores e a preocupação latente. Fato é que meditação funciona, mas só enquanto você medita. No instante em que você emerge dela, os sentimentos e os pensamentos voltam com força total. Com todo respeito à filosofia e à meditação, o que ajuda mesmo são estratégias concretas. Aqui vão três que funcionam, com base na minha experiência.

Primeira: pegue um caderninho de notas e intitule-o "Meu grande caderno das preocupações". Fixe um horário para se dedicar às preocupações. Ou seja: reserve dez minutos por dia para anotar tudo aquilo que lhe causa preocupação, não importa se parece justificado, idiota ou nebuloso. Feito isso, você passará o resto do dia bastante despreocupado, pois o cérebro saberá que as preocupações foram protocoladas e não apenas ignoradas. Faça isso todos os dias, abrindo uma nova página por dia. Você vai reparar que é sempre a mesma dúzia de preocupações que o estão torturando. Releia as anotações da semana toda no fim de semana, seguindo a recomendação do matemático e filósofo Bertrand Russell: "O melhor a fazer ao perceber que se quer refletir sobre alguma coisa é sempre empregar mais pensamentos do que o instinto demanda, até enfim a força de atração doentia se autoaniquilar". Na prática, imagine a pior consequência possível e se obrigue a pensar além dela. Você vai notar que a maioria das preocupações se dissipa. O que sobra são perigos genuínos que você precisa enfrentar.

Segunda: contrate seguros. Trata-se de uma invenção maravilhosa, o maior inimigo das preocupações. O verdadeiro serviço prestado não é a indenização monetária em caso de sinistro, e sim a redução das suas preocupações ao longo do prazo coberto pelo seguro.

Terceira: o trabalho concentrado é a melhor terapia contra minhocas na cabeça. O trabalho concentrado e que preenche é melhor do que qualquer meditação. Distrai.

Se aplicar essas três estratégias à sua vida, terá chances reais de que a vida será despreocupada — uma boa vida. Então, você poderá sorrir ainda jovem — ou na meia-idade — sobre a conclusão a que Mark Twain chegou como homem idoso: "Sou um homem velho e tenho muitas preocupações, e a maioria delas nunca se realizou".

30. O vulcão de opiniões

POR QUE VOCÊ VIVE MELHOR SEM OPINIÕES

O salário mínimo deveria subir? Alimentos geneticamente modificados podem ser vendidos? O aquecimento global decorrente da ação humana é um fato ou mera histeria de políticos ambientalistas? Adeptos da *sharia* devem ser expulsos da Europa? Com certeza você tem resposta para todas essas perguntas. Na qualidade de pessoa interessada em política, você não precisa refletir nem um segundo. Na verdade, porém, todas essas questões são complexas demais para serem decididas num momento tão breve. Cada uma delas mereceria no mínimo uma hora de ponderação concentrada. Em tão pouco tempo, não se consegue esclarecer nada com sensatez.

Nosso cérebro é um vulcão de opiniões. Cospe incessantemente opiniões e pontos de vista. Não faz a menor diferença se as questões são relevantes ou não, razoáveis ou absurdas, complexas ou fáceis. Nosso cérebro lança respostas como se fossem confetes.

Com isso, cometemos três equívocos. Primeiro: expressamos opiniões sobre temas que não nos interessam. Em recente discussão com amigos, eu me peguei defendendo energicamente um ponto de vista sobre um escândalo de doping, embora eu não tenha o menor interesse por atletismo. Você pode abrir qualquer jornal e o seu vulcão de opiniões começará a fervilhar. Coloque uma tampa nele — assim como eu deveria ter feito naquele dia. Segundo erro: expressamos opiniões sobre questões impossíveis de responder. Quando acontecerá a próxima queda da bolsa? Existe mais do que um universo? Como ficará o tempo no próximo verão? Ninguém tem como saber, nem mesmo os especialistas. Mais uma vez: cuidado com extravasamento de opiniões.

Terceiro erro: tendemos a dar respostas precipitadas a perguntas complexas, como as do início deste capítulo. Esse é o mais grave dos três erros. O psicólogo norte-americano Jonathan Haidt investigou em detalhes o que acontece no cérebro quando fazemos isso e revelou que tendemos a escolher rapidamente um lado, sobretudo quando se trata de questões complicadas,. Só então consultamos a razão para buscar os motivos que fundamentam nossa posição. Isso está ligado à chamada heurística do afeto. Um afeto é uma emoção imediata, unidimensional e superficial, que só conhece duas possibilidades — positivo ou negativo, "gosto" ou "não gosto". Vemos um rosto — gosto. Escutamos falar de um assassinato — não gosto. Sol no fim de semana — gosto. Os afetos são legítimos, mas não diante de questões complicadas, quando podemos confundi-los com uma resposta de verdade. O afeto vem com uma rapidez meteórica e, para justificá-lo, escaneamos nosso cérebro rapidamente em busca de motivos, exemplos e anedotas que possam confirmá-lo — e, pronto, eis a nossa opinião. É um procedimento péssimo quando se trata de temas complicados.

Decisões equivocadas baseadas em opiniões rápidas podem ser desastrosas. Mas existe outra boa razão para frear nossa incontinência opiniática. Não ser obrigado a ter sempre uma opinião pronta acalma o espírito e nos deixa bem mais serenos, um ingrediente importante para uma boa vida. A minha sugestão é que você arranje um balde mental com a etiqueta "muito complicado". Jogue ali todas as questões que não lhe interessam, que não são passíveis de serem respondidas ou que são muito complexas. Não se preocupe, ainda vai sobrar uma dúzia de temas por dia para os quais você poderá ou deverá emitir sua opinião.

Outro dia, um jornalista me perguntou sobre as minhas convicções políticas. Pelo jeito, ser escritor qualifica as pessoas a responder a todas as principais questões do mundo. Ele quis saber se eu era a favor de mais ou menos presença do Estado. Se eu achava o imposto sobre o consumo mais justo do que o imposto sobre a renda. Olhei para ele e disse: "Não sei". Decepcionado, ele largou a caneta. Deu um sorriso amarelo, como se não entendesse o significado daquela frase simples. "Como assim, não sabe?" "Ainda não pensei o suficiente sobre isso", respondi. "Mas o senhor precisa ter uma opinião!" "Não, não preciso. Esse tema está no meu balde 'muito complicado'."

É muito libertador não precisar ter uma opinião pronta para tudo e todos. Além disso, falta de opinião não é sinal de limitação intelectual. Não precisa se envergonhar. Ao contrário: é um sinal de inteligência. A falta de opinião é um ativo. O problema dos tempos atuais não é a falta, e sim o excesso de opiniões.

Escolha os seus temas de modo muito consciente. Por que você precisa se balizar em jornalistas, blogueiros ou tuiteiros sobre quais temas pensar? Você não é empregado dessa gente! Seja extremamente seletivo! Jogue todo o resto no balde "muito complicado". Abstenha-se de emitir opinião sobre isso ou aquilo, quando solicitado; constatará, surpreso, que o mundo continua girando, mesmo sem o seu comentário.

Mas, se quiser mesmo ter uma opinião, o que deve fazer? Reserve algum tempo e escreva com calma sobre o assunto. Escrever, aliás, é o melhor jeito de organizar os pensamentos. Um pensamento difuso automaticamente se tornará mais claro quando o colocarmos em forma de frase. Por fim, busque pontos de vista de fora, de preferência de pessoas que não pensam como você. Ao ter certeza de que sua opinião está firme, verifique-a. Tente refutar os próprios argumentos. Só assim vai descobrir se eles têm fundamento.

Conclusão: quanto menos opiniões precipitadas você tiver, melhor será a sua vida. Ouso afirmar que 99% das suas opiniões são supérfluas. Apenas 1% é de fato relevante para você, na vida pessoal ou profissional. Não agarre a primeira opinião que o seu vulcão cuspir. Imagine que você está em um talk show com outros cinco convidados, todos defensores da opinião contrária à sua. Você só merecerá a sua própria opinião quando conseguir defender o argumento contrário no mínimo com a mesma eloquência.

31. A fortaleza mental

A RODA DA FORTUNA

Numa bela manhã do ano 523, batem à porta do erudito Boécio, um intelectual de sucesso em seus quarenta anos, célebre e com elevada autoestima. Boécio vinha de uma família nobre e havia recebido a melhor educação disponível. Ocupou os cargos mais elevados no governo do rei Teodorico. Era bem-casado e tinha filhos bem-sucedidos. E podia se dedicar o dia inteiro à sua grande paixão: traduzir livros do grego para o latim (poucas pessoas naquele tempo ainda conseguiam ler os clássicos gregos no original). A prosperidade de Boécio, sua reputação, posição social e energia criativa estavam no auge quando, naquela manhã, bateram à sua porta. Boécio foi preso, acusado de apoiar uma conspiração contra Teodorico. À revelia, foi sentenciado à morte. Os bens, o dinheiro, a biblioteca, as casas, os quadros e os melhores trajes foram confiscados. No cárcere, escreveu o seu último livro, *O consolo da filosofia*. Um ano depois da prisão, a sentença de morte foi cumprida e ele teve a cabeça decepada por espada, como convinha a pessoas de sua posição social. O túmulo de Boécio fica hoje na igreja de San Pietro in Ciel d'Oro, em Pávia, cerca de cinquenta quilômetros ao sul de Milão.

O consolo da filosofia se tornou um dos livros mais populares da Idade Média, embora, à diferença de quase todos os livros medievais de sucesso, não trate da fé cristã. O que há nesse livro? Amedrontado, desesperado, aguardando a sentença de morte, Boécio está no cárcere. De repente, uma figura feminina charmosa, já um pouco mais velha, entra flutuando: é a "Filosofia". Ela lhe explica o mundo e, à semelhança deste livro, dá ao prisioneiro algumas ferramentas mentais para que possa lidar com sua irremediável situação. Seguem, em resumo, as recomendações da "Filosofia" — que, naturalmente, são as recomendações de Boécio.

Primeiro: aceite que existe algo como o "destino". Na época de Boécio, costumava ser personificado pela figura da Fortuna. Essa senhora gira constantemente uma roda (a "Roda da Fortuna"), fazendo o ponto mais baixo e o mais elevado voltarem sempre a trocar de lugar. Quem quiser participar e ascender precisa aceitar o fato de que em algum momento terá que voltar a cair. Portanto, não se preocupe tanto com o fato de estar no rumo ascendente ou no descendente. Tudo sempre pode girar e mudar.

Segundo: tudo o que você tem, estima e ama é passageiro — a saúde, o parceiro de vida, os filhos, os amigos, a casa, o patrimônio, a pátria, a reputação, o status. Não seja obstinado ao almejar essas coisas. Continue relaxado e contente quando o destino lhe conceder essas alegrias. Mas tenha a consciência de que essas coisas são fugidias, frágeis e provisórias. O melhor a fazer é fingir que foram apenas emprestadas, podendo ser tiradas a qualquer momento — no mais tardar, quando você morrer.

Terceiro: se você perdeu muita coisa ou tudo, como Boécio, lembre-se de que, na vida, as coisas positivas pesaram mais (caso contrário, você não estaria se queixando) e que qualquer doce sempre tem um toque amargo. Não adianta reclamar.

Quarto: a única coisa que ninguém pode lhe tirar são seus pensamentos, os instrumentos mentais, a maneira de interpretar a desgraça, as perdas e os retrocessos. É o que poderíamos chamar de "fortaleza mental" — aquele pedacinho de liberdade inexpugnável.

Certamente você já ouviu e leu tudo isso, e nem para Boécio era novidade. Era um dos princípios do estoicismo, antiga filosofia de vida, muito pragmática, nascida em Atenas no século IV antes de Cristo — portanto, mil anos antes de Boécio — e que experimentou um reavivamento nos primeiros dois séculos depois de Cristo em Roma. Grandes nomes do estoicismo foram Sêneca (um multimilionário), Epíteto (um escravo) e Marco Aurélio (um rei romano). De forma surpreendente, até hoje o estoicismo é o único ramo da filosofia que fornece respostas práticas para questões da vida cotidiana. Os outros ramos são intelectualmente fascinantes, mas oferecem pouca ajuda para lidar com a vida.

Boécio foi um dos últimos estoicos antes de o cristianismo embriagar o espírito europeu, delegando a responsabilidade pela própria vida a uma ficção (Deus). Somente mil anos mais tarde essa névoa se dissipou. Entretanto, mesmo depois da maravilhosa aurora do Iluminismo, as ideias do estoicismo continuam à sombra, permanecendo, no fundo, uma boa dica secreta. Ideias estoicas surgem aqui e acolá, como quando Viktor Frankl, sobrevivente do Holocausto, escreve: "A última das liberdades humanas consiste na escolha de como você aborda as coisas", aludindo precisamente à mencionada fortaleza mental. Quem lê Primo Levi se surpreende com o jeito estoico de descrever as experiências no campo de concentração. E no capítulo 27 já conhecemos o piloto de combate Stockdale, um estoico depois de sete anos como prisioneiro de guerra, dos quais quatro em isolamento. Mas, de maneira geral, hoje estamos distantes das ideias dos estoicos. Quem pronuncia a palavra *destino* já não quer dizer a "roda da fortuna", e sim uma falha de sistema. Desemprego, fome, guerra, doença, até a morte: por tudo isso, sempre responsabilizamos o sistema que falhou.

Só que isso é um equívoco do pensamento. É justamente porque os golpes do destino se tornaram mais raros — pelo menos nos países mais desenvolvidos — que eles nos ferem mais no campo emocional. Além disso, quanto mais complexo e conectado se torna o mundo, maior a probabilidade de acontecerem golpes do destino absolutamente novos e inesperados. Resumindo: mais do que nunca, vale a pena investir em armas mentais que preparem nosso emocional para as perdas.

Você não precisa ser nenhum Boécio, judeu no Terceiro Reich ou morador da Síria em plena guerra civil para ser golpeado pelo destino. Uma onda de intolerância na internet pode derrubá-lo. Uma crise financeira global pode reduzir a zero as suas economias. Sua parceira se apaixona por um amigo do Facebook e você acaba expulso de casa. Tudo terrível, mas nada disso é mortal. Afinal, você já passou pelos piores golpes do destino. Pense na improbabilidade da sua concepção, nos milhares de partos dolorosos que sua mãe, suas avós, as avós das suas avós e assim por diante tiveram que enfrentar (sendo que algumas morreram) só para que você fosse trazido ao mundo. E você ainda se queixa de que a sua carteira de investimentos ficou reduzida à metade?

Conclusão: o mundo consiste em inquietação e em acasos que desestabilizam a vida de vez em quando. Você não vai encontrar a felicidade no status social, em carros de luxo, na conta bancária ou no sucesso social. Tudo isso pode sumir de uma hora para outra, como aconteceu com Boécio. Você só vai encontrar a felicidade na sua fortaleza mental. Invista nela, e não em uma coleção de Porsches.

32. A inveja

ESPELHO, ESPELHO MEU...

"Quando um amigo tem um pinguinho de sucesso, alguma coisa morre dentro de mim", admitiu o ferino escritor americano Gore Vidal numa entrevista. Com isso, ele expressou algo que acomete qualquer pessoa de vez em quando, mas que ninguém gosta de admitir: a inveja.

Não que a falta de sentido da inveja seja uma novidade. Os filósofos gregos já advertiam contra esse sentimento. A Bíblia ilustra a força destruidora da inveja com uma dúzia de histórias, a começar pela parábola de Caim e Abel. E *Branca de Neve*, aquele conto de fadas que é também um conto policial, é uma típica história de inveja.

Bertrand Russell diz que a inveja é uma das principais causas de infelicidade. Ela influencia mais o seu bem-estar do que moléstias físicas ou a ruína financeira. Por isso, a capacidade de administrar a inveja é fundamental para uma boa vida. Se conseguir lidar com esse problema, já terá conseguido muita coisa. Mas infelizmente este é um programa evolucionário, muito difícil de desarmar.

A inveja não é apenas uma emoção humana, é na verdade um instinto animal. Os pesquisadores Frans de Waal e Sarah Brosnan, especializados em símios, premiaram dois macacos-prego por realizarem tarefas simples. Os macacos pareceram contentes e receberam, agradecidos, a recompensa na forma de um pedacinho de pepino. Na tarefa seguinte, os pesquisadores recompensaram um dos macacos com um pedaço de pepino e o outro com uma uva doce. Quando o primeiro macaco viu aquilo, ficou com inveja e jogou o seu pedaço de pepino fora, recusando-se a continuar cooperando.

O interessante na inveja é que, quanto mais nos comparamos com outros, maior o perigo de sentir inveja. Invejamos principalmente aqueles que se parecem conosco em termos de idade, profissão, ambiente e estilo de vida. Tenistas profissionais se comparam com outros tenistas profissionais, altos executivos com outros altos executivos, escritores com escritores, e assim por diante. Como você não pode se comparar com o papa, não vai ter inveja dele, nem de Alexandre, o Grande, ou de um homem das cavernas bem-sucedido, nem de um morador de outro planeta, de um majestoso tubarão-branco ou de uma gigantesca sequoia. Nenhum deles se presta para ser objeto de inveja.

Com isso, já achamos a solução para o problema da inveja: não se compare com ninguém e você curtirá uma vida livre de inveja. Evite estritamente todas as comparações. Essa é a regra de ouro.

É mais fácil falar do que fazer, porque às vezes literalmente somos forçados a fazer uma comparação. Uma lei obrigou a Universidade da Califórnia a publicar os salários de seus cientistas. Todos podiam ver numa página da internet quanto ganhavam os colegas. Os que ganhavam abaixo da média ficaram menos satisfeitos profissionalmente do que antes de terem a informação. Em outras palavras: ali a transparência aniquilou a felicidade.

Um campo de comparação de dimensões bem maiores, até gigantescas, são as redes sociais. Pesquisadores da Universidade Humboldt, de Berlim, investigaram por que o Facebook frustra e cansa tantos usuários. O motivo número 1 — simples de imaginar — é a inveja. Faz sentido, pois o Facebook é quase predestinado a fazer as pessoas se compararem com as demais — o solo fértil perfeito para o ressentimento. Minha recomendação é: evite as redes sociais. A miríade de estatísticas idiotas (quantidade de likes, seguidores, amigos etc.) gera um excesso de comparabilidade que nos infelicita. E não só isso. As imagens nem correspondem à vida normal dos seus amigos. São cuidadosamente selecionadas, dando muito rápido a (falsa) impressão de que eles estão bem melhores do que você.

Nunca as pessoas se compararam tanto com as outras. A internet transformou a inveja em uma epidemia moderna. Por isso, depois de sair das redes sociais, você deveria tentar restringir a comparação também no dia a dia. Por exemplo: evite encontros de ex-colegas de escola, a não ser que você seja o número 1 em todas as dimensões — renda, status, saúde, felicidade familiar. Mas como pode saber disso sem ir? Por isso, apenas deixe de ir a esse tipo de encontro.

Escolha um local para morar — uma cidade, um bairro — onde você faça parte da "elite local". O mesmo vale para o seus grupos sociais. Não faça parte de nenhum Rotary Club, que consiste principalmente em milionários, se você mesmo não tem patrimônio. Talvez seja melhor fazer parte dos bombeiros voluntários — e ainda realizar uma atividade significativa.

Acima de tudo, tenha consciência da ilusão do foco da qual tratamos no capítulo 11. Suponhamos que você inveje o vizinho porque, depois de receber uma herança, comprou um belo Porsche 911 Turbo prata. Da janela da sala você vê aquela máquina brilhante estacionada na rua e, toda vez que ele liga o motor, você sente uma dorzinha no coração. Isso só acontece porque você errou o foco. Se comparar a vida do vizinho com a sua, vai se concentrar automaticamente nos aspectos que são diferentes — comparando o Porsche dele com o seu modelo básico. Com isso, você superestima a importância do automóvel para a felicidade. Você acredita que o vizinho é muito mais feliz do que você. No entanto, sendo objetivo, o carro só contribui um tiquinho para a satisfação de viver. Se estiver consciente dessa ilusão do foco, você poderá eliminar melhor a inveja. Todas as coisas pelas quais você inveja alguém são muito menos importantes do que você pensa.

Se nada disso adiantar e a inveja tomar conta de você de vez em quando, apague o fogo como um bombeiro: procure os aspectos negativos na vida da pessoa invejada e imagine como ela deve sofrer com essas falhas. Você vai se sentir melhor na mesma hora. Tudo bem, não é lá um recurso muito nobre, portanto só recorra a ele em último caso.

Se você mesmo for altamente invejável, continue humilde. Assim, minimizará o sofrimento no mundo, preservando um pouco os outros da doença da inveja. A modéstia é a sua contribuição para o bem geral. O maior desafio do sucesso é mantê-lo em segredo. Se for para se orgulhar de alguma coisa, orgulhe-se de ser modesto.

Conclusão: sempre haverá alguém na sua área de atuação que estará melhor do que você. Aceite. Quanto mais rápido você apagar a inveja do seu repertório de emoções, melhor.

33. A prevenção

EVITE PROBLEMAS ANTES DE PRECISAR RESOLVÊ-LOS

Antes de ler este capítulo, reserve um tempinho para responder à seguinte pergunta: o que é sabedoria?

Talvez surjam na sua cabeça imagens espontâneas de velhos sábios, mulheres e homens que já viveram muito. Talvez você pense em professores cujos livros enchem uma pequena biblioteca. Ou ainda imagine um homem mais ligado à natureza, um camponês dos Alpes suíços ou um pescador do Amazonas. Ou quem sabe um eremita que medita no cume de uma montanha.

Voltando à pergunta: o que é sabedoria? Alguém num programa de perguntas e respostas na TV que sabe enumerar os signos de uma lista de artistas pode parecer uma pessoa que sabe muito, mas provavelmente não é, caso contrário não teria alimentado o próprio cérebro com tanta besteira. Mesmo quem está no centro do seu círculo de competências (capítulo 14), o que pressupõe muito conhecimento especializado, não é obrigatoriamente sábio. Portanto, sabedoria não significa conhecimento acumulado.

Sabedoria é uma competência *prática*. É uma medida para o

talento com o qual navegamos pela vida. Quem compreendeu que é mais fácil evitar do que solucionar as dificuldades saberá como é acertada esta simples definição: "Sabedoria é prevenção". De fato, a vida não é simples. Chovem problemas de todos os lados. O acaso abre trincheiras à sua frente e cria barreiras no meio do caminho, Você não pode mudar isso. Mas, se souber onde há problemas à espreita, pode preveni-los e evitar muitos obstáculos. Albert Einstein formulou assim: "Uma pessoa esperta resolve um problema. Uma pessoa sábia o evita". O problema é que evitar não é lá algo muito charmoso. Imagine duas cenas de cinema, A e B. No filme A, um navio bate num iceberg. O capitão salva todos os passageiros de uma forma exemplar, altruísta, comovente. É o último a deixar o navio e entrar num bote de salvamento, alguns instantes antes de o vapor afundar. No filme B, o capitão passa a uma distância considerável do iceberg. Qual deles você preferiria ver no cinema? O filme A, é claro. Mas em que situação você preferiria estar se fosse um passageiro do navio? Na B, lógico.

Suponhamos que o exemplo seja real. O que acontece agora? O capitão A é convidado a participar de programas na televisão, assina um contrato milionário para escrever um livro, abandona sua profissão de capitão e começa a aparecer como palestrante em eventos e grandes reuniões de negócios. Sua cidade natal batiza uma rua com o seu nome e os filhos têm orgulho do seu velho. Já o capitão B continua vários anos, até a aposentadoria, conduzindo sua embarcação a uma boa distância dos obstáculos, sendo fiel à máxima de Charlie Munger: "Se um turbilhão aparecer à minha frente, passo a uma distância não de seis metros, e sim de duzentos metros". Embora B seja claramente o capitão melhor, A é o festejado. Motivo: o sucesso obtido na base da prevenção (ou seja: evitando infortúnios) é invisível para o mundo exterior.

A mídia especializada em economia adora incensar executivos que deram a volta por cima. Nada errado quanto a isso. Mas ela deveria festejar ainda mais os executivos que evitam que uma empresa vá para o fundo do precipício. Como os êxitos preventivos não são visíveis do lado de fora, esses desempenhos não são vistos pelo radar midiático. No fundo, só mesmo o próprio executivo e a sua equipe sabem com quanta sabedoria ele agiu — e ainda assim só até determinado ponto.

Desse modo, superestimamos sistematicamente o papel de generais, políticos, cirurgiões ou terapeutas bem-sucedidos, subestimando o papel de pessoas que ajudam a sociedade ou o indivíduo a evitar catástrofes. Esses são os verdadeiros heróis e os sábios genuínos: médicos de família competentes, bons professores, legisladores sensatos, diplomatas experientes.

Como é na sua vida? Mesmo que você não acredite, pelo menos metade dos êxitos da sua vida é preventiva. Claro que você já fez bobagem, como todos nós. Mas deixou de fazer bobagens também. Pense em todos os perigos que você evitou em sábia visão preventiva em termos de saúde, carreira, dinheiro e casamento.

A prevenção não é nem um pouco trivial. No livro The Most Important Thing [A coisa mais importante], Howard Marks, gestor americano de fundos hedge, conta a história de um jogador. "Um dia ele soube de uma corrida com um único cavalo. Portanto, apostou sua fortuna inteira nesse cavalo. Uma aposta segura! Depois da metade do percurso, o cavalo saltou a cerca e fugiu." Henry Kissinger chamava esse erro de "falta de imaginação". A prevenção exige mais do que conhecimento, exige imaginação — só que com frequência ela é mal interpretada. Muita gente acha que imaginação é deixar rolar as ideias tomando uma taça de vinho. Infelizmente, é pouco provável que isso gere ideias novas. Imaginação significa se forçar a pensar em todas as possibilidades e consequências, até espremer a última gota da nossa capacidade de fantasiar. Sim, a imaginação é um trabalho cansativo. E principalmente quando se trata de problemas ameaçadores! Mas é mesmo preciso pensar sempre em possíveis catástrofes? Isso não gera depressão? A experiência diz que não. Segundo Charlie Munger, "A vida inteira sempre imaginei todas as dificuldades possíveis... Não fui nem um pouco infeliz por antecipar problemas e estar preparado para quando eles de fato apareceram". Eu recomendo que você reserve quinze minutos por semana para se concentrar nos possíveis riscos catastróficos de sua vida. Depois, volte a se esquecer do assunto e viva o restante da semana feliz e despreocupado. Na prática, você estará executando, nesses quinze minutos, a chamada "análise *pre-mortem*". Imagine, por exemplo, que seu casamento chegou ao fim, que você faliu de repente ou teve um infarto. Agora, analise como essa catástrofe (imaginada) pôde acontecer, retrocedendo até as origens. Num último passo, tente eliminar essas origens para que o caso não aconteça de verdade.

É claro que mesmo fazendo tudo isso com regularidade e boa consciência sempre haverá o risco de não prever certos perigos e tomar decisões erradas. É possível amenizar essas calamidades inevitáveis aceitando a realidade e enfrentando os problemas. Mas para tudo o que é previsível vale o mesmo: é mais fácil evitar as dificuldades do que solucioná-las. Sabedoria é prevenção. Como ela é invisível, infelizmente você não pode se gabar com isso. Mas você já sabe que se gabar não é muito benéfico para uma boa vida.

34. Trabalho de emergência mental

POR QUE VOCÊ NÃO É RESPONSÁVEL PELA MISÉRIA
NO MUNDO

Na Síria, aviões de combate bombardeiam hospitais e comboios de ajuda humanitária. Carrascos do Estado Islâmico decapitam pessoas diante de uma câmera. Na Líbia, bandos escravizam homens, mulheres e crianças e depois os mandam em botes para o mar Mediterrâneo, onde a metade morre afogada. No Leste da África, uma epidemia de fome atrás da outra mata milhões de pessoas. Bebês nascem com aids e têm uma vida curta e sofrida. Atrás de inúmeras portas no mundo inteiro reina a violência doméstica. O mundo é cheio de horrores. E aqui você lê um livro sobre a boa vida. Como é possível essas coisas coexistirem?

Quem tem um mínimo de sentimentos reagirá indignado às catástrofes. Mas apenas uma minoria tem um plano para lidar com essa indignação. Cada história clama por ajuda. De preferência viajaríamos para a Etiópia com um tanque enorme de água para saciar pessoalmente os que estão morrendo de sede. Mas no instante seguinte você se lembra de que os meninos ainda não fizeram o dever de casa, que o chuveiro elétrico queimou ou a manteiga acabou.

Apesar disso, a injustiça do mundo nos afeta. Precisamos de uma estratégia pessoal — isto é, de ferramentas mentais — para lidar com os desastres do mundo sem perder o equilíbrio interno. Aqui vão cinco recomendações.

Primeira: você não vai poder fazer muito, a não ser que por acaso se chame imperador Augusto, Carlos Magno ou John F. Kennedy. Tenha consciência disso. A maioria das catástrofes causadas pelos homens (conflitos, guerras, terrorismo) é muito mais complexa do que parece. Por isso, sua evolução é imprevisível. E é por isso também que demoram muito mais do que prognosticado. Não é preciso ser doutor em estratégia militar para entender que a maior parte dos focos de conflito não pode ser eliminada apenas pela via militar. A vida de quase todos os moradores da Líbia ou do Iraque era muito melhor antes da intervenção (bem-intencionada) dos governos ocidentais — um efeito colateral não planejado. Mesmo sendo presidente dos Estados Unidos com a melhor assessoria do mundo, na maioria dos casos você se superestimaria, erraria e se queimaria — não por falta de empatia, energia e inteligência, e sim por causa da extrema complexidade de tais conflitos. Até uma organização como o Fórum Econômico Mundial que afirma querer "tornar o mundo um lugar melhor" tem falhado em sua missão. Apesar de todas as relações com os ricos e poderosos, em termos objetivos o Fórum Econômico Mundial nunca conseguiu nada desde a sua fundação. Portanto, não se superestime. Sozinho, você não vai conseguir resolver a catástrofe XYZ. E, se achar que descobriu a solução para acabar com uma guerra, pense novamente. É alta a chance de que quem está mais próximo e cuida do tema no dia a dia já descartou a sua solução há algum tempo por bons motivos.

Segunda recomendação: se quiser ajudar a diminuir o sofrimento no planeta, doe. Doe dinheiro, e não tempo. Dinheiro. Não viaje para áreas conflagradas, a não ser que seja médico, especialista em desarmar bombas ou diplomata. Muita gente cai na *falácia do voluntário*. Na verdade, o trabalho voluntário destrói valores. Seu tempo deve ser investido primordialmente no seu círculo de competência (capítulo 14), porque é lá que você gera mais valor. Se for instalar bombas d'água no Saara, estará fazendo o trabalho que os locais poderiam desempenhar por uma fração do dinheiro. Além disso, você tira o trabalho deles. Suponhamos que você possa construir um poço por dia trabalhando como voluntário. Se, ao contrário, continuar exercendo a sua profissão e pagar construtores locais de poços, no fim do dia haverá cem novos poços. Claro, a gente se sente bem como voluntário, mas não é isso que está em questão. Esse novo sentimento de bom samaritano é uma armadilha de pensamento. Os excelentes especialistas locais (Médicos Sem Fronteiras, Cruz Vermelha, Unicef etc.) poderão investir o seu dinheiro com eficácia muito mais elevada do que você seria capaz de fazer. Por isso: dê duro e coloque o dinheiro nas mãos de profissionais.

Terceira: restrinja severamente o seu consumo de notícias, sobretudo quando se trata de catástrofes humanitárias. Consumir aquelas imagens e derreter de compaixão pelas vítimas na frente da televisão não ajuda eles nem você. "Interessar-se" pelas catástrofes do mundo é puro voyeurismo. "Informar-se" pode dar uma sensação de humanidade, mas na verdade você estará se enganando — e às vítimas também. É melhor ler um livro, mesmo com atraso, para entender de verdade um conflito, uma guerra, uma catástrofe. Afinal, você não vai mudar o drama, a não ser com doações.

Quarta: você pode partir do pressuposto de que o universo está cheio de vida e que em inúmeros outros planetas também grassam sofrimento, catástrofes e dor. Essa reflexão ajuda a ganhar distância. Na prática, isso significa que o mal existe sempre e em todo lugar, é universal e não pode ser eliminado. Como seus meios pessoais são limitados, você deve concentrá-los. Escolha duas ou três organizações de ajuda humanitária e faça doações generosas. E aceite estoicamente os outros horrores, na sua cidade, no seu país, neste planeta ou em outras estrelas.

Quinta: você não é responsável pelo estado do mundo. Parece duro e antipático, mas é verdade, O prêmio Nobel Richard Feynman adotou o seguinte raciocínio de John von Neumann, matemático genial e "pai da informática": "Você não é responsável pelo mundo em que se encontra". Por isso, Feynman desenvolveu uma espécie de irresponsabilidade social: "Desde então, ela tem me deixado bastante feliz". O que ele quer dizer com "irresponsabilidade social" é: não se sinta mal quando estiver concentrado no seu trabalho em vez de construir hospitais na África.

Não há a menor razão para se sentir culpado se por acaso você está melhor do que as vítimas de bombas em Aleppo. Poderia ser o contrário. Leve uma vida correta e produtiva e não seja nenhum monstro. Com isso, já terá feito muito por um mundo melhor.

Conclusão: adote uma estratégia para processar o sofrimento do mundo. Não precisam ser as recomendações propostas aqui, mas é importante ter uma estratégia, caso contrário você terá dificuldades em viver a sua vida. Estará dividido entre tudo o que ainda precisaria ser feito, sentirá culpa e, apesar de toda essa carga, no fim não conseguirá nada.

35. A armadilha da atenção

COMO LIDAR COM O SEU RECURSO MAIS PRECIOSO

Você está sentado num restaurante e estuda o cardápio. Poderá optar entre um "menu degustação" ou uma sequência de pratos de livre escolha. Você percebe que qualquer combinação individual de entrada e prato principal sairá mais cara do que o menu degustação, que ainda por cima inclui vinho. Logo, é esse que você pede. "Boa pedida", sorri a garçonete. "É o que a maioria prefere."

Em seguida, vem um prato depois do outro. Tira-gosto, quatro tipos de patê, truta grelhada com aspargos, *savarin* de cacau com morangos, assado de veado, variação de queijos com figo, ravióli de ricota, no meio disso um sorbet de limão, continua com peito de pato, nhoque de berinjela e *vitelo tonnato* — é infindável. Acompanhando, os mais diferentes vinhos em uma sequência igualmente aleatória. Depois de uns vinte pratos você pede a conta. Nunca você comeu tanto, nem tanta coisa misturada e nunca se sentiu tão mal.

Agora corta para um jantar que aconteceu na vida real. Era bem mais tradicional em termos culinários, mas, em compensação, de elevado quilate no que se refere aos comensais. Eram vários bilionários, entre eles Warren Buffett e Bill Gates. Gates lança uma pergunta para todos: "Qual foi o principal fator que lhes permitiu chegarem aonde chegaram?". Buffett responde: "Foco". E Gates concorda. Pelo jeito, o tal do "foco" — sinônimo também de "atenção" — parece ter um papel importante. Também na sua vida é de vital importância aquilo em que você foca a sua atenção. Tanto mais surpreendente é que, em vez de dirigir o nosso "foco" por assim dizer "à la carte", nos entupimos da manhã até a noite com um "menu de informações-surpresa" que outros reuniram para nós: e-mails, atualizações de status do Facebook, mensagens de texto, tuítes, notificações, notícias do mundo inteiro, hiperlinks de documentos, videoclipes em websites e telas para onde quer que possamos olhar — em aeroportos, estações e bondes. Tudo briga pela nossa atenção. Somos entretidos incessantemente com histórias que podem ser banais ou fascinantes. Sugerem coisas, seduzem-nos e nos enlevam. E, assim, nos sentimos um pouco como reis. Na verdade, deveríamos nos sentir como escravos dependentes, pois todas essas ofertas não são presentes, e sim atos de pilhagem; não são ganhos, mas perdas; não são doações, e sim saques. Um post no Instagram, não importa quão lindo, é um saque. Uma informação urgente é um saque. Na maioria dos casos, um e-mail é um saque. No instante em que nos dedicamos a qualquer um desses estímulos, nós pagamos — seja com atenção, tempo ou dinheiro.

Atenção, tempo e dinheiro são nossos três principais recursos. Conhecemos o tempo e o dinheiro. Existe até uma ciência que lida com tempo e dinheiro — no caso, chamados de "trabalho" e "capital". Já a atenção é algo que não compreendemos muito bem, embora hoje em dia seja o mais precioso dos três recursos, e o mais importante para nosso sucesso e nossa felicidade. Infelizmente, cometemos erros sistemáticos ao lidar com ela. Seguem as principais recomendações para evitar esses equívocos. Primeira: não confunda novidade com relevância. Qualquer novidade — seja um produto, uma opinião, uma notícia — quer ser vista. Quanto mais ruidoso o mundo, mais as novidades precisam gritar para serem ouvidas. Não ligue para esse barulho. A maior parte daquilo que se apregoa como sendo revolucionário é irrelevante. Às vezes, achamos que o ruído da atualidade é a realidade, mas não é.

Segunda: evite conteúdos ou tecnologias que são de graça. Por definição, são armadilhas para a atenção, que funcionam como publicidade. E por que você iria querer entrar voluntariamente numa armadilha?

Terceira: mantenha uma grande distância de tudo o que é multimídia. Fotografias, imagens em movimento e realidade virtual aceleram as suas emoções para além da velocidade considerada segura, o que, conforme está comprovado, piora em muito a qualidade das suas decisões. De preferência, consuma as informações por escrito, em documentos com menos hiperlinks possíveis, ou seja, por meio de livros.

Quarta: tenha consciência de que atenção é algo indivisível. É isso o que a distingue do tempo e do dinheiro. A mesma atenção que você dispensa ao fluxo de posts no Facebook no seu celular você poderia estar dando à pessoa sentada à sua frente.

Quinta: aja a partir de uma posição de firmeza, não de fraqueza. Se alguém leva coisas até você sem perguntar, automaticamente você estará numa posição mais frágil. Por que um marqueteiro, um jornalista ou um amigo no Facebook deveria determinar onde você deve colocar a sua atenção? Não será o comercial do Porsche, o artigo sobre o último tuíte do presidente Trump ou o vídeo com os filhotinhos de cachorro o que vai impulsionar você para a frente ou torná-lo mais feliz. Mesmo sem possuir conta no Instagram, o filósofo Epiteto já dizia há quase 2 mil anos: "Se alguém entregasse teu corpo a quem chegasse, tu te irritarias. E por que entregas teu pensamento a quem quer que apareça, para que, se ele te insultar, teu pensamento se inquiete e se confunda? Não te envergonhas por isso?".*

Infelizmente, a evolução fez com que nosso cérebro reaja de imediato às menores mudanças: uma aranha aqui, uma cobra acolá. Em épocas primordiais, essa suscetibilidade era importante por causa da própria sobrevivência. Mas hoje torna mais difícil suportar o fogo cruzado dos estímulos da modernidade.

Ninguém nasce sabendo lidar corretamente com as mídias. E não se aprende o jeito certo apenas surfando um pouquinho na internet. Por isso devemos aprender a lidar com a tecnologia da informação de modo consciente, como defende o lendário jornalista Kevin Kelly, especialista no tema. Como você aprendeu a ler ou a fazer contas? Convivendo um pouco com gente que sabe ler e fazer contas? Não. Você passou muitos e muitos anos praticando essas habilidades. Agora, você precisa de um treinamento intensivo semelhante para lidar com informações e com a internet. Foco é algo que necessita ser aprendido.

Outro aspecto: atenção e felicidade. O que uma coisa tem a ver com a outra? Tudo. "A maneira como você investe a sua atenção determina a sua felicidade", escreveu o psicólogo Paul Dolan. Os mesmíssimos eventos em sua vida (positivos e negativos) podem influenciar sua felicidade quase nada, pouco ou fortemente, dependendo do grau de foco dirigido a eles.

Conclusão: você vive sempre onde está a sua atenção, de modo que é irrelevante onde estão localizados os átomos do seu corpo.

---

* Manual de Epiteto, tradução de Aldo Dinucci e Alfredo Julien. (N. E.)

Cada momento da sua vida é único. Quem empregar conscienciosamente o foco vive mais. Seja crítico, severo e cauteloso quando se trata de absorver informação, da mesma forma que você faz quando come ou toma remédios.

36. Ler menos, mas em dobro

NÃO SABEMOS LER DIREITO

Um cartão para viajar com a Companhia de Trens na Suíça tem seis campos. Antes de cada viagem, você coloca o cartão no pequeno autômato cor de laranja para carimbar um dos campos com a data e o horário. Quando todos os seis campos estiverem carimbados, o cartão perde a validade.

Agora imagine um cartão de leituras com cinquenta campos que use o mesmo sistema: antes de ler um livro, você carimba um dos campos. Mas, à diferença do cartão de transportes, esse será o único cartão de leitura da sua vida. Você não pode comprar um novo. Quando todos os cinquenta campos estiverem carimbados, você não pode abrir mais nenhum livro novo — e nem ler às escondidas. Cinquenta livros para a vida inteira! Para muita gente, esse não é um tema relevante, mas para você, leitor deste livro, uma ideia tenebrosa. Como passar pela vida inteira de maneira mais ou menos civilizada com tão poucos livros?

A minha biblioteca particular consiste em 3 mil livros. Calculo que eu tenha lido um terço, tenha começado a ler outros 30% e que jamais abri o restante. Regularmente, chegam livros novos e uma vez por ano eu faço uma arrumação, jogando livros velhos fora. Três mil livros é uma biblioteca modesta se comparada à do falecido escritor Umberto Eco (30 mil livros). Mesmo assim, muitas vezes só me lembro do conteúdo de forma vaga. Quando olho as lombadas, voltam vagas lembranças, como pedaços de nuvens, misturadas a sensações indefinidas; uma cena surge aqui e acolá e às vezes passa uma frase, como uma canoa perdida na névoa. Raramente consigo remontar um resumo compacto. No caso de alguns livros, não posso nem garantir se já os li. Preciso abri-los e procurar páginas amarfanhadas ou anotações à margem. Nesses momentos, não sei o que é mais vergonhoso: minha memória esburacada ou a evidente modesta eficácia de muitos dos títulos. O que me consola é que o mesmo acontece com muitos amigos. E não só com livros, mas também com ensaios, reportagens, análises, textos de todos os tipos que alguma vez li com prazer. Pouco, muito pouco fica retido, lamentavelmente.

Qual o sentido da leitura se o conteúdo em sua grande maioria afunda? Claro, o prazer momentâneo da leitura também conta, não há dúvida. Mas da mesma forma conta o prazer momentâneo de um pudim de leite, do qual, no entanto, não se espera que forme o caráter do seu devorador. Então, qual a razão da baixa taxa de retenção da nossa leitura?

Lemos de forma errada. Lemos muito pouco seletivamente e não nos aprofundamos. Deixamos a nossa atenção solta como se fosse um cão vadio que largamos vagando pelas ruas em vez de treiná-lo. Esbanjamos o nosso recurso mais valioso em coisas que não o merecem.

Atualmente leio de maneira diferente do que há apenas alguns anos. Gasto o mesmo tempo com leitura, mas leio menos livros — em compensação, são melhores e eu os leio duas vezes. Tornei-me radicalmente seletivo. Um livro merece no máximo dez minutos do meu tempo. Depois disso, vem a sentença: continuar lendo ou não. A imagem do cartão de transportes me apoia em minha atitude rígida. Estou disposto a sacrificar um dos campos vazios do meu cartão para o livro que está nas minhas mãos? Acontece em pouquíssimos casos. E aqueles que passam pelo teste eu leio duas vezes — em sequência. Por princípio.

Ler um livro duas vezes? E por que não? Estamos acostumados a escutar músicas várias vezes. E quem toca um instrumento sabe que dominamos uma partitura não depois de executá-la à primeira vista, e sim depois de muitas repetições com concentração total. Então, por que não aplicar o mesmo aos livros?

O grau de eficácia da leitura dobrada não é só duas vezes maior do que o grau de eficácia da leitura simples. É *muito* mais elevado. Por experiência própria, calculo que seja dez vezes maior. Se, depois de uma única leitura, guardo na memória 3% do conteúdo, depois da segunda vez já são 30%.

Toda vez me surpreendo com quanto conteúdo pode ser absorvido em uma leitura lenta e concentrada, quantas novidades se pode descobrir na releitura e quanto essa compreensão se adensa e amplia por meio dessa segunda leitura cuidadosa. Quando, em 1867, Dostoiévski conheceu na Basileia o quadro *O corpo de Cristo morto no túmulo*, de Hans Holbein, ficou de tal modo enfeitiçado pela obra que a sua mulher teve que puxá-lo para ir embora cerca de meia hora depois. Dois anos mais tarde, o escritor reproduziu a pintura em seu romance *O idiota* com detalhes quase fotográficos. Será que um registro rápido com o celular teria o mesmo efeito?

Provavelmente não. Foi necessário o escritor mergulhar naquele quadro para poder fazer algo de produtivo. Mergulhar é a palavra-chave — o contrário de surfar.

Vamos detalhar um pouco mais. "Grau de eficácia" parece um termo técnico. Pode-se julgar livros assim? Sim, pois esse tipo de leitura tem finalidade específica e não é romântica. Guarde o seu romantismo para outras atividades. Se um livro não deixa traço algum no seu cérebro — seja porque é ruim, seja porque não foi bem lido —, isso, a meu ver, é pura perda de tempo. Um livro é diferente de um pudim de leite, de um voo de helicóptero ou de sexo.

Segundo: romances policiais e thrillers estão excluídos do sistema do cartão. Com algumas exceções, não podem ser lidos duas vezes. Quem quer encontrar um assassino conhecido?

Terceiro: você precisa decidir quantos campos terá o seu cartão de leituras pessoal. Eu me limitei a cem campos para os próximos dez anos. São, em média, dez livros por ano, o que é muito pouco para um escritor. Mas, como já disse, leio esses livros excelentes duas, e até três vezes, com grande prazer e grau de eficácia decuplicado.

Quarto: se você ainda é jovem, digamos, no primeiro terço da sua vida ativa de leitor, deveria devorar o máximo de livros possível — romances, novelas, poesia, livros de não ficção de todos os matizes, sem critério de qualidade. Leia até estourar. Por quê? Isso tem a ver com uma otimização matemática chamada de "o problema das secretárias" (capítulo 48). Trata-se de encontrar a melhor secretária dentro de uma multidão de candidatas. A solução consiste em conseguir uma imagem representativa da repartição básica, entrevistando o primeiro grupo de 37% das secretárias, mas rejeitando-as. Lendo loucamente — ou, em termos estatísticos, através dessas múltiplas amostras no primeiro terço da sua vida de leitor —, você forma uma imagem representativa da repartição básica. Você aguça a sua capacidade de avaliação, o que lhe permitirá uma seletividade radical mais tarde. Portanto, adote o sistema do cartão de leituras só por volta dos trinta anos de vida. Mas, depois disso, respeite essa sistemática rigidamente. Depois dos trinta, de qualquer jeito a vida é curta demais para gastar com livros ruins.

37. A armadilha do dogma

POR QUE OS IDEÓLOGOS SIMPLIFICAM AS COISAS

Como funciona um zíper? Avalie seu conhecimento a respeito entre 0 (nenhuma ideia) e 10 (explicação clara). Anote. Agora, desenhe num pedaço de papel como funciona um zíper e tente anotar em poucas palavras como você explicaria o funcionamento exato a alguém que nunca viu um zíper na vida. Reserve um a dois minutos para isso. Está pronto? Agora, volte a avaliar o seu saber sobre o zíper, novamente com um valor entre 0 e 10.

Os pesquisadores Leonid Rozenblit e Frank Keil, da Universidade Yale, confrontaram centenas de pessoas com questões simples desse tipo. Como funciona uma descarga? Uma bateria? O resultado foi sempre o mesmo. Achamos que entendemos algo razoavelmente bem, até sermos obrigados a explicar o funcionamento. Só então nos damos conta de como o nosso saber é fragmentado. Deve ser o seu caso também. Você estava seguro de saber mais do que sabe. É a *ilusão do conhecimento*.

Se falhamos mesmo em questões tão simples quanto o funcionamento de um zíper ou de uma descarga, como ficam os grandes temas? Questões como: quanto de imigração pode ser positivo para uma sociedade no longo prazo? Ou: as terapias genéticas deveriam ser permitidas? Ou: a posse de armas torna uma sociedade mais segura?

Claro, mesmo nesse tipo de temas — e precisamente nesses grandes temas — temos respostas prontas. Mas sejamos honestos. Não analisamos esses conteúdos, nem mesmo de forma superficial. Questões sociológicas são muito mais complexas do que zíperes, descargas ou baterias. Por quê? Porque uma interferência em estruturas sociais tem consequências muito mais vastas do que simplesmente apertar o botão de uma descarga no banheiro. Não basta considerar apenas a primeira onda dos efeitos. Seriam necessários dias, semanas, até meses para analisar a cadeia de causas e efeitos. E quem é que tem tempo e vontade para fazer isso? Portanto, usamos atalhos. Nesse ponto acontece algo curioso. Em vez de ler livros sobre o assunto ou consultar especialistas, adotamos a opinião do nosso grupo de referência, da nossa comunidade. Pode ser um partido político, uma categoria profissional, uma camada social, um clube esportivo ou um grupo de rua. Nosso saber, portanto, não é nem de longe tão objetivo quanto gostaríamos que fosse. É, acima de tudo, um "saber coletivo", como o designaram Steven Sloman e Philip Fernbach no livro *The Knowledge Illusion* [A ilusão do conhecimento]. Infelizmente, não somos os pensadores independentes que gostaríamos de ser. Lidamos com nossas opiniões da mesma forma que escolhemos nossa roupa: vestimos o que está na moda ou o que a nossa comunidade usa.

Desastroso é quando tais "opiniões coletivas" não se limitam mais a determinados assuntos específicos, mas constituem toda uma visão de mundo. Nesse caso, fala-se de ideologias, que são opiniões coletivas elevadas à décima potência; elas fornecem pontos de vista no atacado.

Ideologias são altamente perigosas. Atuam sobre o cérebro como energia em alta voltagem que provoca um monte de curtos--circuitos e queima todos os fusíveis. Por exemplo, quando jovens europeus com formação escolar prestam juramento para seguir o Estado Islâmico, lutando para que os ensinamentos medievais do islamismo sejam reintroduzidos.

Evite ideologias e dogmas a qualquer preço, especialmente quando você simpatiza com um deles. Ideologias são sempre erradas. Estreitam a nossa visão do mundo e nos levarão a decisões equivocadas. Não conheço um único dogmático que tivesse algo parecido com uma boa vida. Até aí, muito bem, O problema é que muita gente nem percebe quando cai nas garras de uma ideologia. E como se identifica uma ideologia? Estas são a três bandeirinhas vermelhas de alerta: ideologias explicam tudo, são irrefutáveis e nebulosas.

Um excelente exemplo para uma ideologia que explica tudo e é irrefutável é o marxismo. Se a concentração da fortuna de uma sociedade aumenta, qualquer seguidor vê nisso a confirmação do mal fundamental do capitalismo, conforme descrito por Karl Marx. Mas se a desigualdade cai, qualquer seguidor vai explicar o fenômeno com o desenvolvimento da história rumo à sociedade sem classes, conforme previsto por Marx.

À primeira vista, a irrefutabilidade parece ser uma vantagem. Quem não gostaria de ter à mão uma teoria tão forte que nos faça ter sempre razão? Na verdade, porém, as teorias irrefutáveis são tudo menos invulneráveis, e sim muito facilmente desnudadas.

Se você conhecer alguém que mostra os sintomas de uma contaminação dogmática, faça a seguinte pergunta: "Enumere os fatos específicos que você precisaria encontrar para abrir mão da sua visão de mundo". Se não receber resposta, distancie-se dessa pessoa. E, aliás, faça a pergunta para você mesmo quando suspeitar que está se aproximando muito de um dogma.

Para se manterem intacáveis, as ideologias muitas vezes usam uma roupagem nebulosa. É a terceira bandeirinha vermelha pela qual se reconhece de longe uma ideologia. Aqui está um exemplo: o teólogo Hans Küng, conhecido como ensaísta articulado, descreve Deus como "a verdade mais verdadeira, absolutamente relativa, no Aquém e no Além, transcendentalmente imanente, onipresente, onipotente no coração das coisas, no homem, na história da humanidade, no mundo". Tudo explicadinho, irrefutável e perfeitamente nebuloso! Aliás, a linguagem é um bom indicador para qualquer bobagem ideológica. Preste atenção, inclusive na sua própria. Tente encontrar as suas próprias palavras para expressar alguma coisa. Não adote, sem refletir, as formulações e as imagens do seu grupo de referência. Um exemplo: não fale de "povo" quando o seu partido só se refere a determinado segmento da sociedade. Evite palavras de ordem. E tome cuidado especial quando falar em público, pois se defender uma posição dogmática estará martelando ainda mais essa posição no seu próprio cérebro. Dessa maneira, ela se tornará quase inextinguível.

Busque argumentos contrários, conforme proposto no capítulo 30. Imagine ser um convidado que participa de um debate na televisão com cinco outras pessoas que, todas, adotam a posição contrária à sua. Só quando você mesmo conseguir defender essa argumentação contrária à sua de forma no mínimo tão eloquente quanto eles você terá merecido a sua própria opinião.

Conclusão: pense de forma independente. Não seja um fiel seguidor partidário. Acima de tudo, mantenha distância de dogmas. Quanto mais rapidamente compreender que não compreende o mundo, mais o compreenderá.

38. Subtração mental

COMO SE CONSCIENTIZAR DA SUA SORTE

Na noite de Natal na pequena cidade americana de Bedford Falls, George Bailey está prestes a tirar a própria vida. Gerente de um pequeno banco de crédito imobiliário, homem de comportamento ilibado, casado, pai de quatro filhos, ele está diante da bancarrota porque um tio perdeu todo o seu dinheiro no jogo. No momento em que está disposto a pular de uma ponte e se jogar no rio, um homem idoso cai na água e chama por socorro. Bailey o salva. O homem diz ser um anjo. Bailey não acredita, mas diz que preferia nunca ter nascido. No mesmo instante, o anjo realiza o seu desejo e mostra a George como a sua cidadezinha seria triste se ele jamais tivesse nascido. Despertado do feitiço, George Bailey está livre da sua depressão naquela noite de Natal. Feliz por ainda estar vivo, percorre a rua principal da cidade coberta de neve em júbilo: "Feliz Natal! Feliz Natal!".

A tragicomédia *A felicidade não se compra*, de 1946, com James Stewart no papel principal, é hoje um clássico natalino. O que ainda não se tornou clássico foi a estratégia mental que o anjo aplica naquele filme. A psicologia a chama de *subtração mental*, e ela definitivamente faz parte da caixa de ferramentas para uma boa vida. Vamos tentar conhecê-la de forma resumida. Primeiro você responde à pergunta: quão feliz você está com a sua vida em geral? Escolha um número entre 0 (totalmente infeliz) e 10 (em êxtase), e anote-o à margem desta página. Então, leia o parágrafo abaixo (mas, por favor, só ele, não mais que isso). Feche os olhos e siga as poucas instruções que acabou de ler.

Com os olhos fechados, imagine que perdeu o braço direito. Agora só há um toco no ombro. Como se sente? Quanto mais difícil ficou a sua vida com um braço apenas? Como fazer para comer? Escrever no computador? Andar de bicicleta? Abraçar alguém? Agora imagine ter perdido também o braço esquerdo. Sem mãos. Você não pode segurar nada, tocar em nada, nem fazer carinho em ninguém. Como se sente? Em terceiro lugar, imagine que também ficou cego. Você ainda escuta, mas nunca mais verá uma paisagem, o rosto do seu amado, dos seus filhos, seus amigos. Como se sente? Bem, e agora volte a abrir os olhos. Reserve no mínimo dois minutos para sentir as três situações antes de continuar lendo.

Depois desse exercício, quão feliz você está com a sua vida? Volte a dar uma nota entre 0 (totalmente infeliz) e 10 (em êxtase). Se reagir como a maioria das pessoas, a sua sensação de felicidade acaba de aumentar. Quando fiz esse exercício pela primeira vez, parecia que eu era uma bola que a gente solta debaixo d'água de repente e que sobe como um esguicho. É o efeito drástico da subtração mental.

Claro, você não precisa se imaginar sem braços nem visão para poder celebrar a sua felicidade. Poderia pensar como se sentiria se nunca tivesse encontrado o seu parceiro de vida, se seus filhos tivessem morrido em um acidente, se estivesse numa trincheira de guerra ou no leito de morte. O importante é não pensar em termos abstratos, e sim se sentir "dentro" da situação.

No capítulo 7 vimos que a gratidão é uma emoção muito adequada aos acasos felizes da nossa vida, e sobretudo aos acasos felizes que permitiram a nossa vida. Não existe livro de autoajuda que não solicita o leitor a se lembrar todas as noites dos aspectos positivos da vida e sentir gratidão por isso.

Mas existem dois problemas com a tal da gratidão. Primeiro: a quem agradecer? Quem não tem fé não tem para quem endereçar a gratidão. Segundo: o costume. Embora o cérebro humano reaja a transformações, ele se habitua com rapidez a novos estados. É uma vantagem em caso de desgraças. A tristeza por alguém ter nos deixado ou por estarmos para sempre condenados a uma cadeira de rodas depois de um acidente se dissipa mais rápido do que imaginamos, graças à força do hábito. Dan Gilbert chama isso de "sistema imunológico psicológico". Infelizmente, esse sistema imunológico psicológico reage da mesma maneira em relação às coisas boas que nos acontecem. Seis meses depois de ganhar um prêmio milionário na loteria, o efeito sobre a nossa felicidade se dissipou. O mesmo acontece pouco depois do nascimento de filhos ou da aquisição da casa própria. Como 99% dos aspectos positivos da sua vida não aconteceram hoje, mas são estados que perduram há algum tempo, o costume já aniquilou a felicidade gerada originalmente por esses eventos.

A gratidão é a tentativa de combater esse hábito, ou seja, de enfatizar e ressaltar em plena consciência as boas coisas da vida. Infelizmente, nós nos acostumamos também a essa ênfase mental. Por isso, pessoas que todas as noites repassam os aspectos positivos de sua vida se tornam menos felizes do que pessoas que não o fazem com tanta frequência. Um resultado paradoxal, mas que encontra sua explicação na força niveladora do hábito.

Essas, portanto, são as fragilidades da tão apregoada gratidão: a pergunta sobre a quem agradecer e o hábito. Agora, a boa notícia: a subtração mental não conhece nenhuma dessas desvantagens. Ela é um movimento de tal forma surpreendente para o cérebro que ele não se acostuma. De fato, os cientistas americanos Dan Gilbert, Timothy Wilson e seus colegas demonstraram por meio de vários estudos que a subtração mental eleva a felicidade muito mais do que simplesmente pensar nas coisas boas da vida. Os estoicos já conheciam esse truque há duzentos anos. Em vez de pensar em tudo aquilo que não temos ainda, é melhor imaginar quanto sentiríamos falta das coisas que temos hoje, caso não as tivéssemos.

Suponha que você participe dos Jogos Olímpicos como atleta. Está mais do que em forma e ganha uma medalha. O que o tornará mais feliz: prata ou bronze? Prata, claro, responderá você. Mas um estudo científico que questionou ganhadores de medalhas durante os Jogos Olímpicos de Barcelona em 1992 resultou no contrário: ganhadores de medalhas de prata eram mais infelizes do que ganhadores de bronze. Por quê? Porque o parâmetro para a prata é o ouro, ao passo que o parâmetro para o bronze é "nenhuma medalha". Com a subtração mental esse efeito pejorativo não aconteceria. A subtração mental sempre compara com "nenhuma medalha" — e você pode substituir essa imagem por qualquer outra coisa que quiser.

"Às vezes, nossa felicidade não é muito saliente", escreve o psicólogo Paul Dolan. "[...] e precisamos fazer o possível para que seja. Imagine tocar um piano e não conseguir ouvir o som. Muitas atividades na vida são como tocar um piano que não se ouve..." Com a subtração mental você volta enfim a vivenciar o som pleno.

39. O ponto da reflexão máxima

"MATUTAR" ESTÁ PARA AGIR COMO UMA LANTERNINHA PARA UM FAROL

Psssiu, agora vou lhe contar o grande segredo dos escritores. As melhores ideias chegam enquanto escrevemos, não quando refletimos sobre o tema a ser escrito. Ainda que você não seja um escritor, essa descoberta poderá trazer vantagens, pois pode ser aplicada a todas as áreas da atividade humana. Um empresário somente saberá se um produto é aceito pelo mercado quando o produzir e o oferecer —, e não pela pesquisa de mercado prévia. Um vendedor só desenvolve o *pitch* perfeito (uma apresentação direta e curta, bem efetiva) depois de inúmeras melhorias e muitas recusas —, e não estudando manuais de gurus de vendas. Pais se tornam educadores competentes ao lidar diariamente com os filhos, não consultando manuais de pedagogia. E músicos se tornam mestres pela prática cotidiana, não matutando sobre as possibilidades do instrumento.

Por que é assim? Porque o mundo, para nós, é opaco como um copo de leite. A realidade nunca é totalmente translúcida. Mesmo a pessoa mais culta só enxerga alguns passos à frente. Se quiser ultrapassar essa fronteira do conhecimento, é preciso avançar e não ficar parado — fazer e não "matutar".

Um amigo, um homem inteligente com um MBA (essa não é uma desvantagem) e um bom emprego na indústria farmacêutica, está há dez anos ocupado em fundar uma empresa própria. Leu centenas de livros sobre como fundar uma empresa, passou milhares de horas pensando sobre produtos, tem pilhas de estudos de pesquisa de mercado e redigiu duas dúzias de planos de negócios. O resultado? Até agora, nada. Ele sempre chega ao ponto em que suas reflexões apontam para o seguinte: a ideia empreendedora é promissora, mas vai depender muito de como será transformada em realidade e como se comportarão possíveis concorrentes.

Não adianta passar mais um dia matutando — ele não avançará nem um milímetro além desse ponto em que as chances de conclusões adicionais caem para zero. Chamemos esse ponto de o "ponto da reflexão máxima".

Nada contra matutar! Pouco tempo depois de refletir já alcançamos enormes progressos. Mas com o tempo esses avanços se tornam cada vez menores, e é impressionante a rapidez com que se chega ao ponto da reflexão máxima. Por exemplo, em decisões sobre investimentos. Se todos os fatos passíveis de serem apurados estão na mesa, é preciso no máximo três dias para pensar. Caso se trate de uma decisão pessoal, talvez um dia. Mudança na carreira profissional, no máximo uma semana. Talvez nos demos um pouco mais de tempo para pensar a fim de escapar a oscilações emocionais momentâneas. Mas, depois disso, pensar não ajuda mais, e é preciso agir para chegar a novas conclusões.

Comparado com a lanterna do "matutar" no seu criado-mudo, o "fazer" é um enorme farol. Seu facho de luz penetra muito mais no mundo imperscrutável. E quando chegamos a um lugar novo e interessante, podemos a qualquer momento ligar a lanterninha do "matutar".

A seguinte pergunta mostra quanto a ação é importante: quem você levaria para uma ilha deserta no meio do oceano? Pense um pouco antes de continuar lendo. Seu parceiro de vida? O namorado? Um consultor? O professor mais inteligente que você conhece? Ou um animador? Nenhum deles, é claro. Um construtor de barcos!

Teóricos, professores, consultores, escritores, blogueiros e jornalistas adorariam compreender o mundo matutando. Mas isso é bem raro. Pensadores como Newton, Einstein ou Feynman são exceções. Quase todos os passos para entender o mundo — seja na ciência, na economia ou na vida diária — foram feitos no confronto físico com esse mundo imperscrutável, simplesmente pelo fato de que alguém se expôs a esse mundo.

É mais fácil falar do que fazer. Eu também permaneço tempo demais no estado de matutar, bem além do ponto da reflexão máxima. Por quê? Porque é mais confortável. É mais agradável pensar do que tomar a iniciativa. É mais confortável ficar matutando do que transformar algo em ação. O risco de fracasso é zero quando estamos apenas matutando, mas sempre maior do que zero quando agimos. Por isso, é tão popular pensar e comentar. Quem matuta nunca se atrita com a realidade e, por isso, nem pode fracassar. Já quem faz alguma coisa, sim — em compensação, colhe experiências. "Experiência é o que se ganha quando não se consegue o que se queria", como diz o provérbio.

Pablo Picasso sabia quão valiosa é a coragem para experimentar. "Para saber o que queremos desenhar é preciso começar a desenhar", dizia. Assim acontece com a vida. Para saber o que queremos na vida, é melhor começar a fazer alguma coisa. Este capítulo pode lhe dar um impulso, mas saiba que você não vai encontrar a boa vida simplesmente pensando. A ilusão da introspecção (capítulo 8) é como a psicologia chama a crença equivocada de encontrarmos nossas verdadeiras inclinações, o sentido da vida, o núcleo de ouro da nossa felicidade por meio de um simples mergulho intelectual. Mais provável é que, ao fazer uma introspecção, você vá parar num marasmo de emoções, de pensamentos vagos e ânimos difusos.

Portanto, a próxima vez que se encontrar diante de uma decisão importante, pense intensamente, mas só até o ponto da reflexão máxima. Você ficará surpreso quão rápido chegará até ele. Uma vez lá, desligue a lanterninha e ligue o farol. Funciona na profissão e na vida particular, e não importa se você está investindo na carreira ou na vida amorosa.

40. Os sapatos dos outros

INVERTER OS PAPÉIS

Há alguns anos, o empresário Ben Horowitz, cofundador da Opsware (empresa de software de automação para centros de dados) e hoje um investidor em capital de risco, viu-se confrontado com um problema de gestão que já durava alguns anos. Dois excelentes setores de uma empresa que ele chefiava estavam em pé de guerra — o serviço de atendimento a clientes e os programadores. Os programadores acusavam o pessoal do serviço de atendimento de não responder a demandas dos clientes com a necessária rapidez, atrasando as vendas. Os funcionários do serviço de atendimento a clientes diziam que os programadores escreviam códigos com erros e que não davam ouvidos às suas sugestões de melhoria. É claro que era imperativo que ambos os departamentos trabalhassem em cooperação. Vistos de forma isolada, eram muito bem liderados e tinham equipes de primeira categoria. Todos os apelos para que se colocassem um na posição do outro eram infrutíferos. Foi quando Horowitz teve uma ideia. Colocou o chefe do serviço de atendimento a clientes para chefiar os programadores e vice-versa. E não só por um breve período, mas em definitivo! Os dois ficaram estarrecidos. Uma semana depois de terem calçado os sapatos do antagonista, haviam compreendido as raízes do conflito. Nas semanas seguintes, adaptaram seus respectivos processos. A partir de então, os dois departamentos passaram a colaborar melhor do que todos os outros da empresa.

Colocar-se no lugar do outro raramente funciona. O salto mental necessário para isso é muito grande e o interesse, baixo. Para de fato conseguir compreender alguém é preciso assumir toda a sua posição, não só no plano da imaginação, e sim de fato. É preciso "entrar na pele do outro" e vivenciar a situação dele no próprio corpo.

Nunca levei muito a sério o trabalho das mães, até o momento em que nós tivemos filhos e eu precisei cuidar dos bebês (gêmeos) sozinho de vez em quando. Depois de meio dia eu estava mais exausto do que após uma viagem de negócios de dez dias. Claro, diversas mães já haviam prognosticado essa situação, descrita, aliás, em qualquer um dos inúmeros manuais para pais. Mas aquilo nem me atingia. Só quando eu mesmo estava na situação é que comecei a compreender.

É surpreendente como é raro aplicarmos esse simples truque. "Precisamos pensar com a cabeça do cliente", diz qualquer manual empresarial. A intenção é nobre, mas não basta. O teor deveria ser: "Precisamos *ser* o cliente". Existem empresas que compreenderam isso. A Schindler é líder mundial em elevadores e escadas rolantes. No primeiro ano, qualquer novo funcionário, da secretária ao executivo, é obrigado a passar três semanas na montagem. Ele (ou ela) veste um macacão azul e ajuda a instalar elevadores ou escadas rolantes. Assim, além de os novatos da Schindler conhecerem a composição e o funcionamento dos produtos, também aprendem o que significa trabalhar em uma obra. Além disso, ainda passam a seguinte mensagem: "Vejam, não sou importante demais para sujar as minhas mãos". Apenas esse gesto já cria empatia entre os diferentes setores da empresa. As pessoas gostam de simular a proximidade com a equipe. Você conhece isso: basta abrir um relatório anual para ver os senhores da direção executiva diante de uma linha de produção. Só em um entre cem relatórios de empresas encontra-se outra fotografia: executivos que *efetivamente* trabalham na esteira, de macacão e capacete. Diretores que, pelo jeito, não se importam em desarrumar o penteado para pelo menos uma foto. São empresas cujas ações eu prefiro comprar.

Refletir e pensar são duas maneiras totalmente diferentes de compreender o mundo. Muita gente confunde pensar com fazer. Um curso de administração é ideal para se tornar professor de administração, mas não para se tornar empresário. Estudar letras é perfeito se você quiser se tornar professor de literatura. Mas não acredite que estudar letras fará de você um bom escritor.

Será que a transferência do plano do pensar ao plano do fazer funciona pelo menos em coisas abstratas, por exemplo, na área da moral? Eric Schwitzgebel e Joshua Rust testaram essa pergunta. Professores de ética, que se ocupam o dia inteiro com questões morais, seriam pessoas melhores? É o que se esperaria deles. Os pesquisadores compararam docentes de ética em dezessete posturas comportamentais — da frequência com que doam sangue à maneira como batem à porta, incluindo se descartam ou não seu lixo depois de conferências. Resultado: os especialistas em filosofia moral não se comportaram nem um tiquinho melhor do que outras pessoas.

Quando aceitamos que pensar e fazer são esferas separadas, é possível otimizar essa descoberta. Igrejas, exércitos e universidades estão entre as organizações mais estáveis do mundo. Perduram por vários séculos e sobrevivem a dúzias de guerras. Qual é o segredo da estabilidade? Recrutar entre as próprias fileiras. Cada grau de liderança tem um saber íntimo e prático de como é estar "abaixo". Para ser bispo, é preciso ter começado como pastor. Qualquer general começou em algum momento como soldado. E você só vai se tornar reitor de uma universidade depois de ter sido um professor-assistente. Você acha, por exemplo, que o principal executivo da Walmart — um homem que chefia 2 milhões de funcionários — poderia ser um general útil para um exército de 2 milhões de soldados? Claro que não. Nenhum exército do mundo iria ter a ideia de recrutá-lo.

Conclusão: a dica é calçar os sapatos dos outros e caminhar com eles de fato. Faça isso com os seus principais parceiros — no casamento, com os clientes, seus funcionários, seus eleitores (caso você seja político). Inverter os papéis é, de longe, o caminho mais eficiente, rápido e barato para construir uma compreensão mútua. Tente ser aquele rei da lenda que se mistura ao povo, vestido de mendigo. E, como nem sempre isso é possível, mais uma recomendação: leia romances, muito romances, e dos bons. Mergulhar num bom romance e vivenciar o destino do protagonista com todos os altos e baixos é uma eficiente solução intermediária entre pensar e fazer.

41. A ilusão de mudar o mundo — parte 1

NÃO CAIA NA TEORIA DOS "GRANDES HOMENS"

"Nós podemos mudar o mundo e torná-lo um lugar melhor. Está em nossas mãos fazer a diferença" (Nelson Mandela).

"As pessoas que são loucas o suficiente para acreditar que podem mudar o mundo são as que, de fato, podem fazê-lo" (Steve Jobs).

Essas frases são emblemáticas e mexem com a nossa imaginação. Emprestam-nos uma sensação de valor, vitalidade e esperança.

Mas podemos mesmo mudar o mundo? Apesar do clima apocalíptico que os jornais gostam de evocar, agora mensagens como essas têm sido repetidas como se fossem um mantra. Nunca houve tanto otimismo acerca da influência do indivíduo. As pessoas da Idade Média, da Antiguidade ou da Idade da Pedra não teriam sequer entendido as duas citações. Para elas, o mundo sempre foi igual. Quando havia mudanças radicais era porque os reis iniciavam guerras ou porque, contrariados, os deuses se vingavam com terremotos. Que o cidadão, o agricultor ou o escravo pudessem, individualmente, mudar o mundo — algo tão absurdo — não passava pela cabeça de ninguém.

Bem diferente dos atuais habitantes da Terra. Não apenas nos vemos como cidadãos do mundo como também nos consideramos capazes de moldá-lo. Estamos obcecados com a convicção de que podemos renovar o mundo com start-ups, projetos com financiamento coletivo e sociedades beneficentes, da mesma forma que os fundadores de empresas fabulosamente bem-sucedidas do Vale do Silício ou os engenhosos idealizadores da história mundial fizeram antes de nós. Não é mais suficiente mudar a nossa própria vida, queremos mudar o mundo. Trabalhamos para organizações comprometidas com esse objetivo e, gratos pelo "oferecimento desse sentido", dispomo-nos a trabalhar pela metade do salário.

Que o indivíduo possa mudar o mundo é uma das grandes ideologias do nosso século e, ao mesmo tempo, uma enorme ilusão. Dois erros convergem aqui. Um é a ilusão do foco (capítulo 11), que Daniel Kahneman explica assim: "Nada na vida é tão importante quanto você imagina enquanto pensa sobre aquilo". Se você passar uma lupa sobre um mapa, a parte escolhida se amplia. Nossa atenção funciona como uma lupa. À medida que nos aprofundamos nos nossos projetos para mudar o mundo, a importância deles parece muito maior. Sistematicamente superestimamos a importância das nossas realizações.

O segundo erro é chamado de postura intencional (*intentional stance*), expressão criada pelo filósofo americano Daniel Dennett para expressar o fato de que nós sempre supomos que, por trás de cada mudança, há uma intenção — e não importa se essa intenção existe mesmo ou não. Quando a Cortina de Ferro caiu, como aconteceu em 1989, alguém deve ter trabalhado de modo premeditado para que isso acontecesse. Sufocar o regime do apartheid na África do Sul não teria sido possível sem um pioneiro como

Nelson Mandela. Para a Índia alcançar a independência, precisava de alguém como Gandhi. Para os smartphones, foi necessário existir um Steve Jobs. Sem Oppenheimer não haveria a bomba atômica. Sem Einstein não haveria a Teoria da Relatividade. Sem Benz, nada de carros. Sem Tim Berners-Lee, nada de internet. Por trás de cada transformação, acreditamos haver alguém cuja vontade era fornecer ao mundo aquela mudança.

Essa suposição de que há uma intenção por trás dos desenvolvimentos decorre do nosso passado evolucionário. É melhor acreditar de mais na intenção do que de menos. Ao escutar um farfalhar entre os arbustos, melhor do que pensar que é o vento é supor que haja um tigre-dentes-de-sabre faminto ou um guerreiro hostil. É claro que sempre houve pessoas que deviam acreditar que era o vento; em 99% dos casos elas conseguiram economizar o gasto das calorias para fugir dali; em algum momento, porém, foram removidas do fundo genético de forma abrupta e desagradável. Nós, humanos de hoje, somos os sucessores biológicos daqueles hominídeos que supuseram haver uma intenção. Essa suposição de uma intenção está firmemente trançada no nosso cérebro. Por isso vemos agentes intencionais ativos mesmo quando não há nenhum. Entretanto, como poderia algo como a dissolução do apartheid começar sem Nelson Mandela? Quem, além do visionário Steve Jobs, poderia projetar um iPhone?

Supor uma intenção leva-nos a interpretar a história do mundo como a história dos "grandes homens" (lamento dizer que, na maioria, foram mesmo homens). Em seu livro *The Evolution of Everything* [A evolução de todas as coisas], o brilhante autor e político britânico Matt Ridley acabou com a teoria dos "grandes homens": "Tendemos a cobrir com muitos elogios aquela pessoa inteligente que estava no momento certo no lugar certo". Já na época do Iluminismo se sabia disso. Montesquieu escreveu: "Martinho Lutero é considerado responsável pela Reforma... Mas ela tinha que acontecer. Se não fosse Lutero, seria outro".

Em 1500, alguns conquistadores portugueses e espanhóis subjugaram as Américas Central e do Sul. Os impérios dos astecas, dos maias e dos incas entraram em colapso em pouco tempo. Por quê? Não porque "grandes homens" como Cortez fossem particularmente espertos ou talentosos, mas porque, sem saber, esses temerários aventureiros traziam da Europa doenças às quais eles mesmos eram imunes, mas que se mostraram fatais para os nativos. Vírus e bactérias são a razão pela qual meio continente hoje fala espanhol ou português e adora um deus católico.

Se não foram os "grandes homens", quem, então, escreveu a história do mundo? Resposta: ninguém. Os acontecimentos da atualidade são um produto aleatório de um sem-número de correntes e influências. Funciona mais como o trânsito nas ruas do que como um carro. Ninguém controla. A história do mundo não tem regras, é aleatória e impossível de prever. Ao estudar documentos históricos a fundo, é possível confirmar que as principais mudanças têm um componente aleatório. Mesmo as figuras mais notáveis da história do mundo foram marionetes dos eventos de seu tempo. Faz parte da boa vida não idolatrar "grandes homens" nem se apegar à ilusão de que você mesmo poderia ser um deles.

42. A ilusão de mudar o mundo — parte 2

POR QUE VOCÊ NÃO DEVE COLOCAR NINGUÉM EM
UM PEDESTAL — MUITO MENOS VOCÊ MESMO

No capítulo anterior, desmascaramos a teoria dos "grandes homens" e mostramos que é uma falácia. Você pode contestar, alegando que houve "grandes homens", alguns dos quais marcaram os destinos de continentes inteiros! Um exemplo poderia ser Deng Xiao Ping, que introduziu a economia de mercado na China em 1978, tirando centenas de milhões de pessoas da pobreza — o projeto de desenvolvimento mais bem-sucedido de todos os tempos. Sem Deng Xiao Ping, a China não seria hoje uma potência mundial.

Não seria mesmo? A análise do autor britânico Matt Ridley mostra um quadro diferente. A introdução da economia de mercado não foi intenção de Deng Xiao Ping. Foi um desenvolvimento que veio da base. Na remota aldeia de Xiaogang, dezoito camponeses desesperados decidiram dividir entre si a terra pertencente ao Estado. Cada um deveria estar apto a ser autossuficiente. Somente com esse ato criminoso, acreditavam ser capazes de retirar da terra o suficiente para alimentar suas famílias. De fato, já no primeiro ano, eles produziram mais do que a soma dos cinco anos anteriores. A colheita exuberante despertou a atenção do funcionário local do partido, que propôs estender o experimento a outras fazendas. Por fim, o documento caiu nas mãos de Deng Xiao Ping, que decidiu permitir que o experimento continuasse. Um líder de partido menos pragmático "poderia ter atrasado essa reforma agrária, mas ela viria, mais cedo ou mais tarde", escreve Ridley.

Talvez você pense "sim, pode ser, mas há exceções": sem Gutenberg não haveria livros. Sem Edison, nada de lâmpadas. Sem os irmãos Wright, nada de voos nas férias.

Isso não é verdade! Esses três também são meras figuras de seu tempo. Se Gutenberg não tivesse conseguido, outra pessoa teria desenvolvido a tipografia ou, em algum momento, a tecnologia teria encontrado o seu caminho desde a China (onde já era conhecida havia muito tempo) até a Europa. O mesmo aconteceu com a lâmpada: depois da descoberta da eletricidade, era apenas questão de tempo até a primeira luz artificial ser acesa; e nem sequer foi acesa primeiro na casa de Edison. Está comprovado que 23 outros inventores fizeram brilhar filamentos antes dele. Ridley alega que: "Apesar de ter sido brilhante, Thomas Edison foi desnecessário. Veja o fato de que Elisha Gray e Alexander Graham Bell entraram com pedidos de patente pela invenção do telefone no mesmo dia. Suponha que, no caminho para o Instituto de Patentes, um deles tivesse sido pisoteado até a morte por um cavalo. O mundo hoje seria o mesmo". Da mesma forma, os irmãos Wright eram apenas uma das muitas equipes espalhadas pelo mundo que combinavam planadores com acessórios motorizados. Se os Wright não tivessem existido, não significaria que hoje você teria de pegar uma balsa para ir à ilha de Maiorca. Alguém teria desenvolvido o voo motorizado. O mesmo acontece com quase todas as invenções e descobertas. "A tecnologia encontra seus inventores", demonstra Ridley, "não o contrário."

Mesmo os avanços de alta tecnologia independem das pessoas. Tão logo os instrumentos de medição apresentem a precisão necessária, as descobertas vêm por si sós. Essa é a maldição da ciência: o pesquisador individual é basicamente irrelevante. Tudo o que há para descobrir será descoberto por alguém algum dia.

O mesmo se aplica aos empreendedores e líderes de empresas. Quando os computadores domésticos entraram no mercado nos anos 1980, era imperativo que alguém desenvolvesse um sistema operacional para eles. Por acaso, esse alguém foi Bill Gates. Talvez outra pessoa não tivesse tido o mesmo sucesso empresarial, não obstante, teríamos hoje soluções de software semelhantes. Sem Steve Jobs, talvez nossos celulares parecessem menos elegantes hoje, mas funcionariam de maneira análoga.

Em meu círculo de amigos há alguns CEOs. Alguns lideram grandes corporações com 100 mil funcionários. Levam o trabalho a sério, às vezes trabalham até a exaustão e cobram por isso. No fundo, porém, são substituíveis. Apenas alguns anos depois de saírem de seus postos, ninguém mais se lembra de seus nomes. Seguramente, grandes empresas como a General Electric, a Siemens ou a Volkswagen já tiveram excelentes CEOs. Quem, contudo, ainda sabe os nomes deles hoje? Não é só isso. Os excelentes resultados das empresas dependeram menos das decisões deles do que do desenvolvimento aleatório do mercado. Para Warren Buffett, "Um bom resultado comercial depende muito mais do barco em que você está sentado do que da eficiência com a qual rema". Matt Ridley é ainda mais veemente: "Muitos CEOs são como passageiros que surfam no estribo de trens e ônibus — bem pagos para navegar o barco que seus funcionários colocaram em movimento... Embora mantida pela mídia, a ilusão de que sejam reis feudais não deixa de ser uma miragem".

Mandela, Jobs, Gorbachev ou Gandhi, Lutero, os inventores e os grandes CEOs foram filhos do seu tempo e não do tempo dos seus pais. Naturalmente, controlaram processos essenciais com suas respectivas táticas. Todavia, não fossem eles, outras pessoas teriam feito de modo semelhante. Portanto, devemos ser cautelosos ao colocar "grandes homens" ou "grandes mulheres" num pedestal — e permanecer modestos quando se trata de nós mesmos.

Por mais extraordinárias que possam ser suas realizações, a verdade é que também daria certo sem você. Sua influência pessoal no mundo é do tamanho de uma formiga. Não importa sua engenhosidade como empreendedor, pesquisador, CEO, general ou presidente. No contexto mais amplo do mundo, você é insignificante, desnecessário e substituível. O único ponto no qual desempenha um papel decisivo é em sua própria vida. Concentre-se no seu próprio ambiente e você verá: ter a sua vida sob controle já é ambicioso o suficiente. Por que pretender mudar o mundo? Evite essa decepção.

Talvez, de tempos em tempos, os ventos do acaso o levem a uma posição de grande responsabilidade. Nesse caso, desempenhe com maestria o papel que lhe foi designado. Seja o melhor empresário, o político mais sábio, o executivo mais capaz e o pesquisador mais brilhante possível, mas não sucumba ao erro de achar que toda a humanidade estava esperando por você.

Não duvido nem por um momento que meus livros afundarão como pedras no oceano dos acontecimentos mundiais. Depois da minha morte, meus filhos provavelmente ainda falarão de mim por um tempo. Espero que minha esposa também. Talvez até meus netos. Então termina, Rolf Dobelli será esquecido — e é assim que deve ser. Não se achar muito importante é uma das estratégias mais valiosas para viver bem.

43. A crença no "mundo justo"

POR QUE NOSSA VIDA NÃO É UM ROMANCE POLICIAL
CLÁSSICO

Imagine dois romances policiais. No primeiro, depois de uma busca emocionante, o detetive enfim encontra o assassino e o prende. Ele é levado ao tribunal e condenado. No segundo romance, após uma pesquisa emocionante, o detetive não encontra o assassino. Arquiva o processo e se dedica ao próximo caso. Qual desses romances policiais o satisfaz mais como leitor ou espectador? O primeiro, é claro. Nosso desejo por justiça é tão grande que é difícil suportar a ideia da injustiça.

É muito mais do que um simples desejo — temos a expectativa de que se torne realidade. Se não for agora, então mais tarde. A maioria das pessoas está profundamente convencida de que, de modo geral, o mundo é justo. Que boas ações são recompensadas, más ações são punidas. Que chegará o momento de pessoas malvadas expiarem seus crimes e de assassinos acabarem atrás das grades.

É lamentável, mas a realidade é diferente. O mundo não é justo, é bastante injusto aliás. O que fazer com esse fato desagradável? Estou convencido de que você terá uma vida melhor se aceitar a injustiça do mundo como fato e resistir estoicamente. Isso vai lhe poupar muita decepção em sua jornada pela vida.

Uma das parábolas bíblicas mais preciosas é a de Jó. Empreendedor muito querido, bem-sucedido e devoto, aprumado na vida, homem bem formado com um casamento intacto, dez filhos maravilhosos, Jó é, em resumo, uma pessoa invejável para quem tudo dá certo. O diabo diz então a Deus: "Não admira que Jó seja tão piedoso, tudo é espetacular em sua vida. Se sua vida fosse ruim, sua fé logo fraquejaria".

Deus sente-se insultado, quer refutar a afirmação do diabo e permite que ele leve alguma desordem à vida de Jó. De um só golpe, Jó perde todo o dinheiro. O diabo mata seus filhos, sete meninos e três meninas. Até seus escravos morrem. No final, ele próprio é afetado por uma doença. Chagas dolorosas cobrem seu corpo da cabeça aos pés. Torna-se motivo de risos e ofensas. Jó está acabado, senta-se nas cinzas de sua casa queimada, e sua esposa o aconselha: "Esquece Deus e morre!". Mas Jó ainda louva a Deus como antes. Gostaria de morrer, apenas para evitar a dor, mas nem mesmo isso Deus lhe permite. Por fim, uma ventania em redemoinho se aproxima com grande ruído. Nela está Deus e declara que suas ações são e sempre permanecerão incompreensíveis aos seres humanos; nem com a melhor boa vontade pode-se compreender Deus. Por ter suportado tudo, porque mesmo as punições mais impiedosas não o fizeram duvidar de Deus, Jó recupera tudo: a saúde, a riqueza, a família com a criançada. Deus o torna muito feliz e Jó alcança uma idade bíblica.

Comparada a um romance policial padrão, em que o assassino é pego e condenado, a história de Jó é um pouco mais complicada, mas no fim segue o mesmo caminho: embora Jó tenha sofrido uma injustiça fundamental, tudo acaba bem. Em outras palavras, o mundo às vezes pode *parecer* injusto — todavia, é apenas porque não entendemos como Deus funciona. A Bíblia diz que você tem de suportar a injustiça, ela não dura para sempre. Por trás de tudo há um plano justo que vocês, seres humanos, limitados que são, simplesmente não entendem.

Nos termos da psicologia, trata-se de uma estratégia de enfrentamento perfeita para lidar com fatalidades. Demissão, diagnóstico de câncer, morte de filho — tudo é muito trágico; no contexto mais amplo do mundo, porém, de alguma forma fará sentido. E não cabe a mim entender essa mecânica, Deus só me testa, e, se eu continuar acreditando nele inabalavelmente, um dia me recompensará.

Até aqui, é tudo muito reconfortante. Mas quem ainda acredita com seriedade em Deus hoje? Em especial num deus que admite as atrocidades mais horripilantes, embora pudesse configurar tudo com perfeição? Sem compreender, mais e mais pessoas deixam de acreditar. Ainda assim, secretamente nos apegamos a um plano justo para o mundo. Queremos acreditar em algum tipo de carma, em recompensas para as boas ações e punição para as más — se não nesta vida, então na próxima.

O filósofo inglês John Gray escreveu que na Grécia Antiga

estava claro que a vida de todos era regida pelo destino cego e pelo acaso. A ruína e a decadência aconteciam até às pessoas mais corajosas e sábias, embora a ética fosse uma questão de bondade, sabedoria e bravura. Hoje, preferimos — pelo menos em público — fazer de conta que a boa ação é recompensada no fim. Só que nem acreditamos nisso. No fundo, sabemos que nada pode nos proteger do acaso.

A verdade é: não existe um plano mundial justo. Não há nem mesmo um plano injusto. Não há plano algum. No fundo, o mundo é amoral. Temos tanta dificuldade com esse entendimento que a ciência já chegou a uma expressão para isso: falácia do "mundo justo". Isso não significa, em absoluto, que não devamos reduzir a injustiça — por exemplo, com a contratação de seguros ou a redistribuição social. Mas nem tudo pode ser assegurado ou redistribuído.

Um dos meus professores do Ensino Médio distribuía notas de modo aleatório, sem a menor relação com o desempenho. Essas notas arbitrárias tiradas do chapéu iam direto para o histórico escolar. Protestamos a plenos pulmões. Como não ajudou, corremos até o diretor, que dedicou o necessário respeito ao único professor com título de doutor, e não fez nada. Isso é muito injusto, exclamamos. Contudo, o professor permaneceu calmo: "A vida é injusta. Quanto mais cedo aprenderem isso, melhor". Nós queríamos torcer o pescoço dele! Olhando para trás, foi uma das lições mais importantes dos meus sete anos de escola.

Quando o filósofo alemão Leibniz afirmou há trezentos anos que vivíamos no melhor de todos os mundos (porque Deus não poderia ter deliberadamente construído um mundo ruim), Voltaire o rebateu algumas décadas depois e escreveu o romance satírico *Cândido*. Sob o impacto do brutal terremoto de Lisboa, que destruiu a cidade em 1755, nenhuma pessoa razoável poderia acreditar num plano mundial justo. A utopia de uma vida despreocupada para todos estava afastada. Cândido, o nome do personagem principal, tem uma vida cheia de sobressaltos e acaba por reconhecer: "Devemos cultivar nosso jardim".

Conclusão: não existe um plano mundial justo. Faz parte da boa vida aceitar isso de vez. Concentre-se no seu jardim — ou seja, no seu próprio dia a dia —, ainda está coberto de ervas daninhas para você limpar com habilidade. O que ainda vai acontecer no curso de sua vida — em especial os grandes golpes do destino — tem pouco a ver com o fato de você ser uma pessoa boa ou ruim. Aceite sua desventura e seus fracassos com austeridade e cautela. Aliás, o mesmo se aplica a fabulosos sucessos e felizes acasos.

44. O "culto à carga"

NÃO CONSTRUA AVIÕES DE PALHA

Durante a Segunda Guerra Mundial, minúsculas ilhas do Pacífico foram palco de intensas lutas entre as forças japonesas e americanas. Os moradores locais, que nunca tinham visto soldados antes — para não falar de jipes e rádios —, assistiam, espantados, ao estrondoso espetáculo que se desdobrava diante das suas cabanas de palha. Pessoas em uniformes estranhos seguravam ossos diante dos rostos e falavam para dentro daqueles ossos. Pássaros gigantescos circulavam pelo céu, soltando pacotes que desciam flutuando presos a panos inflados. Os pacotes estavam cheios de latas de conservas. Nada se aproximava mais da ideia de paraíso do que alimentos que caíam flutuando do céu. Os soldados compartilhavam as conservas com os nativos. Aquelas pessoas estranhas nunca eram vistas caçando ou coletando alimentos. Aparentemente, haviam feito algo certo, pois como conseguiam atrair esses pássaros de carga?

Depois da guerra, quando as tropas foram retiradas e apenas os nativos ficaram, algo singular aconteceu. Muitas ilhas estabeleceram um novo culto — o culto à carga. No topo dos morros, os nativos queimaram arbustos e cercaram com pedras a superfície assim conquistada. Construíram aviões de palha numa escala de 1:1 e os colocaram nas pistas que haviam criado. Ao lado, montaram torres de rádio de bambu, esculpiram fones de ouvido de madeira e imitaram os movimentos dos soldados que tinham visto durante a guerra. Acenderam fogueiras para imitar as luzes de sinalização e tatuaram emblemas na pele, como tinham visto nos uniformes de guerra. Em suma, estavam brincando de aeroporto, na esperança de atrair os enormes pássaros que durante a guerra haviam trazido tanta fartura.

Em um discurso, Richard Feynman, ganhador do prêmio Nobel de Física, fez referência ao culto à carga: "Nas ilhas Samoa, os habitantes locais não entendiam o que acontecia com as aeronaves [...] Faziam tudo certo. A forma era irretocável. Tudo parecia igual a antes. Mas não funcionava. Não pousava nem um único avião". Com isso, Feynman expunha o formalismo que, mesmo na ciência, exerce a sua falta de substância: o apego ao aspecto formal, sem de fato entender o conteúdo.

Não são apenas os povos nativos e os cientistas que se apaixonam pelo culto à carga. Um amigo meu tinha o sonho ousado de se tornar um romancista de sucesso. Desde seu curso superior em língua e literatura inglesas não falava de outra coisa. Hemingway era seu ídolo. Não era um mau exemplo: Hemingway era fantástico, teve todas as mulheres que quis e seus livros alcançaram tiragens de milhões de exemplares. Foi o primeiro escritor superstar incensado pelos meios de comunicação do mundo todo. O que fez meu amigo? Deixou crescer o bigode, passou a usar camisas amassadas e bem abertas e vivia em festas e coquetéis. Usava cadernos Moleskine porque se dizia que Hemingway os usava (o que nem é verdade). Foi trágico! Nenhuma dessas formalidades teve influência sobre seu sucesso ou seu fracasso. Meu amigo foi vítima do "culto à carga".

Você pode rir do "culto à carga", mas é incrível como está difundido — até na economia. Muitas empresas instalam escritórios divertidos, no estilo das instalações do Google, incluindo escorregadores, salas de massagem e refeições gratuitas, na esperança de atrair funcionários de alto nível. Quantos empresários ambiciosos vão de moletom às reuniões com investidores, na esperança de se tornarem o próximo Mark Zuckerberg...

Um ritual de "culto à carga" particularmente bem estabelecido pode ser encontrado entre auditores. Todo ano uma lista é verificada: há uma ata assinada de cada reunião do conselho de administração? Os documentos relativos às despesas estão contabilizados com correção? As vendas foram definidas no modo e no tempo certos? Tudo está correto do ponto de vista formal, mas, se alguns meses depois as empresas entram em colapso ou se encontram em dificuldades — por exemplo Enron, Lehman Brothers, AIG ou UBS —, os auditores ficam muito surpresos. Fica óbvio que são ótimos em detectar inadequações formais, mas não em identificar os verdadeiros riscos.

Um bom exemplo em particular vem do mundo da música. Depois de uma intrigante ascensão a *compositeur de la musique instrumentale du roi*, ou seja, principal compositor e mais tarde diretor musical do Rei Sol em Versalhes, Jean-Baptiste Lully definiu até os mínimos detalhes como a música da corte deveria ser composta. Por exemplo, a abertura de uma ópera tinha de seguir uma estrutura muito específica, as sequências deviam ser repetidas dessa forma e não de outra, a batida do primeiro movimento tinha de ser pontuada (ta-daa) seguida de uma fuga, e assim por diante. Com o tempo, Lully convenceu o rei a dar-lhe o monopólio de todas as óperas, não só em Paris, mas em toda a

França. Aproveitou-se disso com avidez e, sem escrúpulos, tirou seus concorrentes do caminho.

Com isso, aos poucos Lully tornou-se o "músico mais odiado de todos os tempos" (Robert Greenberg); e ainda assim todas as cortes europeias de repente passaram a exigir música à la Lully. Mesmo os castelos mais recônditos e pobres dos Alpes suíços assumiam o formalismo de Paris — um "culto à carga" em sua forma mais pura, que permitia aos senhores dos castelos se sentirem um pouco como se estivessem em Versalhes. Aliás, no auge de seu poder, em 8 de janeiro de 1687, Lully regeu um concerto, como era costume naquela época, batendo um pesado bastão no chão para marcar o ritmo. Ao fazer isso, em um momento de descuido, despedaçou o dedão do próprio pé, que inflamou, infeccionou e decompôs-se pela gangrena, causando a morte do compositor três meses depois, para alívio da cena musical francesa.

Conclusão: não corra atrás de qualquer Lully. Mantenha-se longe de manifestações de "culto à carga" e tenha cuidado: formalismos sem substância são mais frequentes do que pensamos. Denuncie-os pelo que são e afaste-os da sua vida se quiser viver bem. Formalismos desperdiçam seu tempo e estreitam sua perspectiva. Mantenha uma boa distância de pessoas e organizações que se perderam no culto à carga. Evite empresas em que você não progride pelo desempenho, mas através da pose e da lábia. Acima de tudo, não imite o comportamento de pessoas bem-sucedidas sem realmente entender o que as torna bem-sucedidas.

45. Ganha quem direciona a própria corrida

POR QUE A CULTURA GERAL SÓ SERVE COMO HOBBY

Quanto conhecimento você tem hoje sendo designer gráfico, piloto de companhias aéreas comerciais, cirurgião cardíaco ou gerente de recursos humanos? Muito. Seu cérebro está transbordando de fatos sobre a sua especialidade. Mesmo se você estiver em início de carreira, é provável que já saiba mais do que seus predecessores. Como piloto, faz tempo que não basta dominar apenas a aerodinâmica e uma variedade de instrumentos analógicos. Todos os anos se é confrontado com novas tecnologias e regras adicionais que precisa conhecer. Como artista gráfico, não basta apenas dominar os pacotes de software, Photoshop e InDesign, é necessário ter também uma visão geral da estética na publicidade nas últimas cinco décadas. Caso contrário, corre o risco de reciclar ideias antigas ou, pior ainda, não conseguir mais competir. Todos os anos, novos softwares são lançados no mercado e, por consequência, na sua estação de trabalho. Seus clientes exigem cada vez mais: mídias sociais, vídeos, realidade virtual.

E fora de sua especialidade — você sabe mais do que seus antecessores, ou menos? Eu diria: menos. Como poderia ser diferente? A capacidade do cérebro é limitada, e, quanto mais for preenchido com assuntos da própria área, menos espaço haverá para o conhecimento geral. Talvez agora você proteste indignado: eu, um especialista idiota? Isso ninguém quer ser. Preferimos nos chamar de generalistas, curadores (caso deste autor) ou *networkers*. Ficamos entusiasmados com a amplitude do nosso trabalho, com a diversidade do nosso portfólio de clientes, com a excitante novidade de cada projeto. Cada um de nós se considera uma pessoa dedicada ao todo, não um especialista de mente estreita.

Se observarmos o incontável número de áreas de especialização — do design de chips de computador ao comércio de cacau — nosso suposto universo de conhecimentos logo encolhe e se torna um pequeno nicho. Conhecemos mais e mais sobre cada vez menos. Em outras palavras, à medida que o conhecimento especializado vai aumentando, o desconhecimento geral explode. Para sobreviver, dependemos de inúmeros trabalhadores especializados cujo ofício, por sua vez, é baseado em outros trabalhadores especializados. Ou você se atreveria a construir seu próprio celular?

Os nichos surgem hoje como os cogumelos brotam do chão. Essa imensa multiplicação é uma novidade na história da humanidade. Há milhares de anos, a única forma de divisão do trabalho era aquela entre homens e mulheres. Isso se devia ao simples fato biológico de que os homens são em geral mais altos e fortes, e as mulheres precisam suportar a gravidez. Se pudéssemos observar como nossos ancestrais viviam e trabalhavam há 50 mil anos, ficaríamos surpresos pela forma como quase todos dominavam quase tudo. Não havia um especialista para o design do machado de pedra, outro para a fabricação do machado de pedra, o marketing do machado de pedra, o atendimento ao cliente do machado de pedra, o treinamento em machado de pedra ou o gerenciamento da comunidade do machado de pedra. Não havia sequer alguém que se limitasse a mexer com machados de pedra. Cada um fazia seu próprio machado e todos sabiam como lidar com ele. O caçador-coletor não sabia o que é uma "profissão".

Isso só mudou há cerca de 10 mil anos, à medida que mais e mais pessoas se tornaram sedentárias. De repente, surgiu a especialização: o pecuarista, o fazendeiro, o oleiro, o geômetra, o rei, o soldado, a carregadora de água, a cozinheira e o escriba. Foram inventadas a profissão, a carreira, a expertise e, portanto, a idiotice da especialidade.

O homem da Idade da Pedra só conseguia sobreviver como generalista, como especialista não teria chance. Por 10 mil anos tem sido exatamente o contrário: hoje, o homem só consegue sobreviver como especialista, como generalista ele não tem chance. Os últimos generalistas — aqueles jornalistas que escrevem sobre tudo — viram o valor de seu ofício cair em um poço sem fundo. É incrível a rapidez com que o conhecimento geral se tornou inútil.

Dez mil anos! Em termos evolucionários é como um piscar de olhos. É por isso que ainda não nos sentimos bem em nichos. Como especialistas, que agora somos, sentimo-nos incompletos, vulneráveis e frágeis. Um gerente de central de atendimento, por exemplo, com todo o orgulho que sente da profissão, às vezes fica constrangido, e até envergonhado, por ser apenas um gerente de central de atendimento. Acha que precisa pedir desculpas se não entender algo que está além de seu campo de especialização. Embora seja a coisa mais natural do mundo.

É preciso parar de romantizar a generalidade. Faz 10 mil anos que a única maneira de alcançar o sucesso profissional — e o bem-estar social — tem sido pela especialização. Nesse processo, aconteceram duas coisas que ninguém poderia prever. Com a globalização, nichos antes separados geograficamente se fundiram. Com o advento do disco em vinil, o tenor de uma cidade e o tenor da cidade vizinha, ambos felizes com seus proventos e sem terem jamais se cruzado, reencontram-se, de modo inesperado, num mesmo nicho — agora global. O mundo já não precisava de 10 mil tenores. Três bastavam. É o efeito "o melhor leva tudo", que trouxe uma flagrante desigualdade na distribuição da renda. Alguns poucos, bem-sucedidos, dominam quase todo o mercado, ao passo que o grande número de remanescentes leva uma existência marginal e miserável.

Outra coisa aconteceu: os nichos continuaram a se segmentar em subnichos e segmentos de subnichos. O número de áreas de especialização explodiu. O que costumava ser regionalmente separado e tecnicamente unido agora está globalmente unido e tecnicamente separado. A competição dentro de uma só área é enorme, mas o número de áreas também. "Não há uma limitação para o número de pessoas bem-sucedidas", diz o especialista em tecnologia Kevin Kelly, "desde que você não tente vencer a corrida de outro."

O que significa isso para você e para mim? Em primeiro lugar, muitas vezes, nossa especialização não é específica o bastante e ficamos surpresos quando os outros nos ultrapassam. Por exemplo, um radiologista de hospital só tem valor hoje se for especializado — como radiologista nuclear, radiologista invasivo, neurorradiologista etc. Portanto, não se limite a permanecer nos caminhos da sua própria especialização, questione esses caminhos com precisão. Isso não significa que não se deva esticar o pescoço para fora do silo de vez em quando — usando analogias, muita coisa útil pode ser importada de outras áreas. Faça isso sempre visando ao seu nicho, ao próprio círculo de competência (capítulo 14).

Em segundo lugar, o efeito "o melhor leva tudo" estará a seu favor quando você for o melhor do mundo no seu nicho. Se não for esse o caso, você deve continuar a se especializar, tem de começar a própria corrida e direcionar-se para a vitória. Terceiro e último, pare de acumular todo tipo de conhecimento com a intenção de melhorar as suas perspectivas de emprego. Em termos econômicos, não há mais virtude nisso. Hoje em dia, a formação só é útil enquanto hobby. Se lhe interessar de fato, leia um livro sobre as pessoas da Idade da Pedra. Mas certifique-se de que você não é uma delas.

46. A corrida armamentista

POR QUE VOCÊ DEVE EVITAR OS CAMPOS DE BATALHA

Lembra das lojas de fotocópias de dez ou vinte anos atrás? Eram lojas simples, onde havia algumas máquinas copiadoras. Em alguns lugares, você mesmo podia operar os equipamentos, colocando algumas moedas. Não há comparação com os estabelecimentos de hoje, que se tornaram pequenas indústrias gráficas. Oferecem impressão em cores e dispõem de uma centena de tipos de papel diferentes para escolher. Encadernação automática em máquinas de alta tecnologia — sob demanda e até em capa dura. Pode-se pensar: essa mágica tecnológica deve ter permitido que a margem de lucro dos operadores das lojas aumentasse de maneira assombrosa. Infelizmente, não. A pequena margem de antes piorou ainda mais, e nos perguntamos: para onde foi o valor dessas máquinas caras?

Muitos jovens acreditam que uma carreira brilhante pressupõe um curso superior. Os salários iniciais depois da graduação são em geral maiores do que os salários iniciais para pessoas sem estudo. Mas, na ponta do lápis, depois de deduzir os custos dos estudos e o tempo investido, muitos alunos ficam numa situação não muito melhor ou até pior do que os outros que não tiveram o mesmo estudo. Então houve algum valor a mais por terem seguido esse processo caro e demorado?

Depois do best-seller infantojuvenil *Alice no País das Maravilhas*, o autor Lewis Carroll escreveu, em 1871, a continuação da história: *Alice através do espelho*. Nesse livro, a Rainha Vermelha (uma peça de xadrez) diz à pequena Alice: "Neste país, você tem que correr o mais rápido que puder, se quiser ficar no mesmo lugar". Isso descreve bem a dinâmica que abrange as lojas de fotocópias e os estudantes. Em ambos os casos, estamos lidando com corridas armamentistas. A dinâmica pérfida que subjaz ao termo oriundo das Forças Armadas pode se desenvolver em qualquer área; é a compulsão de se armar porque os outros também o fazem — mesmo que, considerando o conjunto, isso pareça absurdo.

Voltemos aos dois exemplos e à pergunta: o que aconteceu com o valor do tempo e do dinheiro investidos? Bem, por um lado, vai para os clientes, mas, principalmente, para os fornecedores de máquinas copiadoras e as universidades. "Se quase todo mundo tem um diploma universitário, então você não sobressai com um simples diploma universitário. Para conseguir o emprego dos sonhos, precisa frequentar uma universidade de elite (e cara). Os estudos se tornam uma corrida armamentista, que beneficia principalmente o fornecedor de armas — nesse caso, as universidades", escreveu John Cassidy na revista *New Yorker*.

Quem está numa corrida armamentista quase nunca a identifica como tal. O processo é traiçoeiro porque cada passo, cada investimento parece sensato quando considerado em si; mas o saldo final é nulo ou negativo. Portanto, olhe bem. Se contra suas expectativas você se encontrar numa competição bélica desse tipo, afaste-se. Garanto que não encontrará a boa vida nela.

Como sair? Encontre um campo de atividade em que não haja uma corrida armamentista. Quando fundei a empresa getAbstract com alguns amigos, um dos nossos critérios foi evitar essa dinâmica competitiva. Em termos concretos, procuramos um nicho sem concorrência. Na verdade, por mais de uma década, fomos o único fornecedor de resumos de livros — uma situação digna de sonhos.

No capítulo anterior, aprendemos sobre a importância da especialização. Todavia, a especialização por si só não é suficiente porque muitas vezes, mesmo em pequenos nichos, reina uma corrida armamentista oculta. Você precisa de um nicho em que saiba agir com maestria e no qual, ao mesmo tempo, esteja livre dessa dinâmica armamentista.

A rivalidade que existe no comportamento profissional de muitas pessoas é surpreendente. Quanto mais tempo seus colegas trabalharem, mais tempo você terá que trabalhar para não perder o cargo. Assim, você desperdiça tempo, bem além de um ponto razoável de produtividade. Vamos nos comparar aos nossos antepassados. Os caçadores e os coletores trabalhavam entre quinze e vinte horas por semana, o restante era tempo livre. Condições paradisíacas, sem concorrência, das quais também nós poderíamos usufruir. Não é de surpreender que os antropólogos considerem a época dos caçadores-coletores como a "primitiva sociedade do bem-estar social". A corrida por mercadorias jamais teria se iniciado naquela época, porque aquelas pessoas não eram sedentárias. Como nômades, já tinham o suficiente para carregar — flechas, arcos, peles, crianças pequenas. Por que se obrigar a carregar outros bens? Não, obrigado. Simplesmente não havia um sistema de incentivos para uma corrida armamentista.

Hoje é diferente. Se não for cuidadoso, você será rapidamente esmagado por essa competição, não só na vida profissional mas também na vida privada. Quanto mais os outros tuitarem, mais você terá que tuitar para permanecer relevante no Twitter. Quanto mais os outros se esforçarem para cuidar de suas páginas no Facebook, mais você terá de fazer o mesmo para que não afunde na irrelevância da mídia social. Quanto mais suas amigas forem submetidas a cirurgias estéticas, mais você se sentirá obrigada a entrar na faca. O mesmo vale para as roupas da moda, os acessórios, o tamanho das casas, o desempenho no esporte (maratonas, triatlos, pentatlos), a potência dos carros e outros indicadores sociais. Todos os anos publicam-se 2 milhões de estudos científicos. Há cem anos (na época de Einstein) não era nem 1% disso. No entanto, a frequência dos avanços na ciência permaneceu quase a mesma. A ciência também assumiu a dinâmica perversa da corrida armamentista. Os acadêmicos são pagos e promovidos pelo número de publicações e pela frequência com que são citadas. Quanto mais os outros publicam e quanto mais frequentemente são citados, tanto mais todos têm que publicar para não decair. A relação dessa corrida com a busca por conhecimento é marginal. Quem tira proveito são os periódicos científicos.

Se você pretende seguir a carreira de músico, não escolha o piano ou o violino. Pianistas e violinistas são os músicos mais infelizes do planeta, porque a pressão da concorrência é mais brutal para eles. E continua aumentando à medida que todos os anos milhares de novos virtuoses do violino e do piano vêm da Ásia e inundam as salas de concertos do mundo. Escolha um instrumento menos popular: será mais fácil ser aceito em uma orquestra. Ficam logo impressionados com suas habilidades, mesmo que você não tenha um nível internacional. Como pianista ou violinista, será sempre comparado a Lang Lang ou Anne-Sophie Mutter. Você mesmo fará comparações — o que trará prejuízos à sua felicidade.

Conclusão: Tente escapar da dinâmica da corrida armamentista. É difícil reconhecê-la, porque cada passo do processo, considerado em si, parece sensato. Portanto, afaste-se ocasionalmente da tropa e olhe para os campos de batalha da vida lá de cima. Não se torne uma vítima dessa loucura. Essa competição bélica consiste em uma série de vitórias de Pirro, das quais é melhor se desvincular. A boa vida só pode ser encontrada onde as pessoas não brigam por ela.

47. Tenha um amigo excêntrico

CONHEÇA OS OUTSIDERS, MAS NÃO SEJA UM DELES

Os membros do Conselho Supervisor dão a conhecer: com todas as condenações escritas na lei, banimos, expulsamos, maldizemos e amaldiçoamos Baruch Espinosa. Que seja amaldiçoado de dia e à noite, quando se deita, quando se levanta, quando chega e quando sai. Que o Senhor não o perdoe. Advertimos que ninguém se comunique com ele oralmente ou por escrito, nem lhe faça qualquer favor, nem esteja com ele sob o mesmo teto, nem fique a uma distância de menos de quatro côvados dele, nem leia qualquer texto escrito por ele.

Com esse anátema publicado em 1656 — cerca de quatro vezes mais longo e cinco vezes mais mordaz em sua versão integral — o sensível Espinosa foi expulso, aos 23 anos, da comunidade judaica de Amsterdã. Foi oficialmente rebaixado a persona non grata, a outsider. Embora ainda não tivesse publicado nada, o espírito livre do jovem pensador havia se tornado incômodo para o establishment. Baruch Espinosa tornou-se um dos maiores filósofos de todos os tempos.

Hoje nos divertimos com uma excomunhão dessas. O pobre Baruch decerto não achou tão engraçado. Imagine! Equivale a ser amaldiçoado pelas autoridades nos noticiários, nos jornais, em outdoors e em todos os canais de mídia social; em todos os lugares haveria agentes para impedir que alguém se aproximasse ou mesmo conversasse com você. Deve ter calado fundo em Espinosa.

Se você participa de um clube de negócios, conhece os benefícios de ser membro: tem livre acesso às instalações do clube, as poltronas felpudas são confortáveis para cochilar, sobre as mesas há revistas novas e sempre tem alguém com opiniões similares às suas disponível para uma conversa rápida. Em suma, toda a infraestrutura é projetada para suprir as suas necessidades.

A maioria das pessoas participa de um ou mais "clubes": funcionários de empresas, estudantes em escolas, professores em universidades, cidadãos em suas cidades, membros de associações. Todas essas congregações atendem às nossas necessidades; nelas nos instalamos confortavelmente e nos sentimos devidamente acolhidos.

Ainda assim, sempre há pessoas que se afastam de qualquer clube. Ou ficam fora por vontade própria ou nem as deixamos entrar — ou foram expulsas, como Espinosa. A maioria desses outsiders é composta de malucos, mas nem todos o são. De vez em quando, há entre eles alguém que — sozinho — leva o mundo um pouco mais à frente. É admirável o número de avanços na ciência, na economia e na cultura, que devemos aos outsiders. Einstein não encontrou emprego na universidade, arrastou-se por uma existência mal remunerada como perito técnico de terceira categoria no Instituto de Patentes, em Berna — onde, em seu tempo livre, revolucionou a física. Duzentos anos antes, o jovem Newton desenvolveu as leis da gravidade e, de passagem, um novo ramo da matemática. Seu "clube", o Trinity College, em Cambridge, havia sido obrigado a fechar por causa da peste desenfreada e ele viveu por dois anos no campo. Charles Darwin, por sua vez, era um pesquisador sem vínculos, nunca esteve na folha de pagamento de um instituto nem trabalhou como professor. Margaret Thatcher, a poderosa primeira-ministra britânica, era dona de casa e, do nada, alçou-se à política. O jazz é uma tendência musical criada apenas por outsiders. O rap também. Há muitos não conformistas entre os grandes escritores, pensadores e artistas: Kleist, Nietzsche, Wilde, Tolstói, Soljenítsin, Gauguin. E, antes que os esqueçamos, todos os fundadores de religiões, sem exceção, eram outsiders. Mas sabemos que não devemos superestimar as "grandes mulheres" e os "grandes homens" (capítulo 41); se não fossem eles, outras mulheres e outros homens teriam assumido seu lugar produzindo um efeito semelhante. O ponto é: os outsiders tendem a ser mais rápidos e, portanto, chegam antes dos insiders.

As pessoas que permanecem à margem da sociedade desfrutam de uma vantagem tática. Elas não precisam respeitar os protocolos do establishment e, com isso, não perdem tempo. Não precisam participar de toda a baboseira que faz parte do programa estabelecido na maioria dos clubes. Não têm de insultar a própria inteligência com slides de PowerPoint visualmente atraentes, mas estúpidos. Sabem lidar com os angustiantes jogos de poder das reuniões. Podem ignorar com tranquilidade todos os formalismos, não precisam aceitar convites, não precisam comparecer a nenhum evento apenas para "mostrar a cara", porque nem sequer são convidadas. Não precisam ser politicamente corretas para evitar o risco de serem expulsas, porque já estão do lado de fora.

Outra vantagem: a posição de distanciamento diante do sistema dominante aguça a percepção das deficiências e contradições desse mesmo sistema, para as quais os sócios do clube ficaram cegos. Outsiders observam mais a fundo. Sua crítica ao statu quo não é, portanto, cosmética, e sim estrutural.

Há muito romantismo na ideia de viver assim, à margem, mas você não deve se tornar um outsider. As forças da sociedade jogam contra, há um vento agudo e implacável que assobia na direção oposta. Quase todos os outsiders são destruídos pelo mundo, que os combate com vigor. Apenas alguns brilham com a claridade de um cometa. Não. A vida dos outsiders é adequada aos roteiros de filmes, não a uma boa vida.

O que fazer? Mantenha uma perna bem ancorada no establishment. Isso garantirá os benefícios da associação ao clube. Com a outra perna, contudo, seja itinerante. Eu sei que parece um teste de resistência impossível, mas funciona. Mantenha amizades com outsiders. É mais fácil falar do que fazer. Aqui estão as regras para se dar bem com eles: 1) nada de bajulação — apenas interesse sincero por seu trabalho; 2) nada de inquietações com o status — outsiders não se importam se você tem um doutorado ou é presidente do Rotary Club; 3) tolerância — outsiders quase nunca são pontuais; às vezes não tomam banho ou usam camisas coloridas; 4) reciprocidade — dê algo em troca: ideias, dinheiro, conexões.

Quando tiver adquirido a capacidade de se equilibrar assim, você poderá até se tornar um elemento de conexão, como Steve Jobs ou Bill Gates fizeram — eles eram membros do establishment, mas tinham fortes conexões com os loucos fanáticos pela tecnologia. Atualmente, existem apenas alguns CEOs que mantêm contato com outsiders. Não admira que haja falta de ideias em muitas empresas.

Conclusão: É melhor ter um Van Gogh na parede do que ser Van Gogh. O melhor é cercar-se de tantos Van Goghs vivos quanto possível. Os revigorantes insights deles vão influenciar você e contribuir para uma boa vida.

48. O problema das secretárias

POR QUE AS AMOSTRAS SÃO TÃO PEQUENAS

Suponha que você queira contratar uma secretária (perdão: assistente). Cem mulheres se candidataram à vaga. Você convida uma por uma para a entrevista, de forma aleatória. Depois de cada entrevista, tem que decidir: contrato ou dispenso? Nada de ponderações até o dia seguinte, nem possibilidade de adiar até avaliar todas as candidatas. Sua decisão logo depois da entrevista de emprego não pode ser revogada. Como proceder?

Você escolhe a primeira candidata que causa uma impressão razoável? Se a resposta for sim, corre o risco de perder as melhores candidatas porque é provável que haja outras igualmente boas e até melhores. Ou você entrevista as 95 primeiras para ter uma ideia da qualidade delas e escolhe uma das cinco últimas que se aproxime das melhores candidatas que entrevistou? E se houver apenas decepções entre as cinco últimas?

O problema é conhecido entre os matemáticos com o rótulo politicamente incorreto de "problema das secretárias". É surpreendente que exista de fato uma única solução ótima para o problema das secretárias: entrevistar as primeiras 37 candidatas e descartá-las todas. Observar, no entanto, a qualidade da melhor dessas 37. Em seguida, continuar as entrevistas e recrutar a primeira que superar a melhor das 37 anteriores. Assim, você fará uma excelente escolha. Pode não contratar a melhor das 100 candidatas, mas tem a garantia de fazer uma ótima escolha. As estatísticas comprovam que qualquer outra abordagem dá resultados ruins.

Por que o número 37? Porque 37 é 100 dividido pela constante matemática e (2,718). Supondo que você tenha apenas 50 candidatas, você rejeita as primeiras 18 (50/e) e, em seguida, contrata a primeira que ultrapassar a melhor das 18 primeiras.

A propósito, antes o problema das secretárias era conhecido como "problema dos noivos". A questão era: quantas mulheres (ou homens) devo "experimentar" antes de me casar? Esse procedimento não funciona de maneira ideal, pois o número de parceiros potenciais não é conhecido desde o início. Portanto, os matemáticos renomearam o problema.

Viver bem não é um jogo com precisão matemática. Para falar como Warren Buffett: "Preferimos estar mais ou menos certos do que totalmente errados". A estratégia que Buffett usa para decidir sobre seus investimentos você também deveria usar para os problemas da vida. Por que o problema das secretárias ainda é relevante? Porque, quando se trata de temas importantes, nos dá uma indicação de quanto tempo devemos gastar antes de tomar uma decisão. Os testes com o problema das secretárias mostraram que a maioria das pessoas se decide cedo demais por uma candidata. É importante neutralizar essa tendência. Quando se trata de escolher uma carreira, uma profissão, um ramo de atuação, um parceiro para a vida, um lugar para viver, um autor favorito, um instrumento musical, um esporte favorito ou um destino de férias ideal, vale a pena experimentar várias opções no início — mais opções do que seria agradável —, num curto espaço de tempo, para só depois escolher. Comprometer-se antes de ter uma boa ideia das possibilidades não seria razoável.

Por que tendemos a decidir cedo demais? Qual a origem dessa impaciência? As amostras são dispendiosas. Fazer cem entrevistas de emprego quando poderia resolver com cinco? Passar por dez processos seletivos diferentes antes de escolher uma ocupação? Isso exige esforço — e bem mais do que gostaríamos. Além disso, as amostras são pegajosas. É fácil ficarmos presos a um ramo de atividade apenas porque nos interessamos um pouco quando éramos jovens! Fizemos carreira, é claro, mas também é grande a probabilidade de que tivesse dado certo em outro ramo, talvez com ainda mais sucesso e felicidade. Ah, se tivéssemos experimentado só um pouco mais! A terceira razão pela qual tendemos a nos decidir depressa demais: gostamos de ter a cabeça organizada. Queremos resolver um tópico e passar para o próximo. Isso é bom se a questão não for tão significativa, mas é contraproducente em decisões importantes.

Nossa babá (que tem vinte anos) bateu à nossa porta há alguns meses bastante abalada. O namorado, o primeiro e único, a havia deixado. Ela tinha lágrimas nos olhos. Tentamos ser sóbrios e racionais: "Você ainda é tão jovem, ainda tem muito tempo! Experimente com dez ou vinte homens. Só então saberá o que o mercado oferece. Perceberá quem de fato combina com você no longo prazo, e com quem você combina". Um sorriso amarelo apareceu em sua face anuviada. Acho que não conseguiríamos convencê-la — pelo menos não naquele momento.

Infelizmente, com frequência, todos nos comportamos como essa babá. As amostras que experimentamos são pequenas demais. Nossas decisões são precipitadas ou, para usar os termos da estatística, não representativas. Confiamos numa imagem falsa da realidade; com duas ou três amostras de todo um universo, acreditamos encontrar o homem ou a mulher da nossa vida, o trabalho ideal ou o melhor lugar para viver. Pode funcionar — se aconteceu com você, invejo do fundo do coração —, mas, quando acontece, é um feliz acaso, e não devemos esperar por isso. O mundo é muito maior, mais rico e diversificado do que pensamos. Tente experimentar o maior número possível de amostras enquanto ainda é jovem. Nos primeiros anos da vida adulta não é o momento de ganhar dinheiro ou fazer carreira. Trata-se de conhecer a totalidade fundamental da vida. Seja extremamente aberto. Prove tudo o que o acaso lhe trouxer. Leia muito, pois romances e contos são excelentes simuladores da vida. Apenas quando for mais velho, altere o modus operandi: torne-se seletivo. Agora você sabe do que gosta e do que não gosta.

49. Gerenciamento de expectativas

QUANTO MENORES SUAS EXPECTATIVAS, MAIOR SUA FELICIDADE

Véspera de ano-novo de 1987. Minha primeira namorada tinha me deixado havia seis meses e, desde então, eu andava solitário e sem rumo. Ficava no meu modesto quarto de estudante (um sótão com banheiro compartilhado no andar de baixo) ou me recolhia à biblioteca. Não podia continuar assim! Precisava encontrar outra namorada! O cartaz acima da entrada do restaurante Rütli, em Lucerna, anunciava uma megafesta de Ano-Novo. Cheio de expectativas e com ainda mais gel no cabelo, arranjei um ingresso. Tinha que dar certo!

Enquanto tentava desenvolver meus passos de dança de um jeito divertido, embora provavelmente muito desajeitado, meu olhar voou inquieto de uma extremidade à outra do salão cheio de fumaça. Todas as garotas bonitas estavam lá com seus pares, e, quando se livravam por um segundo das garras desses sujeitos, e eu conseguia lançar um sorriso para uma ou outra, me ignoravam. Quanto mais se aproximava o momento da passagem de ano, mais eu me sentia como se um saca-rolhas penetrasse espiralado, com toda a lentidão, volta por volta, no meu coração. Pouco antes da meia-noite, saí do restaurante. A noite tinha sido um fiasco. Eu estava vinte francos mais pobre e ainda não havia fisgado uma namorada.

O cérebro não funciona sem esperanças. É basicamente uma máquina de expectativas: quando pressionamos a maçaneta de uma porta, esperamos que ela se abra. Quando viramos a torneira, esperamos que a água flua. Quando embarcamos num avião, esperamos que as leis da aerodinâmica o mantenham no ar. Esperamos que o sol se levante pela manhã e se ponha à noite. Nem estamos conscientes de todas essas expectativas. Não precisamos pensar tanto sobre esses eventos regulares da vida, eles estão gravados no cérebro.

Por infelicidade, o cérebro gera esperanças também para situações não regulares, como sofri para aprender naquela véspera de Ano-Novo. Se eu tivesse parado um pouco e pensado com mais realismo sobre o que eu esperava para aquela ocasião, teria me poupado do desapontamento.

Pesquisas confirmam que as esperanças influenciam o sentimento de felicidade de modo significativo. Expectativas não realistas estão entre os mais eficazes meios de acabar com a felicidade. Um exemplo: aumentar a renda acelera a felicidade apenas até um valor de cerca de 100 mil euros por ano; a partir desse valor, é improvável que o dinheiro desempenhe um papel relevante (capítulo 13). Mesmo aquém desse limiar, a felicidade pode ser paradoxalmente eliminada, quando as expectativas de renda sobem com mais rapidez do que a própria renda, como observa o psicólogo Paul Dolan, professor na Escola de Economia e Ciência Política de Londres.

Como lidar melhor com as expectativas? Minha recomendação: organize seus pensamentos como os médicos da emergência fazem triagens. Faça uma contínua distinção entre "preciso ter", "gostaria de ter" e "espero ter". A primeira expressão manifesta uma necessidade; a segunda, um desejo (uma preferência, uma meta); e a terceira, uma expectativa. Vamos examinar cada uma delas.

Muitas vezes ouvimos "*preciso* me tornar CEO, de qualquer jeito" ou "*tenho que* escrever esse romance" ou "*preciso* ter filhos, a todo custo". Não. Não precisa fazer nada disso. Exceto respirar, comer e beber, você não precisa de coisa alguma! Poucos desejos são baseados em necessidades reais. É melhor dizer: "eu gostaria de me tornar CEO", "gostaria de escrever um romance" e "meu objetivo é ter filhos". Ver os desejos como se fossem necessidades vitais tornará você um ser humano mal-humorado e desagradável, além de estimular a ações idiotas, qualquer que seja grau de inteligência da pessoa. Quanto antes riscar do seu repertório essas alegadas necessidades da vida, melhor.

Vamos aos desejos. Uma vida sem desejos (objetivos, preferências) é uma vida desperdiçada. Mas não podemos nos acorrentar a eles. Esteja ciente de que, às vezes, seus desejos não são satisfeitos porque não é possível controlar tudo. Tornar-se CEO ou não é determinado não apenas pelo conselho de administração da empresa, mas também pela concorrência, pelo preço das ações, pela imprensa e por sua família — várias instâncias que escapam do seu controle. O mesmo se aplica a escrever romances e a ter filhos. Os filósofos gregos tinham uma expressão brilhante para isso. Eles descreviam as coisas que desejamos como *indiferentes preferidos* ("indiferentes" no sentido de "irrelevantes"). Ou seja: eu tenho uma preferência (prefiro, por exemplo, um Porsche a um VW Gol), mas ela é irrelevante para a minha felicidade.

Depois das supostas necessidades da vida e os desejos, chegamos, enfim, ao terceiro ponto da triagem: as expectativas. Muitos dos seus momentos mais infelizes você deve a expectativas gerenciadas com desleixo — sobretudo aquelas direcionadas a outras pessoas. Você não pode esperar que os outros cumpram as suas expectativas — assim como não é possível achar que as condições climáticas corresponderão ao que você espera. Suas expectativas têm uma força externa muito limitada, mas uma tremenda força interna. Ao administrá-las de maneira descuidada, permitimos que outros as influenciem. Publicidade nada mais é do que engenharia de expectativa. Vendas também. Por exemplo, se um banco vende um produto financeiro e apresenta projeções complexas de fluxos de caixa futuros, isso é apenas engenharia de expectativa. Construímos nossas próprias expectativas sobre a areia e, além disso, abrimos portas e portões para que outros possam cavar nessa caixa de areia. Não permita isso.

Como construir expectativas realistas em vez disso? Primeiro passo: antes de cada reunião, cada encontro, cada projeto, cada festa, cada período de férias, cada leitura e cada plano, faça uma distinção clara entre necessidades, desejos e expectativas. Segundo passo: quantifique suas expectativas com um número entre 0 e 10. Você espera uma catástrofe (0) ou a realização de um sonho (10)? Terceiro passo: subtraia dois pontos desse valor — e adapte-se mentalmente a ele. O procedimento leva no máximo dez segundos. Pensar num número interrompe o automatismo de escolher expectativas muito elevadas. E você se dá uma margem de segurança, por assim dizer: suas expectativas agora são moderadas, e estão até um pouco abaixo do valor adequado. Eu sigo esse terceiro passo algumas vezes por dia, com um resultado invejável para minha felicidade.

Conclusão: Lidamos com nossas expectativas como se fossem balões. Nós os deixamos subir, mais e mais, até que por fim estouram e caem do céu como farrapos enrugados. Pare de colocar necessidades, objetivos e expectativas no mesmo saco. Separe-os com clareza. A capacidade de construir expectativas de modo consciente faz parte da boa vida.

50. A Lei de Sturgeon

COMO AJUSTAR SEU DETECTOR DE MEDIOCRIDADES

A vida dos escritores de ficção científica não é fácil, em especial se escrevem para o grande público. Eles são massacrados pela crítica literária, e, francamente, grande parte da enorme produção de histórias de ficção científica é mesmo de terceira categoria. Assim, os poucos trabalhos de qualidade enfrentam ainda mais dificuldades para conferir prestígio ao gênero.

Ted Sturgeon foi um dos escritores americanos de ficção científica mais produtivos dos anos 1950 e 1960. Com o sucesso veio a malícia. Repetidas vezes ele teve que aturar comentários de críticos literários dizendo, por exemplo, que 90% das histórias de ficção científica eram medíocres. Resposta de Sturgeon: "Sim, é verdade, mas 90% de *tudo* que é publicado é lixo, qualquer que seja o gênero". Essa resposta entrou para a história rotulada como Lei de Sturgeon.

À primeira vista, a avaliação de Sturgeon parece um pouco dura, mas apenas à primeira vista. Pense em quantos livros você lê com prazer total até o fim e quantos deixa de lado, decepcionado, depois de algumas páginas. Lembre-se de quantos filmes assiste na televisão até o fim e quantos fazem você mudar de canal. A proporção deve corresponder mais ou menos à lei de Sturgeon. Segundo o filósofo americano Daniel Dennett, a lei de Sturgeon não é apenas para livros e filmes: "noventa por cento de *tudo* é lixo. Não importa se é física, química, psicologia evolutiva, sociologia, medicina... rock ou música country". Se são exatos 90%, apenas 85% ou mesmo 95%, é discutível, mas não vale a pena nem gastar argumentos, e também não importa. Para simplificar, vamos ficar com os 90%.

Quando ouvi falar da Lei de Sturgeon pela primeira vez, foi um grande alívio para mim. Tendo crescido com a convicção de que a maior parte da produção humana era significativa, bem pensada e valiosa, sempre procurei o problema em mim quando algo parecia insuficiente. Hoje eu sei: quando considero a produção de uma ópera completamente malsucedida, não é por causa da minha formação deficiente. Não é por falta de senso comercial que um plano de negócios me causa uma péssima impressão. Não é por falta de bondade de minha parte que 90% das pessoas me entediam nos jantares de gala. Não, não sou eu, é o mundo. Podemos falar em voz alta: 90% de todos os produtos são cacarecos; 90% de toda a publicidade é uma droga; 90% de todos os e-mails são puro blá-blá-blá; 90% de todos os tuítes são absurdos; 90% de todas as reuniões são uma perda de tempo; 90% das intervenções nessas reuniões são frases de efeito e, portanto, vazias; e 90% de todos os convites são armadilhas que é melhor evitar. Em resumo, 90% de qualquer coisa material ou intelectual neste mundo é medíocre.

Quem tem em mente a Lei de Sturgeon vive melhor. Ela é uma excelente ferramenta mental, pois "permite" que você ignore a maior parte do que vê, ouve ou lê sem ficar com a consciência pesada. O mundo é um cortiço de tagarelices, mas você não precisa dar ouvidos a isso.

Mas não tente limpar o mundo de todos os absurdos. Você não terá sucesso. O mundo pode permanecer irracional por mais tempo do que você consegue manter sua sanidade. Portanto, limite--se a escolher as poucas coisas preciosas e deixe o resto de lado.

Os investidores entenderam isso décadas antes de Ted Sturgeon. No clássico *O investidor inteligente*, de 1949, Benjamin Graham resume o mercado de ações à imagem de uma pessoa irracional, o Sr. Mercado. Graham descreve esse Sr. Mercado como um maníaco-depressivo. Todos os dias, o Sr. Mercado grita novos preços pelos quais está disposto a comprar ou vender ações. Às vezes, ele é um otimista eufórico, às vezes, um pessimista em pânico. Seu humor sobe e desce como um ioiô. A parte boa: como investidor, você não precisa aceitar as ofertas do Sr. Mercado. Pode simplesmente esperar e deixar que o mercado grite até que o Sr. Mercado faça uma oferta tão boa que seria estupidez não aceitar. Por exemplo, se ele lhe oferecer um título de alta qualidade a um preço muito baixo num momento de pânico da bolsa. Veja: 90%, até mesmo 99% daquilo que o Sr. Mercado grita você pode ignorar com segurança. Infelizmente, muitos investidores não veem o mercado de ações como uma gritaria irracional maníaco-depressiva, mas como uma imagem da verdade; confundem o preço e o valor das ações e, assim, perdem dinheiro ao especular.

A gritaria do mercado, é claro, não acontece apenas na bolsa de valores. Todos os dias outros mercados oferecem novos produtos, filmes, jogos, estilos de vida, notícias, contatos pessoais, atividades de lazer, destinos de férias, restaurantes, competições esportivas, estrelas de televisão, vídeos divertidos do YouTube, opiniões políticas, oportunidades de carreira e outras engenhocas.

A maior parte disso deve ser negligenciada como maçã podre na barraca das frutas. E 90% quase não fazem sentido, são de terceira categoria ou simplesmente sucatas. Mantenha os ouvidos fechados ou passe adiante quando o mercado estiver gritando muito alto. O mercado não é um indicador de relevância, qualidade ou valor dessas coisas.

É mais fácil falar do que fazer. O motivo, quase sempre, está no nosso passado. Imagine-se como um ancestral seu, há 30 mil anos. Você estava sempre em movimento, como caçador ou como coletor, num pequeno grupo de cerca de cinquenta pessoas. A maior parte do que você encontrava era altamente relevante: plantas, comestíveis ou venenosas. Animais que você caçava ou pelos quais era caçado. Membros da tribo que salvavam sua vida ou a colocavam em perigo. Naquela época, vigorava o contrário da Lei de Sturgeon: 90% eram relevantes. Os 10% de lixo consistiam, no máximo, em uma ou outra história contada ao redor da fogueira, desenhos malsucedidos de animais nas paredes das cavernas ou algum costume xamânico que você, como um inteligente membro da tribo, descartava torcendo o nariz. Em suma: 90% de relevância, 10% de mediocridade.

Por fim, não tenhamos pudor e sejamos honestos: a Lei de Sturgeon aplica-se não apenas ao mundo externo, mas também a nós mesmos. Só posso falar de mim mesmo: 90% das minhas ideias são inúteis; 90% dos meus sentimentos são infundados; 90% dos meus desejos são absurdos. Por saber disso, sou muito mais cauteloso ao escolher quais dos meus "produtos internos" eu levo a sério e quais eu deixo para trás com um sorriso.

Conclusão: não se agarre a qualquer porcaria que lhe é oferecida. Não ceda aos impulsos só porque sente vontade. Não experimente toda nova engenhoca só por ela existir. Menos é mais, é primeira classe, é essencial. A Lei de Sturgeon nos poupa tempo e aborrecimentos. Reconheça a diferença entre ideias e boas ideias, entre produtos e bons produtos, entre investimentos e bons investimentos. Reconheça o que é medíocre como medíocre. Ah! Uma pequena regra adicional que, na minha experiência, continua se mostrando verdadeira: se você não tem certeza se é medíocre, é medíocre.

51. Elogio da humildade

QUANTO MENOS IMPORTANTE VOCÊ SE CONSIDERA, MELHOR É SUA VIDA

Boulevard Haussmann, avenida Foch, rua do Dr. Lancereaux, avenida Paul Doumer, rua Théodule Ribot, avenida Kléber, boulevard Raspail — nomes de grandes ruas parisienses. Mas quem sabe hoje a quem foram dedicadas? Tente adivinhar quem eram essas pessoas.

Sem dúvida, personalidades importantes do seu tempo — urbanistas, generais, cientistas. Se você fosse contemporâneo de Georges-Eugène Haussmann, por exemplo, um convite dele para jantar o deixaria extasiado.

E hoje? Você sai das Galerias Lafayette, na avenida Haussmann, e nem mesmo pensa nisso, cheio de sacolas de compras com coisas de que na verdade nem precisa. É verão, o ar tremula sobre a avenida como vidro líquido, o sorvete de baunilha pinga na sua camiseta e na bermuda. Seus dedos estão pegajosos e você se irrita com o atropelo dos turistas, embora também seja um deles. Mas o que lhe dá nos nervos, acima de tudo, é o tráfego agressivo, que passa por você com grande ruído, no calçamento do venerável urbanista da cidade, cujo nome não lhe importa. Haussmann, quem? Jogado às traças pela história.

Se o prazo de validade de nomes importantes como Haussmann, Foch ou Raspail é de cerca de quatro gerações, do mesmo modo os colossais nomes do presente desaparecerão em algumas gerações. Em suma, em cem ou no máximo em duzentos anos, quase ninguém saberá quem foram Bill Gates, Donald Trump ou Angela Merkel. E quanto a você, querido leitor, e eu, poucas décadas depois de partirmos ninguém mais se lembrará de nós.

Imagine dois tipos hipotéticos de humanos: A e B. Os indivíduos do tipo A têm um sentimento de autoestima ilimitado. Nos indivíduos do tipo B, no entanto, esse sentimento é limitado. Se alguém rouba sua comida, disputa a caverna ou tira um parceiro de acasalamento, o tipo B reage com calma. É a vida, diz para si, conseguirei outra comida, outra caverna, outro parceiro. O tipo A reage de modo contrário, fica furioso e defende suas posses com veemência. Que tipo humano tem melhor chance de deixar seus genes para a próxima geração? Naturalmente, o tipo A. De fato, é impossível viver sem alguma grandeza de ego. Tente passar um dia sem dizer as palavras "eu" ou "meu". Quanto a mim, tentei e falhei de modo deplorável. Em suma, somos o tipo humano A.

O problema é que nosso sentimento de autoestima, herdado dos nossos ancestrais do tipo A, estraga nossa vida porque nos torna muito vulneráveis. Explodimos com as menores afrontas, mesmo que sejam irrisórias se comparadas às ameaças da Idade da Pedra — não somos elogiados o suficiente, não recebemos respostas adequadas aos nossos esforços em busca de admiração, não recebemos convites. Na maioria dos casos, os outros têm mesmo razão: não somos tão importantes quanto pensamos.

Então eu recomendo que você avalie a sua importância sob a perspectiva do próximo século, examine-a a partir daquele momento no tempo, quando a dignidade do seu nome terá sido reduzida a zero, sem que importe se hoje você é fenomenal. Não se considerar importante demais é fundamental para viver bem. Existe até uma correlação inversa: quanto menos importante você se considera, melhor é a sua vida. Por quê? Existem três razões.

Primeiro, porque considerar-se importante demais exige energia. Quem dá importância a si mesmo tem que operar um sistema de transmissão e um sistema de radar simultaneamente. Por um lado, você se expõe ao mundo. Ao mesmo tempo, como um radar, está constantemente ocupado registrando como o ambiente reage. Economize esse esforço. Desligue o transmissor e o radar e concentre-se no seu trabalho. Sendo mais específico: não seja vaidoso, não faça alarde sobre os seus sucessos fabulosos e pare de citar nomes de pessoas importantes para impressionar. Não tem importância alguma se você está vindo de uma audiência privada com o papa. Se for o caso, alegre-se, mas por favor não pendure as fotos pelo apartamento. Se você é um milionário, evite patrocinar edifícios, cátedras universitárias ou estádios de futebol com o seu nome. É patético! Por que não fazer logo comerciais de TV para sua glorificação pessoal? Haussmann e seus companheiros pelo menos receberam suas ruas de graça.

Segundo: quanto mais importante você se considera, mais rápido você cai no viés do *self-serving* (agir para sua própria vantagem). Você faz as coisas não para atingir seus objetivos, mas para elevar a si mesmo. O viés de *self-serving* pode ser observado com frequência entre os investidores. Eles compram ações de hotéis charmosos ou de empresas de tecnologia excitantes — não porque os papéis são bons, mas porque querem se "valorizar" com isso. Além disso, as pessoas que se consideram importantes sistematicamente superestimam seus conhecimentos e habilidades (é o excesso de confiança) — o que leva a graves erros de tomada de decisão.

Em terceiro lugar, aqueles que se consideram importantes fazem inimigos. Ao enfatizar a própria superioridade, acabam depreciando a importância dos demais, uma vez que reconhecer o valor do outro acabaria diminuindo a própria posição. Além disso, quando você se torna bem-sucedido, as pessoas que também se acham importantes demais o terão como alvo. Isso não é viver bem.

Como pode ver, seu ego é mais um adversário do que um amigo. Claro, esse insight não é novo, é a visão padrão dos últimos 2500 anos. Até os estoicos se precaviam contra a autoestima excessiva. Um exemplo clássico é Marco Aurélio, a quem era quase desconfortável ser o imperador romano. Ao escrever seus diários (*Meditações*), forçava-se sempre a permanecer modesto — não é uma tarefa fácil quando se é a pessoa mais poderosa do mundo. Não apenas na filosofia, também na religião, existem ferramentas mentais para deter o ego. Em muitas religiões, a autoestima é considerada uma manifestação do diabo. Nos últimos duzentos anos, porém, os freios do ego cultural foram afrouxados. Hoje, cada um parece ser um pequeno gerente da própria marca.

Lembre-se: cada um de nós é apenas um entre bilhões de pessoas. Vivemos por um pequeno período com um início aleatório e um ponto-final aleatório. Todos (incluindo este autor) já acumularam muitas idiotices nesse breve tempo. Fique feliz que nenhuma estrada tenha sido nomeada em sua homenagem. Só iria lhe causar estresse. Com modéstia, vive-se melhor — em larga escala. Ser autoconfiante é fácil, é para qualquer um. A modéstia, por outro lado, é difícil, embora seja mais compatível com a realidade. E acalma as nossas ondas emocionais.

Muitos acreditam que a modéstia leva a uma punição. Você não estaria justamente convidando os outros a pisotear você? Não, é o oposto. Se você tem uma clara política pessoal de relações exteriores (capítulo 9), quanto mais modesto for, mais será respeitado. Isso é feito da melhor maneira sendo honesto — em especial consigo mesmo.

O excesso de confiança tornou-se uma verdadeira doença em nossa civilização. Nós nos agarramos ao nosso ego como um cachorro a um sapato velho. Solte esse sapato! Ele não tem valor nutricional. Além disso, logo terá gosto de podre.

52. Sucesso interior

POR QUE SEU INPUT É MAIS IMPORTANTE DO QUE SEU OUTPUT

Todo país tem a própria versão desta lista. Na Suíça, é a lista BILANZ 300, dos trezentos suíços mais ricos. Na Alemanha, é a lista dos quinhentos alemães mais ricos, publicada anualmente pela *manager magazin*. A revista *Challenges* publica a lista anual dos franceses mais ricos. Todos os anos, a revista americana *Forbes* compila a lista dos bilionários de todo o mundo. A impressão é sempre a mesma: então são essas as pessoas mais bem-sucedidas do mundo! Todos empresários (ou seus herdeiros).

Existem classificações semelhantes para os CEOs mais poderosos, os cientistas mais citados, os autores mais lidos, os artistas mais bem pagos, os músicos mais bem-sucedidos, os atletas mais caros e os atores com melhor remuneração. Cada área tem suas próprias listagens de pessoas de sucesso. Em que medida, porém, essas pessoas são bem-sucedidas? Isso depende muito do que se entende por sucesso.

Através do modo como medem o sucesso e concedem prestígio, as sociedades podem controlar como os indivíduos investem seu tempo. "Não é coincidência", escreve o professor de psicologia americano Roy Baumeister, "que nas pequenas comunidades que lutam pela sobrevivência o prestígio seja distribuído àqueles que trazem mais proteína para casa (os caçadores) ou aos que mais matam inimigos (os combatentes). Da mesma forma, o prestígio das mães aumenta e diminui, conforme uma sociedade precise de uma população maior ou não." As sociedades modernas acenam com listas *Forbes* (modo como resumidamente chamamos esses rankings) como se fossem bandeirolas brilhantes para nos mostrar: este é o caminho!

Por que as sociedades modernas tentam direcionar as suas ovelhas para o sucesso material em vez de direcioná-las para mais momentos de lazer, por exemplo? Por que existem listas dos mais ricos, mas nenhuma dos mais satisfeitos? Muito simples: porque o crescimento econômico mantém as sociedades unidas. "A perspectiva de um padrão de vida mais alto, por mais distante que esteja, limita a pressão sobre a distribuição da riqueza", escreve o banqueiro Satyajit Das, citando o governador do Federal Reserve, banco central americano, Henry Wallich: "Enquanto a economia crescer, haverá esperança, e a esperança torna suportáveis as grandes diferenças de renda".

Para não deixar que as listas *Forbes* nos enlouqueçam, precisamos entender duas coisas. Primeiro, as definições de sucesso são produtos do seu tempo. Há mil anos, era impensável uma lista da *Forbes*. Também será impensável daqui a mil anos. Warren Buffett, que há anos lidera a lista com Bill Gates, admite que nunca conseguiria entrar para a "Lista *Forbes* da Idade da Pedra": "Se eu tivesse nascido milênios atrás, teria sido o lanche perfeito para qualquer animal porque não consigo correr muito rápido nem subir em árvores". Dependendo do século em que você nasceu, a sociedade acena com diferentes bandeirolas indicativas de êxito — sempre com a intenção de convencê-lo da definição de sucesso que ela tem. Não siga cegamente essa bandeira. É bem provável que a boa vida esteja aguardando em outro lugar.

Além disso, o sucesso material é só uma questão do acaso. Não gostamos do acaso como explicação, de modo nenhum. Mas é assim que é. Seus genes, o código postal da cidade ou da área onde você nasceu, sua inteligência, sua força de vontade — não há nada que você possa fazer com relação a eles, como vimos no capítulo 7. É fato que os empreendedores de sucesso trabalharam duro e tomaram decisões inteligentes, mas isso é o resultado de seus genes, sua origem e seu biótipo. Portanto, considere as listas *Forbes* como listas geradas pelo acaso. E pare de idolatrar essas pessoas.

Não faz muito tempo, um amigo relatou com orgulho que foi convidado para um jantar com o multibilionário Fulano de Tal. Dei de ombros. Por que estar orgulhoso? Por que esse interesse em conhecer um bilionário? A probabilidade de ele lhe dar dinheiro é nula. Então, trata-se apenas de saber se essa pessoa tem uma conversa agradável ou não — sua fortuna é irrelevante.

Gostaria de recomendar uma definição diferente de sucesso, a qual tem pelo menos 2 mil anos. O sucesso, segundo essa definição, não depende de como a sociedade distribui prestígio nem se presta a classificações vulgares. Aqui está: o verdadeiro sucesso é o sucesso interior. *Voilà.*

Isso não tem nada a ver com incenso, autoimersão ou ioga. A busca do sucesso interior é uma das atitudes mais racionais de todos os tempos e está na raiz do pensamento ocidental. Os filósofos gregos e romanos chamavam esse tipo de sucesso, como já mencionei, de ataraxia (capítulo 8). Aqueles que atingem a ataraxia — a "paz de espírito" — mantêm a calma quando sofrem golpes do destino. Em outras palavras: bem-sucedido é aquele que não se deixa perturbar — nem por voos de altitude nem por pouso forçado.

Como nos tornamos interiormente bem-sucedidos? Concentrando-nos apenas em coisas que podemos influenciar e, por consequência, eliminando o restante. Input em vez de output. Podemos controlar nosso input, não o output, porque o acaso sempre intervém. Dinheiro, poder e popularidade são coisas sobre as quais se tem controle limitado. Se você se concentrar nelas e perdê-las, ruirá de infelicidade. Por outro lado, se você tiver treinado a equanimidade, a serenidade e a paz de espírito em geral será feliz, não importa o que o destino lhe reserve. Em resumo, o sucesso interno é mais estável do que o externo.

John Wooden foi de longe o treinador de basquete de maior sucesso na história dos Estados Unidos. Wooden exigia que seus jogadores adotassem uma definição de sucesso radicalmente diferente: "Sucesso é a paz de espírito que se instala quando você deu tudo para ser o melhor que pode ser". Sucesso, não com títulos ganhos, medalhas ou prêmios em dinheiro, mas com uma atitude. Por ironia, o então presidente George W. Bush concedeu-lhe a Medalha da Liberdade, a condecoração mais importante do país, que deve ter comovido mais Bush do que o próprio Wooden.

Sejamos honestos: ninguém vai ambicionar 100% de sucesso interior e zombar do sucesso exterior. No entanto, podemos nos aproximar do ideal da ataraxia através da prática diária. No fim de cada dia, faça consigo mesmo uma revisão de suas estratégias: onde você falhou hoje? Quando deixou que o dia fosse envenenado por emoções tóxicas? Por conta de que golpes fora do seu controle você se deixou abalar? E que ferramentas mentais deve priorizar para se aprimorar? De que vale ser a pessoa mais rica do cemitério? Melhor ser a mais bem-sucedida de verdade, no aqui e agora. "Faça de cada dia sua obra-prima", Wooden sempre insistia nisso com seus jogadores. Faça isso você também! Não é possível chegar ao pleno sucesso interior, é algo que tem que ser praticado por toda a vida. Não se trata de uma tarefa que alguém pode resolver por você.

Na verdade, as pessoas que buscam o sucesso exterior — riqueza, cargos de CEO, medalhas de ouro ou honrarias — também estão buscando o sucesso interior, apenas não estão conscientes disso. Com o bônus que recebe, um CEO compra por 200 mil euros um relógio IWC Grande Complication — talvez porque goste de vê-lo em seu pulso, talvez seja mais porque ele é invejado por isso. De qualquer forma, ele paga pelo IWC para se sentir bem. Caso contrário, ele não o compraria.

Você pode dar as voltas que quiser: as pessoas querem ganhar exteriormente para ganhar interiormente. A questão que surge é óbvia: por que fazer esse desvio através do sucesso externo? Siga direto pelo caminho da felicidade.

Posfácio

Achar que a vida é simples é uma armadilha em que todo mundo cai de vez em quando — em especial na juventude, mas não só nessa fase. A boa vida não é uma tarefa trivial. Mesmo pessoas inteligentes raramente conseguem mantê-la. Por quê? Criamos um mundo que não compreendemos mais. Um mundo em que a intuição não é mais uma bússola confiável. Um mundo cheio de complexidades e instabilidades. É por esse mundo opaco que tentamos navegar com a ajuda de um cérebro concebido para uma era bem diferente, a Idade da Pedra. A evolução não teve chance de adequar o nosso cérebro ao acelerado desenvolvimento da civilização. Enquanto o mundo exterior se transformou radicalmente ao longo dos últimos 10 mil anos, o software e o hardware do nosso mundo interior — o nosso cérebro — continuam iguais ao tempo em que ainda havia mamutes pastando por aqui. Visto assim, não admira que cometamos erros sistemáticos não só no pensamento abstrato, mas também no nosso estilo de vida concreto.

Por isso, é imperativo poder recorrer a uma caixa de ferramentas de posturas mentais. Essas ferramentas mentais permitem ver o mundo com mais objetividade e agir baseado na razão. Se adotarmos essas ferramentas mentais, exercitando-nos todos os dias, podemos transformar e melhorar aos poucos a estrutura do nosso cérebro. Esses modelos mentais — que a psicologia muitas vezes chama de heurísticas — não vão *garantir* uma boa vida. Mas ajudam a decidir e agir melhor do que se nos baseássemos exclusivamente na intuição. Estou convencido de que ferramentas mentais são mais importantes do que dinheiro, boas relações e até inteligência.

Desde que comecei a escrever sobre a boa vida, as pessoas me perguntam: mas de que se trata exatamente? Qual é a definição? Minha resposta: não sei. Minha abordagem corresponde à teologia negativa da Idade Média. À pergunta "quem ou o que é Deus?" os teólogos respondem: não se pode dizer exatamente o que é Deus, só se pode dizer o que *não* é Deus. O mesmo vale para a boa vida. Não se pode dizer com precisão o que é a boa vida, pode-se apenas dizer com segurança o que *não* é. Com certeza você percebe quando a sua vida não está boa. Identifica com segurança quando um amigo não tem uma boa vida. Muitos leitores ficam irritados pelo fato de eu escrever sobre a boa vida sem fornecer definições. Bem, eu não acho muito sensata essa obrigatoriedade de ter definições. Para citar o prêmio Nobel Richard Feynman: "Se você conhecer o nome de um pássaro em todas as línguas do mundo, não saberá absolutamente nada sobre aquele pássaro... Mas vamos olhar para ele atentamente e observar como ele se comporta. É o que conta de verdade. Muito jovem, aprendi a diferença entre 'saber o nome de alguma coisa' e 'saber alguma coisa'".

De onde vêm as 52 ferramentas mentais neste livro? De três grandes fontes. A primeira é a investigação da psicologia dos últimos quarenta anos. Isso inclui a psicologia mental, a psicologia social, a pesquisa da felicidade, a heurística e os vieses, a economia comportamental e algumas abordagens da psicologia clínica, especialmente a bem-sucedida terapia comportamental cognitiva.

A segunda fonte é o estoicismo. Trata-se de uma filosofia altamente prática que teve origem na Grécia Antiga e floresceu no Império Romano, no século II depois de Cristo. Os grandes nomes do estoicismo são Zenon (fundador dessa corrente do pensamento), Crísipo de Solis (principal representante do estoicismo na Grécia Antiga), Sêneca (que me parece ser o "Charlie Munger do Império Romano"), Caio Musônio Rufo (um professor bem-sucedido, temporariamente banido por Nero), Epiteto (discípulo de Rufo e ex-escravo) e o imperador romano Marco Aurélio. Por falar nisso, existe um livro com o mesmo título deste que você tem em mãos agora, escrito por Marco Aurélio — são excertos das anotações que ele chamou de *Meditações*. Infelizmente, a influência do estoicismo diminuiu com a queda do Império Romano e nunca mais foi recuperada. No entanto, durante os últimos 1800 anos, sempre foi uma boa dica secreta para pessoas em busca de uma filosofia para a vida prática.

Os estoicos davam grande importância a exercícios práticos, como os que recomendo em parte neste livro, e a máximas, que são preciosas porque são claras e inequívocas e nos defendem de passos impensados como uma fita que isola o pedestre de um buraco. Mesmo correndo o risco de parecer simplório, além das máximas reproduzidas em citações, eu me permiti apresentar máximas próprias.

A terceira fonte é a longa tradição da literatura do investimento financeiro. Charlie Munger, sócio de Warren Buffett, é um dos investidores de valores mais bem-sucedidos do mundo e considerado (não só por mim) um dos maiores pensadores do nosso século. Por isso, eu me permiti citá-lo com frequência. Investidores têm um estímulo especial para compreender o mundo opaco. Apesar de toda a falta de conhecimento, precisam tentar avaliar o futuro da melhor maneira possível. Sua reflexão pode resultar em ganhos ou perdas. Por isso, desde Benjamin Graham, os investidores estão focados em uma perspectiva o mais objetiva possível do mundo e em posturas mentais que os protejam de decisões tomadas por impulso. Assim, nos últimos cem anos, os investidores desenvolveram uma caixa muito útil de ferramentas mentais que vão muito além do mundo do dinheiro. Surpreende quanta sabedoria de vida pode ser extraída das máximas e das posturas mentais dos investidores.

Essas três fontes — a psicologia moderna, o estoicismo e a corrente de pensamento do investimento em valores — combinam perfeitamente, a tal ponto que parecem ter a mesma origem. Mas surgiram de fora, independentemente uma da outra. Não existem muitos momentos de epifania no decorrer de uma vida humana. Mas esse foi um dos meus momentos de eureca, quando compreendi como essas três engrenagens se encaixam de forma perfeita e maleável.

Tenho ainda quatro comentários finais. Primeiro: existem mais do que 52 ferramentas mentais. Eu escolhi o número 52 para manter certo paralelismo com meus livros anteriores, *A arte de pensar claramente* e *Die Kunst des klugen Handelns* [A arte de agir com sabedoria], que também contêm 52 capítulos. Neles, tratava de equívocos mentais, aqui, de ferramentas mentais. Além disso, você estará bem servido com estas 52. Dependendo da situação, bastará recorrer a duas ou três simultaneamente.

Segundo: muitos dos capítulos foram inicialmente publicados em colunas dos jornais *Neue Zürcher Zeitung* e *Handelsblatt*. Colunas precisam ser curtas e sintéticas. Por isso, notas e fontes não estão contidas no texto principal, e sim nos anexos.

Terceiro: em nome da simplicidade, elegi a forma tradicional masculina, mas me refiro naturalmente sempre a homens e mulheres. Subestimar as mulheres seria a garantia da receita errada para uma boa vida.

Quarto: sou o único responsável por todos os erros e todas as imperfeições deste livro.

Rolf Dobelli, Berna, 2017

Agradecimentos

Agradeço ao meu amigo Koni Gebistorf, que fez a revisão com mão segura e deu o toque final aos textos. Sem a pressão semanal de colocar os pensamentos num formato legível este livro não existiria. Agradeço a René Scheu, editor da seção de cultura do jornal *Neue Zürcher Zeitung*, que publicou partes deste livro sob a forma de coluna semanal. É preciso ter coragem para publicar uma coluna sobre a vida prática no contexto de nível intelectual normalmente tão elevado do caderno cultural do NZZ. Agradeço ainda a Gabor Steingart e Thomas Tuma, que acolheram meus textos no jornal *Handelsblatt*. Um caloroso "muito obrigado" ao artista gráfico El Bocho, pelas ilustrações para os capítulos do livro [na edição original alemã].

Não conheço preparador de livro de não ficção mais profissional do que Martin Janik, da editora Piper. Depois de ter cuidado dos meus livros anteriores, estou feliz por ele ter resolvido se dedicar a este também. Agradeço a Christian Schumacher-Gebler, CEO de Bonnier Deutschland, à editora Felicitas von Lovenberg e a todas as pessoas maravilhosas da editora Piper. Nunca fui acolhido de maneira tão calorosa numa editora.

Agradeço a Guy Spier, que me deu um busto de bronze de 40 quilos de Charlie Munger que hoje decora o nosso jardim. A hera cresceu em volta de sua cabeça, fazendo-o parecer um pouco com um imperador romano.

Há muitos anos, Peter Bevelin me abriu os olhos para a sabedoria de vida dos clássicos investidores de valores. Sou grato a ele por isso. Seus livros são verdadeiros cofres do tesouro, onde me servi com abundância.

Este livro não existiria sem as incontáveis conversas e cartas sobre o tema da boa vida ao longo dos últimos anos. Agradeço pelas ideias valiosas (em sequência aleatória) a Thomas Schenk, Kevin Heng, Bruno Frey, Alois Stutzer, Frederike Petzschner, Manfred Lütz, Urs Sonntag, Kipper Blakeley, Rishi Kakar, Schoscho Rufener, Matt Ridley, Michael Hengartner, Tom Ladner, Alex Wassmer, Marc Walder, Ksenija Sidorova, Avi Avital, Uli Sigg, Numa e Corinne Bischof Ullmann, Holger Ried, Ewald Ried, Marcel Rohner, Raffaello D'Andrea, Lou Marinoff, Tom Wujec, Jean-Rémy e Natalie von Matt, Urs Baumann, Erica Rauzin, Simone Schürle, Rainer Marc Frey, Michael Müller, Tommy Matter, Adriano Aguzzi, Viola Vogel, Nils Hagander, Christian Jund, André Frensch, Marc e Monica Bader Zurbuchen, Georges e Monika Kern, Martin Hoffmann, Markus e Irène Ackermann, Robert Cialdini, Dan Gilbert, Carel van Schaik, Markus Imboden, Jonathan Haidt, Joshua Greene, Martin Walser, Angela e Axel Keuneke, Guy Spier, Franz Kaufmann e Dan Dennett. Sinto profunda gratidão para com meus amigos e os mencionados pensadores, autores e pesquisadores. Tudo que é relevante neste livro não vem de mim, e sim deles.

Os meus pais, Ueli e Ruth, são um exemplo brilhante de como é possível viver uma boa vida ao longo de várias décadas. Mil vezes obrigado por tudo.

O maior agradecimento vai para a minha mulher. Muitas das ferramentas mentais aqui descritas tiveram origem no trabalho psicológico de Bine e em sua experiência de vida. Ela é a minha primeira revisora. Seu lápis vermelho impiedoso é um presente para todos os leitores destes textos. E sua sabedoria de vida é um presente para a nossa família.

E agradeço aos nossos gêmeos, Numa e Avi, de três anos. Ainda que tenham roubado muito do meu sono durante o período em que escrevi este livro, jamais poderia tê-lo escrito sem esses dois fofos, por mais paradoxal que possa parecer.

Apêndice

Para quase toda ferramenta mental existem vários estudos científicos no setor da psicologia cognitiva e da psicologia social. Eu me restringi às principais citações, referências técnicas, recomendações de leitura e comentários.* Vejo meu papel principalmente como tradutor dos estudos científicos aqui mencionados para a linguagem cotidiana. O objetivo é tornar ideias filosóficas e conclusões científicas aplicáveis ao dia a dia. Expresso aqui meu grande respeito aos pesquisadores que analisaram cientificamente essas ferramentas mentais.

---

* Traduzimos livremente as citações para facilitar a compreensão do leitor, mas mantivemos as referências originais de cada uma delas a fim de permitir aos leitores a busca pelo material original.

Notas

PREFÁCIO

Charlie Munger é sócio do lendário investidor Warren Buffett — e, para mim, um dos grandes pensadores do nosso século. Sobre Charlie Munger, disse Bill Gates: "Ele é o pensador de maior amplitude com que já me deparei" (Tren Griffin, *Charlie Munger — The Complete Investor*. Nova York: Columbia Business School Press, 2015, p. 46).

No âmbito de uma conferência para estudantes em 1994, Charlie Munger contou o segredo do seu pensamento: "Você precisa de modelos mentais. E precisa consolidar a sua experiência nessa estrutura. Você pode ter notado que alguns estudantes simplesmente decoram. Bem, essas pessoas vão fracassar nos estudos e na vida" (Charlie Munger, conferência na USC Business School intitulada "A Lesson on Elementary Worldly Wisdom", 1994. ibid., p. 44).

Munger fala de "modelos mentais". Mas a tradução é falha. No caso de Munger, não se trata de modelos no sentido de modelos arquitetônicos ou de simulação, ou seja, de miniaturas da realidade em outra dimensão. Munger se refere antes a ferramentas, táticas, estratégias e posturas mentais. Por isso, neste livro eu utilizo o termo "ferramentas mentais".

Estou convicto de que a probabilidade de fracassarmos na vida é elevada se não pudermos lançar mão de uma reserva de sólidas ferramentas mentais. Tampouco consigo imaginar como se pode ser um líder bem-sucedido sem elas.

1. CONTABILIDADE MENTAL [pp. 13-8]

Sobre *mental accounting*, ver Richard Thaler, tido como o fundador da teoria da contabilidade mental (Chip Heath, Jack B. Soll, "Mental Budgeting and Consumer Decisions". *Journal of Consumer Research*, v. 23, n. 1, pp. 40-52, 1996). Eu tangenciei o equívoco mental no livro *The Art of Thinking Clearly* [A arte de pensar claramente] no capítulo intitulado "House Money Effect". In: Rolf Dobelli, *The Art of Thinking Clearly*. Nova York: HarperCollins Publishers, 2013, p. 251. [Ed. bras.: *A arte de pensar claramente*. Rio de Janeiro: Objetiva, 2014.] Sobre a "regra pico-fim": Daniel Kahneman; Barbara L. Fredrickson, Charles A. Schreiber e Donald A. Redelmeier, "When More Pain Is Preferred to Less: Adding a Better End". *Psychological Science*, v. 4, n. 6, pp. 401-5, nov.1993. Sobre a interpretação construtiva de fatos: houve um tempo em que perdas ou ganhos das cotações de ações no meu portfólio me deixavam nervoso. Hoje, isso já não acontece mais. Aplico a contabilidade mental. Quando o meu portfólio dobra ou cai à metade do valor, não significa nenhuma tragédia. As ações são uma parte pequena do meu verdadeiro patrimônio. Minha família, minha atividade como escritor, a Fundação WORLD.MINDS e os meus amigos constituem no mínimo 90% do meu verdadeiro patrimônio. Se o meu portfólio de ações cai para metade, isso corresponde a uma perda de apenas 5%. Da mesma forma, não vou ter um surto de euforia quando o valor das ações dobra, pois meu verdadeiro patrimônio estará subindo apenas 5%.

2. A ARTE DA CORREÇÃO DE RUMO [pp. 18-21]

Sobre a afirmação de Dwight Eisenhower, ver a observação de Charlie Munger: "Em Berkshire, nunca houve um plano de ação. Qualquer um que quisesse traçá-lo, nós demitíamos, porque o plano acaba criando vida própria e não dá conta de cobrir uma nova realidade. Queríamos pessoas que considerassem informações novas" (David Clark, *Tao of Charlie Munger*. Nova York: Scribner, 2017, p. 141). Mais uma citação sobre a fragilidade dos planos: "A vida é como um jogo de xadrez. Nos dois casos fazemos planos, mas eles dependem das jogadas do adversário (no xadrez) e do destino (na vida). Em geral, as modificações advindas são tão significativas que o nosso plano original mal pode ser reconhecido quando é executado" (Arthur Schopenhauer, *Die Kunst, glücklich zu sein*. Munique: Verlag C.H. Beck, 1999, p. 61). Sobre a relação entre diplomas e sucesso profissional: "Educação é um grande fator determinante de renda — um dos mais importantes —, mas é menos importante do que as pessoas pensam. Se todos tivessem a mesma educação, a desigualdade de renda ficaria abaixo de 10%. Quando você foca em educação, acaba negligenciando os inúmeros fatores que determinam a renda. As discrepâncias de renda entre pessoas que tiveram a mesma educação são enormes" (Daniel Kahneman, "Focusing Illusion". In: John Brockman, Edge Annual Question 2011, *This Will Make You Smarter*. Nova York: HarperCollins, 2012, p. 49). Ver também: <www.edge.org/response-detail/11984>. Acesso em: 2 mar. 2019.

3. A PROMESSA [pp. 22-5]

Em entrevista à *New Yorker Magazine*, Clayton Christensen explicou por que tantos executivos têm suas famílias destruídas: "Em três horas de trabalho, você poderia realizar muitas coisas e, se não conseguisse, logo sentiria a culpa. Se você passasse três horas em casa com sua família, sentiria que não fez nada útil e que, se não estivesse lá, nada teria mudado. Então, você passou mais e mais tempo no trabalho, cumprindo tarefas lucrativas, de retorno financeiro rápido, e ainda acreditou ter ficado longe de casa pelo bem de sua família. Ele viu muitas pessoas que diziam para si mesmas que conseguiam dividir sua vida em fases, passando a primeira parte impulsionando a carreira e imaginando que em algum momento no futuro passariam tempo com sua família — apenas para descobrir que até lá sua família já teria acabado. Christensen tinha feito uma promessa para Deus de não trabalhar aos domingos e uma para sua família de não trabalhar aos sábados e estar em casa durante a semana, cedo o bastante para jantar e jogar bola com as crianças enquanto ainda estivesse de dia. Algumas vezes, para cumprir essas promessas, ele ia para o trabalho às três da manhã" (Larissa MacFarquhar, "When Giants Fail". *The New Yorker Magazine*, 14 maio 2012).

Em conversa com o escritor Oliver Sacks, o prêmio Nobel Robert John disse com respeito ao *shabat*: "Não se trata de fazer avançar a sociedade, e sim de melhorar a própria qualidade de vida" (Oliver Sacks, *Dankbarkeit*. Reinbek: Rowohlt, 2015, p. 52) [*Gratidão*. São Paulo: Companhia das Letras, 2015.]. Oliver Sacks escreve sobre Robert John: "Ele me contou várias histórias divertidas sobre prêmios Nobel e o ato festivo em Estocolmo, mas fez questão de afirmar que, se tivessem marcado a viagem a Estocolmo para um sábado, ele teria recusado o prêmio. Seu respeito incondicional pelo *shabat*, sua necessidade pela paz profunda e pela reclusão naquele dia eram maiores do que a importância de ganhar um prêmio Nobel (ibid, p.53).

Sobre o cansaço de tomar decisões, ver: Rolf Dobelli, op. cit., pp. 1-4 e 158-60.

O exemplo do caminhão carregado de explosivos está em Thomas C. Schelling, "An Essay on Bargaining", *The American Economic Review*, v. 46, n. 3, p. 281-306, 1956.

É mais fácil cumprir 100% uma promessa do que em 99%. Clayton Christensen fala em 98% em vez de 99%: "Ele contou para eles sobre como em Oxford tinha se recusado a jogar basquete aos domingo, mesmo se fosse o campeonato nacional, porque ele tinha prometido a Deus que não iria; e sobre a pressão que o técnico e os outros jogadores fizeram para que ele cedesse pelo menos uma vez. Depois, ele percebeu que se tivesse dito sim naquela vez não teria como dizer não na próxima, e o que ele aprendeu — uma das lições mais importantes de sua vida — é que era mais fácil fazer o que é certo 100% das vezes do que em 98%" (Larissa MacFarquhar, "When Giants Fail", *The New Yorker Magazine*, 14 maio 2012).

4. O PRINCÍPIO DA CAIXA-PRETA [pp. 26-30]

Sobre a aeronave De Havilland Comet 1 ver: ‹de.wikipedia.org/wiki/De_Havilland_Comet›. Acesso em: 2 mar. 2019.

Sobre o investigador David Warren, o inventor da caixa-preta, ver: ‹pt.wikipedia.org/wiki/David_Warren_(inventor)›. Acesso em: 2 mar. 2019.

A expressão "princípio da caixa-preta" é de Matthew Syed, que escreveu um excelente livro com esse mesmo título: *Black Box Thinking: The Surprising Truth About Success*. Londres: Hodder, 2015. [Ed. bras.: *O princípio da caixa-preta*. Rio de Janeiro: Objetiva, 2016.] O livro foca em erros de organização. Mas a estratégia mental do princípio da caixa-preta pode ser muito bem aplicada à vida privada.

Sullenberger: "Todo conhecimento na aviação, toda regra, todo procedimento existe porque alguém caiu em algum lugar. [...] Adquirimos, a um preço alto, lições obtidas literalmente com sangue, que temos de preservar como conhecimento institucional e passar para as próximas gerações. Não podemos cometer o erro moral de esquecer essas lições e ter de reaprendê-las" (Matthew Syed, "How Black Box Thinking Can Prevent Avoidable Medical Errors". *WIREDUK Magazine*, 12 nov. 2015). Ver também: ‹www.wired.co.uk/article/preventing-medical-error-deaths›. Acesso em: 7 jul. 2017.

Paul Dolan descreve como pessoas que ganham peso deslocam o seu foco: "À medida que as pessoas ganham peso, vão mudando de foco, tirando-o das áreas da vida associadas ao peso, como a saúde, e passando-o a áreas em que o peso não é tão importante, como o trabalho. A mudança de atenção explica alguns dos comportamentos que observamos; muitos de nós ganham peso, porém não perdem. Pode ser mais fácil focar sua atenção na sua saúde e no seu peso do que no esforço para emagrecer" (*Happiness by Design*. Nova York: Penguin, 2015, E-Book Location 1143).

"Ninguém está livre de se autoenganar ou de ter desejos. Todos temos mecanismos de defesa subliminares que nos permitem manter crenças que nos são caras, apesar de fatos em contrário", escreveu o cientista Christof Koch, especializado em cérebro (*Consciousness — Confessions of a Romantic Reductionist*. Cambridge: MIT Press, 2012, p. 158).

Sobre a citação de Russell ver: Bertrand Russell, *Eroberung des Glücks*. Berlim: Suhrkamp Verlag, 1977, p. 84 e p. 166.

"Se você não enfrentou um problema e, em vez disso, esperou até que se tornasse insolúvel, é tão idiota que mereceu esse problema" (Peter Bevelin, *Seeking Wisdom*. PCA Publications, 2007, p. 93).

Alex Haley: "Se você não der conta da realidade, a realidade é que dará conta de você". (*Jet Magazine*, 27 mar. 1980, p. 30. Ver também: <bit.ly/2sXCndR>. Acesso em: 7 jul. 2017 ou em: Peter Bevelin, *Seeking Wisdom*. PCA Publications, 2007, p. 92).

"Nós fizemos muito isso — tomamos muitas decisões ruins. Eu diria que essa é uma grande parte de ter um histórico razoável na vida. Você não pode evitar as decisões erradas, mas, se as reconhece rapidamente e faz alguma coisa em relação a isso, pode frequentemente fazer dos limões uma limonada" (ibid.). "Problemas não são como vinhos franceses que melhoram com o tempo." Ver Buffett: "Veja bem, o seu problema não vai melhorar com a idade" (ibid.).

5. CONTRAPRODUTIVIDADE [pp. 31-4]

Sobre Ivan Illich ver: <en.wikipedia.org/wiki/Ivan_Illich>. Acesso em: 7 jul. 2017. Sepandar Kamvar do MIT Media Lab foi quem me apresentou a Ivan Illich e ao conceito de contraprodutividade. (Ver palestra de Kamvar em: <www.youtube.com/watch?v=dbB5na0g_6M>. Acesso em: 7 jul. 2017.) Illich considerou até a probabilidade de estadias em clínica devido a acidentes de trânsito, o que também desperdiça tempo — incluindo horas adicionais de trabalho na clínica.

Sobre os custos dos e-mails: "Mas a tecnologia moderna também acarretou alguns custos, sendo o maior deles a distração. Um estudo recente estimou os custos somados de distrações para empresas dos Estados Unidos em cerca de 600 bilhões de dólares por ano" (Paul Dolan, op. cit., E-Book Location 2644). E ainda: "[...] estima que apenas o uso do e-mail custe às empresas britânicas cerca de 10 mil libras por empregado a cada ano" (ibid, E-Book Location 2633).

6. A ARTE NEGATIVA DA BOA VIDA [pp. 35-8]

Howard Marks, *The Most Important Thing, Uncommon Sense for the Thoughtful Investor*. Nova York: Columbia University Press, 2011, p. 172. Marks se refere ao artigo de Charles D. Ellis intitulado "The Loser's Game", publicado em 1975. *The Financial Analyst's Journal.* Ver também: </www.cfapubs.org/doi/pdf/10.2469/faj.v51.n1.1865>. Acesso em: 7 jul. 2017.

"No tênis amador, as partidas não são *ganhas* e sim *perdidas.*" O almirante americano Samuel Morison analisou incontáveis guerras e chegou à conclusão de que a guerra é um pouco como o tênis amador. "Mantendo outras condições iguais, o lado que comete menos erros estratégicos ganha a guerra" (Samuel Elison Morison, *Strategy and Compromise.* Boston: Little Brown, 1958).

Inúmeros estudos têm demonstrado que o efeito desses golpes (paralisia, enfermidades físicas, divórcio) se dissipa mais rapidamente do que pensamos. O estudo mais importante é: Philip Brickman, Dan Coates, Ronnie Janoff-Bulman, "Lottery Winners and Accident Victims: Is Happiness Relative?", *Journal of Personality and Social Psychologie,* v. 36, n. 8, p. 917-27, ago. 1978.

"Charlie geralmente foca primeiro no que evitar — ou seja, no que NÃO fazer — antes de considerar as ações afirmativas que vai tomar em determinada situação" (Peter D. Kaufman, in: Charles T. Munger, *Poor Charlie's Almanack.* Virgínia Beach: The Donning Company Publishers, 2006, p. 63).

"É surpreendente o êxito que pessoas como nós atingem ao apenas tentarem *não ser idiotas,* em vez de tentarem ser *brilhantes*" (Charles T. Munger, *Wesco Annual Report,* 1989).

"Quero saber onde vou morrer para jamais visitar o local" (Charles T. Munger, *Poor Charlie's Almanack.* The Donning Company Publishers, 2006, p. 63). Essa frase também é o título de um de seus melhores livros sobre Buffett e Munger: Peter Bevelin, *All I Want to Know Is Where I'm Going to Die so I'll Never Go There: Buffett & Munger — A Study in Simplicity and Uncommon, Common Sense.* PCA Publications, 2016.

7. A LOTERIA DOS ÓVULOS [pp. 39-42]

Sobre o experimento mental de Warren Buffett: "Imagine gêmeos univitelinos na barriga da mãe, ambos igualmente inteligentes e cheios de vida. De repente aparece uma fada e diz: 'Um de vocês vai crescer nos Estados Unidos, o outro em Bangladesh. Aquele que crescer em Bangladesh não terá que pagar impostos.' Que parcela do seu futuro rendimento você daria para ser aquele gêmeo que nasce nos Estados

Unidos?"Isso sugere que o seu destino também sofre influência da sociedade, e não apenas as qualidades inatas. As pessoas que dizem 'Eu fiz tudo sozinha' pensam nelas mesmas como Horatio Alger — acredite, eles apostariam mais nos Estados Unidos do que em Bangladesh. Existe uma loteria dos óvulos" (Alice Schroeder, *The Snowball*. Nova York: Bantam Books, 2008, E-Book Location 11073).

Nesse momento vivem 6% de todas as pessoas que jamais viveram na Terra. Carl Harb, "How Many People Have Ever Lived on Earth?", *Population Today*. Disponível em: <www.ncbi.nlm.nih.gov/pubmed/12288594>. Acesso em: 7 jul. 2017.

Quando se faz todos os dias um exercício de gratidão, o efeito sobre a felicidade se dissipa em parte porque o cérebro se acostuma. No texto "It's a Wonderful Life: Mentally Subtracting Positive Events Improves People's Affective States, Contrary to Their Affective Forecasts" (*Journal of Personality and Social Psychology*, v. 95, n. 5, pp. 1217-24, nov. 2008. doi :10.103), os autores Minkyung Koo, Sara B. Algoe, Timothy D. Wilson e Daniel T. Gilbert escrevem: "Ter um companheiro maravilhoso, assistir à vitória de seu time no campeonato mundial ou conseguir que um artigo seja aceito em um grande periódico são acontecimentos positivos, e refletir sobre eles provavelmente te fará sorrir; mas esse sorriso provavelmente será menos frequente a cada dia porque, por mais incríveis que esses eventos sejam, eles rapidamente tornam-se comuns — se tornam mais familiares sempre que se pensa sobre eles. De fato, pesquisas mostram que pensar sobre um acontecimento aumenta as chances de ele parecer familiar e justificável".

8. A ILUSÃO DA INTROSPECÇÃO [pp. 43-7]

A língua alemã tem cerca de 150 adjetivos que descrevem diferentes emoções. No inglês é até o dobro. Ver <www.psychpage.com/learning/library/assess/feelings. html>. Acesso em: 7 jul. 2017.

Citação de Schwitzgebel: "A auto-observação da nossa emoção momentânea, longe de ser segura, ou mesmo infalível, é falha, nem sempre confiável e pode gerar equívocos — não só pode ser equivocada, mas talvez seja quase sempre equivocada. Não acredito que só dentro de mim esteja escuro, mas em todas as pessoas" (Eric Schwitzgebel, *Perplexities of Consciousness*. Cambridge: MIT Press, 2011, p.129).

"Como ninguém nunca nos repreende quando falamos da nossa experiência e nós mesmos nunca enxergamos nossos erros, nos tornamos desleixados. A falta de feedback construtivo nos deixa excessivamente confiantes. Quem não gosta de ser o único expert, cujas palavras têm poder inquestionável?" (Eric Schwitzgebel: "The Unreliability of Naive Introspection, 7 set. 2007). Disponível em:: <www.faculty. ucr.edu/~eschwitz/SchwitzPapers/Naive070907.htm>. Acesso em: 7 jul. 2017.

9. A ARMADILHA DA AUTENTICIDADE [pp. 48-52]

Sobre o enterro de Charles Darwin: "O pesaroso filho mais velho estava sentado na primeira fila e sentiu uma corrente de ar atingir sua careca. Então, ele tirou as luvas pretas e as colocou no topo da cabeça, e assim permaneceu durante toda a cerimônia sob os olhares do mundo inteiro" (Simon Blackburn: *Mirror, Mirror*. Princeton: Princeton University Press, 2016, p. 25). Blackburn cita Gwen Raverat, neta de Charles Darwin, que escreve sobre os seus filhos. Ver: Joan Acocella, "Selfie". *The New Yorker Magazine*, 12 maio 2014. Disponível em: <www.newyorker.com/magazine/2014/05/12/selfie>. Acesso em: 7 jul. 2017.

"Eisenhower nunca foi um homem de chamar muita atenção, mas dois traços marcantes definem o maduro Eisenhower, traços de sua educação que ele cultivou ao longo do tempo. O primeiro era a criação de um segundo 'eu'. Hoje, nós temos a tendência de viver dentro de um ethos de autenticidade. Temos a tendência de acreditar que o 'verdadeiro eu' significa aquilo que é mais natural e insipiente. Ou seja, cada um de nós tem um modo genuíno de existir no mundo, e deveríamos viver nossa vida sendo fiéis a esse autêntico eu interior, sem sucumbir às pressões externas. Viver artificialmente, com um abismo entre nossa natureza interior e nossa conduta externa, significaria ser ilusório, ardiloso e falso. Eisenhower tendia para uma filosofia diferente" (David Brooks, *The Road to Character*. Nova York: Random House, 2015, p. 67).

10. O "NÃO" DE CINCO SEGUNDOS [pp. 53-6]

Citação original de Munger: "Outra coisa é o 'não' de cinco segundos. Você tem que tomar uma decisão. Você não deixa pessoas na mão" (Janet Lowe, *Damn Right, Behind the Scenes with Berkshire Hathaway Billionaire Charlie Munger*. Hoboken: John Wiley & Sons, 2000, p. 54).

"Charlie se deu conta de que é difícil encontrar algo seja realmente bom. Então, se você disser 'não' em 90% das vezes, não perderá muita coisa no mundo" (Otis Booth sobre Charlie Munger In: Charlie Munger, *Poor Charlie's Almanack*. Brookfield: Donning, 2008, p. 99).

Buffett: "A diferença entre pessoas bem-sucedidas e pessoas muito bem-sucedidas é que as muito bem-sucedidas dizem 'não' para praticamente tudo...".

"Você precisa controlar seu tempo e não vai conseguir fazer isso se não souber dizer não. Você não pode permitir que outras pessoas controlem sua rotina" (Peter Bevelin, *All I Want to Know Is Where I'm Going to Die so I'll Never Go There*, op. cit., p. 51).

11. A ILUSÃO DO FOCO [pp. 57-60]

Definição de Daniel Kahneman: "Nada na vida é tão importante quanto você imagina enquanto pensa sobre aquilo". Disponível em: <www.edge.org/response--detail/11984>. Acesso em: 7 jul. 2017. Ver também: John Brockman, *This Will Make You Smarter*. Nova York: Doubleday Books, 2012, p. 49. A história de tirar gelo do para-brisa eu peguei emprestada de um dos estudos mais interessantes da psicologia: David A. Schkade, Daniel Kahneman, "Does Living in California Make People Happy? A Focusing Illusion in Judgments of Life Satisfaction". *Psychological Science*, v. 9, n. 5, p. 340-6, 2016. Nele, os professores Kahneman e Schkade descreveram pela primeira vez a *ilusão do foco* — no caso, comparando o Meio-Oeste dos EUA e a Califórnia. Resultado: ao comprar duas alternativas A e B as pessoas costumam superestimar as diferenças e subestimar as coisas em comum.

12. O QUE VOCÊ COMPRA SE VAI [pp. 61-5]

Quanto prazer você tem com o seu carro? Norbert Schwarz, Daniel Kahneman, Jing Xu, "Global and Episodic Reports of Hedonic Experience". In: Robert F. Belli, Frank P. Stafford e Duana F. Alwin, *Calendar and Time Diary*. Thousand Oaks: SAGE Publications, p. 156-174.

Buffett: "Trabalhar para pessoas que lhe dão náuseas é como casar por dinheiro — uma ideia ruim sob qualquer circunstância, mas uma absoluta idiotice quando você já tem dinheiro" (Richard Connors, *Warren Buffett on Business: Principles from the Sage of Omaha*. Hoboken: John Wiley & Sons, 2010, p. 30).

13. DANE-SE O DINHEIRO [pp. 6-9]

A minha estimativa para a Alemanha e a Suíça é de 100 mil euros. Nos EUA são 75 mil dólares. "O nível de saciedade além do qual o bem-estar experimentado para de crescer era uma renda familiar de cerca de 75 mil dólares anuais em áreas de custo elevado (podia ser menos onde o custo de vida é menor). O crescimento médio de bem-estar experimentado associado a rendas além desse nível era praticamente zero" (Daniel Kahneman, *Thinking Fast and Slow*. Nova York: Farrar, Straus and Giroux, 2013, p. 397). [Ed. bras.: *Rápido e devagar: Duas formas de pensar*. Rio de Janeiro: Objetiva, 2012.]

Sobre o grau de satisfação de ganhadores de loteria, ver: Philip Brickman, Dan Coates, Janoff-Bulman Ronnie, "Lottery Winners and Accident Victims: Is Happiness Relative?", *Journal of Personality and Social Psychology*, v. 36, n. 8, p. 917-27, ago. 1978.

Richard Easterlin, "Income and Happiness: Towards a Unified Theory", *The Economic Journal*, v. 111, p. 465-84, 2011.

Outros estudos não chegam a essa conclusão tão absoluta quanto Easterlin. O crescimento do PIB aumenta o grau de satisfação de vida, o efeito não é zero, mas é reduzido, mais reduzido do que muita gente acha e os políticos nos fazem crer. Michael R. Hagerty, Ruut Veenhoven, "Wealth and Happiness Revisited — Growing National Income Does Go with Greater Happiness", *Social Indicators Research*, v. 64, p. 1-27, 2003.

O padrão de vida quase que duplicou de 13.869 dólares per capita em 1946 para 23.024 dólares per capita em 1970, valores na base de preços de mercado constantes (2009). Disponível em: <www.measuringworth.com/usgdp/>. Acesso em: 7 jul. 2017. Louis Johnston, Samuel H. Williamson, "What Was the U. S. GDP Then?", *MeasuringWorth*, 2017.

Sobre a etimologia do *fuck-you-money* (dane-se o dinheiro), ver: Ethan Wolff--Mann, "How Much Money Would You Need to Ditch Your Job — Forever?", *Money Magazine*, 17 out. 2016. Disponível em: <time.com/money/4187538/f-u--money-defined-how-much-calculator/>. Acesso em: 7 jul. 2017. *Fuck-you-money* lhe permite ver e pensar de modo objetivo. Charlie Munger diz: "Elihu Root, provavelmente o melhor assistente que já tivemos, fez um dos meus comentários favoritos: 'O homem perfeito para ocupar um cargo público é aquele que está disposto a sair a qualquer hora'. E: 'O melhor diretor para tomar decisões difíceis é aquele que está disposto a deixar o escritório a qualquer hora? Minha resposta é não'" (Peter Bevelin, *All I Want to Know Is Where I'm Going to Die so I'll Never Go There*, op. cit., p. 33).

14. O CÍRCULO DE COMPETÊNCIAS [pp. 70-3]

Outra citação de Charlie Munger sobre o círculo de competências: "Se você quiser se tornar o melhor jogador de tênis do mundo, pode ser que você comece e logo descubra que não há esperanças — que as outras pessoas não prestam atenção em você. No entanto, se você quiser se tornar o melhor encanador de Bemidji, isso provavelmente pode ser feito por dois terços das pessoas. É preciso ter determinação. É preciso ter inteligência. Mas, depois de um tempo, você saberá tudo sobre o mercado de encanamento de Bemidji e dominará a arte do negócio. Esse é um objetivo atingível, com a devida disciplina. E as pessoas que nunca conseguiriam vencer um torneio de xadrez ou ficar na quadra em uma disputa respeitável de tênis podem ascender bastante na vida por desenvolverem aos poucos um círculo de competências — fruto das características natas e do que elas desenvolvem com trabalho" (In: Farnham Street Blog: *The 'Circle Of Competence' Theory Will Help You Make Vastly Smarter Decisions, Business Insider*, 5 dez. 2013. Disponível em: <www.businessinsider.com/the-circle-of-competence-theory-2013-12>. Acesso em: 7 jul. 2017).

Citação de Tom Watson: "Não sou um gênio. Minha inteligência é pontual, no entanto permaneço de forma coerente em torno desses pontos" (Dylan Evans, *Risk Intelligence*. Londres: Atlantic Books, 2013, p. 198).

Debbie Millman: "Conte com isto: tudo o que é valioso precisa de muito tempo". Ver Brainpickings: <explore.brainpickings.org/post/53767000482/the-ever-wise--debbie-millman-shares-10-things-she>. Acesso em: 8 jul. 2017.

Anders Ericsson pesquisou a famosa regra de 10 mil horas. (Anders Ericsson, Robert Pool, *Peak. Secrets of the New Science of Expertise*. Boston: Houghton Mifflin Harcourt, 2016.)

Kevin Kelly escreveu exaustivamente sobre a obsessão: "Obsessão é uma força arrebatadora; a verdadeira criatividade vem quando você não está fazendo ou pensando em nada especificamente. É desse lugar que frequentemente surgem a verdadeira busca, o aprendizado e novas coisas" (Edge.org, "The Technium. A Conversation with Kevin Kelly", com prefácio de John Brockman, 2 mar 2014. Disponível em: <www.edge.org/conversation/kevin_kelly-the-technium>. Acesso em: 7 jul. 2017).

15. O SEGREDO DA PERSEVERANÇA [pp. 74-8]

"Charlie e eu ficamos sentados, esperando o telefone tocar" (Robert Hagstrom, *The Essential Buffett*. Hoboken: Wiley, 2001, p. 34).

"Ao fazer isso, sistematicamente superestimamos o 'fazer' contra o 'não fazer nada', o esforço contra a reflexão e o ativismo contra a espera." Isso não tem nada a ver com o nosso passado evolucionário. Nossos antepassados não sobreviveram com espera e perseverança, e sim por meio da atuação determinada. Melhor sair correndo uma vez mais do que esperar e pensar. Melhor bater do que esperar e pensar. Isso explica o viés de ação, a tendência automática a agir em situações pouco claras, que eu já descrevi em um livro anterior. Rolf Dobelli, op. cit., pp. 128-30.

Os maiores best-sellers de todos os tempos, disponível em: ‹www.die-besten-
-aller-zeiten.de/buecher/meistverkauften/›. Acesso em: 8 jul. 2017. Os produtos
mais vendidos, disponível em: ‹www.businessinsider.com/10-of-theworlds-best-
-selling-items-2014-7›. Acesso em: 8 jul. 2017. Coca-cola lidera o ranking das bebi-
das. Desde a sua fundação, em 1886, vendeu por volta de 30 trilhões de garrafinhas
ou latinhas. No ramo dos comestíveis, a batata Lay's está na ponta, com cerca de
4 trilhões de saquinhos vendidos desde 1932. No caso dos jogos, quem lidera é o
cubo mágico, com 350 milhões de unidades vendidas desde 1980.

"Êxitos no longo prazo se desenvolvem como bolos com fermento." No jargão
da área financeira, é o que se chama de juros sobre juros, e o que Einstein desig-
nou como "oitava maravilha do mundo". Disponível em: ‹/www.goodreads.com/
quotes/76863-compound-interest-is-the-eighth-wonder-of-the-world-he›. Acesso
em: 8 jul. 2017.

Bertrand Russell, op. cit., p. 45.

"Não existe uma correlação positiva entre conduta barulhenta e boas ideias,
entre inquietação e insight, entre atividade e resultado." Sobre isso, ver a citação
de Warren Buffett: "Não somos pagos por fazermos as coisas, apenas por estarmos
certos. Agora, em relação a quanto esperaremos, esperaremos indefinidamente"
(Warren Buffett, *Berkshire Hathaway Annual Meeting 1998*).

Última citação deste capítulo de Charlie Munger: "Não é preciso ser brilhante, só
um pouco mais esperto do que os outros por um *longo, longo* tempo" (Peter Bevelin,
All I Want to Know Is Where I'm Going to Die so I'll Never Go There, op. cit., p. 7).

16. A TIRANIA DA VOCAÇÃO [pp. 79-83]

Sobre Santo Antão ver: ‹/pt.wikipedia.org/wiki/Antão_do_Deserto›. Acesso
em: 8 jul. 2017.

Li a história sobre o trágico fim de John Kennedy Toole (Ryan Holiday, *Ego is
the Enemy*. Nova York: Penguin Random House, 2016, p. 180). O magnífico livro
de Holiday é um perfeito manual para a modéstia e, com isso, relevante para os
nossos capítulos 7, 16 e 51.

"Um dos sintomas da aproximação de um colapso nervoso é a crença de que o
próprio trabalho tem uma importância enorme" (Bertrand Russell, *The Conquest
of Happiness*, 1930. Ver: ‹https://en.wikiquote.org/wiki/The_Conquest_of_Hap-
piness›. Acesso em: 8 jul. 2017).

Em outro livro, descrevi o viés do sobrevivente e o viés da autosseleção. Ver:
Rolf Dobelli, op. cit., pp. 1-4 e 139-41.

270

"É uma vantagem poder se entusiasmar por uma atividade para a qual você tem aptidão acima da média. Se Warren Buffett tivesse resolvido se tornar bailarino, ninguém jamais teria ouvido falar nele" (Peter Bevelin, *All I Want to Know Is Where I'm Going to Die so I'll Never Go There*, op. cit., p. 75).

17. A PRISÃO DA BOA REPUTAÇÃO [pp. 84-7]

Citação de Bob Dylan em: "Dylan bricht sein Schweigen" [Dylan rompe o silêncio], *Die Zeit*, 29 out. 2016. Ver: ‹www.zeit.de/kultur/literatur/2016–10/ nobelpreis-bob-dylan-interview-stockholm›. Acesso em: 8 jul. 2017.

Warren Buffett: "Você prefere ser o melhor amante do mundo enquanto todo mundo acha que você é o pior? Ou prefere ser o amante mais desprezível, mas ser considerado o melhor diante de todo mundo? Essa é uma pergunta interessante. Agora, vai outra. Se o mundo não pudesse ver os seus resultados, você preferiria ser visto como o maior investidor do mundo, mas na verdade com o pior histórico do mundo? Ou ser visto como o pior investidor do mundo, mas na realidade ser o melhor? Na hora de ensinar os filhos, acho que a lição que as crianças aprendem desde muito cedo é quais são as prioridades dos pais. Se você prioriza o que o mundo vai pensar de você e se esquece de como você realmente se comporta, você acabará com um *outer scorecard* (padrão de referência externo). Agora, meu pai: ele era cem por cento o cara *inner scorecard* (padrão de referência interno). Ele era realmente rebelde, mas não era só por ser. Ele só não se importava com o que os outros pensavam. Meu pai me ensinou como a vida deve ser vivida. Eu nunca vi ninguém como ele" (Alice Schroeder, op. cit., p. 30-1).

"Preste atenção quando encontrar amigos da próxima vez: vocês passarão 90% do tempo falando sobre outras pessoas. Sobre o que conversam matemáticos no almoço no refeitório da universidade? Sobre problemas matemáticos milenares? Errado. Eles fofocam sobre os colegas, sobre quem está tendo um caso com quem, quem roubou uma ideia de quem e quem não mereceu um título de doutor honoris causa" (David Brooks, *The Road to Character*. Nova York: Penguin, 2016, E-Book-Location 4418).

18. A ILUSÃO DO "FIM DA HISTÓRIA" [pp. 88-91]

Sobre a ilusão do fim da história, ver: Jordi Quoidbach, Daniel T. Gilbert, Timothy D. Wilson, "The End of History Illusion", *Science*, v. 339, n. 6115, p. 96-8, 4 jan. 2013.

Durante muitos anos, a psicologia partia do pressuposto de que uma personalidade (a partir dos trinta anos) era imutável. Falava-se das chamadas cinco características estáveis da personalidade, os "big five": abertura para novas experiências, percepção, extroversão, compatibilidade e fragilidade emocional. Mas hoje sabemos que nosso caráter pode mudar bastante ao longo da vida. Não sabemos isso apenas porque todos os dias estamos em nossa própria pele e não percebemos as minúsculas transformações. Mas ao longo das décads opera-se uma boa transformação, da mesma forma que, por exemplo, os aeroportos são reformados. Não, nossas personalidades são tudo menos imutáveis. Se existe algo imutável, são nossas opiniões políticas (ver Jonathan Haidt, *The Righteous Mind: Why Good People Are Divided by Politics and Religion*. Nova York: Pantheon, 2012). Aprendemos que a Terra gira em torno do Sol, aceitamos novas opiniões, menos as políticas. Minha dica para todos os políticos: poupem seu tempo e seu dinheiro tentando convencer eleitores. Nunca conseguirão. Poderão, no máximo, ter um pouco de influência sobre o caráter deles.

"Meu antigo chefe, Ben Graham, quando tinha doze anos, listou todas as qualidades que admirava e todas as que achava condenáveis em outras pessoas. Ele olhou para a lista e não tinha nada sobre correr cem metros rasos em 9,6 segundos ou saltar 2 metros. Eram só coisas que eram uma questão de decidir se você seria esse tipo de pessoa ou não... Sempre ande com pessoas melhores do que você, e você irá crescer um pouco. Ande com pessoas do outro tipo e você descerá ladeira abaixo" (Warren Buffett. In: Janet Lowe, *Warren Buffett Speaks: Wit and Wisdom from the World's Greatest Investor*. Hoboken: John Wiley & Sons, 2007, p. 36).

Mais um experimento mental de Warren Buffett: lembre-se de seu tempo na escola e da sua turma. Suponha que o professor tenha dado o seguinte dever: escolha um aluno da classe que lhe dará 10% da renda de seu trabalho pelo resto da vida e ao qual você dará 10% da sua renda de trabalho. Quais são seus critérios para resolver essa tarefa? Abstraia tudo o que você sabe hoje, por exemplo, que um de seus antigos colegas tornou-se bilionário. Naquela época, você não sabia disso. Aqui se trata dos critérios para resolver o dever. Você teria escolhido o melhor jogador de futebol da classe, uma posição elevadíssima na época? O menino mais musculoso? A menina com a qual você então sonhava? A colega com os pais mais ricos? O mais inteligente? O seu melhor amigo? O predileto do professor? O mais estudioso da turma? O mais confiável? Ao longo do experimento, logo vemos que todos os critérios que então eram os mais importantes e que davam status — desenvoltura no futebol, força, beleza, pais ricos — não têm a menor importância. O que conta são critérios como confiabilidade, diligência, inteligência e principalmente se você gosta mesmo da pessoa. Com exceção da inteligência, todos são critérios que não são inatos e que estão abertos a qualquer pessoa. Para citar Buffett: "Vocês estão todos no segundo ano do MBA, tiveram a oportunidade de conhecer todos os seus colegas de sala. Imagine por um momento que eu te dei esse poder — você pode comprar 10% dos ganhos de um dos seus colegas de classe para o resto da vida dele. Você não pode escolher alguém com pai rico; tem que escolher alguém que vai enriquecer por mérito próprio. E você tem uma hora para pensar sobre isso. Você daria a eles um teste de QI e depois escolheria quem tivesse se saído melhor? Eu duvido. Escolheria o que tem as melhores notas? O mais proativo? Você começaria procurando por fatores qualitativos, além de quantitativos, porque todo mundo tem inteligência e energia suficientes. Você provavelmente escolheria alguém com quem se deu melhor ou que tem as melhores características de liderança, o que melhor consegue atrair pessoas para realizar seus interesses. Essa pessoa seria generosa, honesta e dá crédito a outras pessoas por suas ideias. Todos os tipos de qualidades. Quem você mais admira na sala. Então, eu dificulto a sua situação. Além dessa pessoa, você teria que ser rude com um de seus colegas. Desse jeito é mais divertido. Você faria isso? Você não escolheria a pessoa com o menor QI, você pensaria na pessoa que te rejeitou, que é egoísta, que é gananciosa, rude e um pouco desonesta. Enquanto você procura essas qualidades por todos os lados, há uma coisa interessante sobre elas: não é sobre conseguir jogar uma bola de futebol americano 55 metros de distância, não é sobre ter é a habilidade de correr cem metros rasos em 9,3 segundos, não é sobre ser o mais bonito da sala, essas são qualidades que se você quiser ter nas pessoas em um dos grupos, você pode. São qualidades de comportamento, temperamento, caráter, que são atingíveis, não são proibidas para ninguém. Se você procura por essas qualidades de que não gosta em outras pessoas, não há uma qualidade ali que você deve ter. Você pode se livrar de tudo. Você pode se livrar disso tudo muito mais facilmente na sua idade do que na minha idade, porque a maioria dos comportamentos é natural. As correntes dos hábitos são muito suaves para serem sentidas até ficarem muito fortes para serem quebradas. Não há como questionar. Eu vejo pessoas com esses comportamentos autodestrutivos na minha idade, ou até com vinte anos a menos, e elas estão realmente encurraladas em si mesmas" (Richard Connors, *Warren Buffett on Business: Principles from the Sage of Omaha.* Hoboken: John Wiley & Sons, 2010, pp. 171-2).

"Contrate pela atitude, treine as habilidades" (In: Bill Taylor, "Hire for Attitude, Train for Skill", *Harvard Business Review*, 1 fev. 2011).

Buffet: "Não tentamos mudar as pessoas. Isso não dá certo. Nós aceitamos as pessoas como elas são" (Peter Bevelin, *All I Want to Know Is Where I'm Going to Die so I'll Never Go There*, op.cit., p. 107).

Sobre a historinha do empresário que se casou com uma mulher introvertida: ele deveria ter escutado o conselho de Charlie Munger: "Se você quiser ter uma vida garantidamente horrível, case-se com alguem com a intenção de transformar essa pessoa" (Peter Bevelin, *All I Want to Know Is Where I'm Going to Die so I'll Never Go There*, op. cit., p. 108).

"Ah, é tão conveniente lidar apenas com pessoas de confiança e mandar os outros para o inferno [...] Pessoas sábias se afastam de pessoas que são como veneno de rato, e há muitas assim" (David Clark, *Tao of Charlie Munger*. Nova York: Scribner, 2017, p. 177).

19. O PEQUENO SENTIDO DA VIDA [pp. 92-6]

"Quando liguei para a casa do Gary para agradecer-lhe, uma secretária eletrônica daquelas antigas atendeu com uma mensagem moderna: 'Olá, aqui é Gary, e esta não é uma secretária eletrônica, é uma questionadora eletrônica! As duas perguntas são: 'Quem é você?' e 'O que você quer?'. Depois de uma pausa, a mensagem continua, 'Se você acha que essas são perguntas corriqueiras, considere que 95% da população vive a vida toda sem responder a nenhuma delas'" (Terry Pearce, *Leading out Loud*. 3. Ed. Hoboken: Jossey-Bass, 2013, p. 10).

"Tudo o que você faz deve ter uma meta. Tenha essa meta sempre em mente." Sêneca, "On the Tranquility of Mind", 12.5 (Ryan Holiday, *The Daily Stoic*. Nova York: Portfolio, 2016, E-Book-Location 215).

Metas de vida são extremamente importantes: Carol Nickerson, Norbert Schwarz, Ed Diener et al., "Happiness: Financial Aspirations, Financial Success, and Overall Life Satisfaction: Who? and How?", *Journal of Happiness Studies*, v. 8, p. 467-515, dez. 2007.

"O mesmo princípio se aplica a outras metas — uma receita para a insatisfação na vida são metas especialmente difíceis de serem atingidas" (Daniel Kahneman, *Thinking Fast and Slow*, op. cit., p. 402). [*Rápido e devagar: duas formas de pensar*. Rio de Janeiro: Objetiva, 2012.]

20. SEUS DOIS "EUS" [pp. 97-101]

Daniel Kahneman criou os conceitos "*experiencing self*" (o eu que experimenta) e "*remembering self*" (o eu que se lembra) (Daniel Kahneman, *Thinking Fast and Slow*, op. cit., p. 380 ss). [*Rápido e devagar: duas formas de pensar*. Rio de Janeiro: Objetiva, 2012.]

Pesquisadores estudaram a felicidade de estudantes durante as férias. Ver: Derrick Wirtz, Justin Kruger, Christie Napa Scollon, Ed Diener, "What to Do on Spring Break? The Role of Predicted, On-line, and Remembered Experience in Future Choice", *Psychological Science*, v. 14, n. 5, p. 520-4, set. 2003. Sobre a "regra pico-fim": Daniel Kahneman, Barbara L. Fredrickson, Charles A. Schreiber, Donald A. Redelmeier, "When More Pain Is Preferred to Less: Adding a Better End", *Psychological Science*, v. 4, n. 6, p. 401-5, nov. 1993.

21. UMA CONTA-CORRENTE DE LEMBRANÇAS [pp. 102-5]

Jia Wei Zhang; Ryan T. Howel, "Do Time Perspectives Predict Unique Variance in Life Satisfaction Beyond Personality Traits?", *Personality and Individual Differences*, v. 50, n. 8, p. 1261-6, jun. 2011.

22. HISTÓRIAS DE VIDA SÃO HISTÓRIAS MENTIROSAS [pp. 106-10]

O psicólogo norte-americano Thomas Landauer foi o primeiro cientista a formular uma tese a respeito da quantidade de informações que um ser humano médio consegue gravar. "Todas as técnicas que ele tentou levaram mais ou menos para a mesma resposta: um gigabyte. Ele não disse que a resposta é precisa, mas mesmo se estiver errado dez vezes, se as pessoas conseguirem gravar dez vezes mais ou dez vezes menos do que um gigabyte, continua sendo uma quantidade pequena. É apenas uma minúscula parte do que um computador moderno consegue gravar. Seres humanos não são depósitos de informação" (Steven Sloman, Philip Fernbach, *The Knowlege Illusion*. Nova York: Riverhead Books, 2017, p. 26).

23. MELHOR UMA BOA VIDA DO QUE UMA BOA MORTE [pp. 111-4]

Pesquisadores dos Estados Unidos confrontaram estudantes com histórias de vida semelhantes. Ver: Ed Diener, Derrick Wirtz, Shigehiro Oishi, "End Effects of Rated Life Quality: The James Dean Effect", *Psychological Science*, v. 12, n. 2, p. 124-8, mar. 2011. "Há algo mais terrível do que a morte, que poderias desejar a teu inimigo?" "Acalma-te: ele morrerá sem que precises mover o dedo mindinho" (Sêneca. Disponível em: <www.aphorismen.de/zitat/188497>. Acesso em: 9 jul. 2017). Para que a leitura fluísse melhor, substituí 'ele' por 'teu inimigo' no texto.

24. UM REDEMOINHO DE AUTOPIEDADE [pp. 115-8]

"Se você está no fundo do poço, pare de cavar." Ver: <en.wikipedia.org/wiki/ Law_of_holes>. Acesso em: 8 jul. 2017. Munger: "Autopiedade pode acabar ficando muito parecida com paranoia. E paranoia é uma das coisas mais difíceis de se reverter. Não se deixe levar pela autopiedade. Eu tinha um amigo que carregava no bolso da calça uma pilha de cartas e, quando alguém fazia um comentário que refletia autopiedade, ele tirava do bolso, de forma devagar e admirável, as cartas, colocando a do topo na mão da pessoa. A carta dizia "Sua história tocou o meu coração. Nunca tinha ouvido falar de alguém com tanta falta de sorte quanto você". Bom, você pode dizer que era só brincadeira, mas acho que pode ser uma higiene mental. Todas as vezes que você se perceber caindo na autopiedade, não importa o motivo, mesmo que seu filho esteja morrendo de câncer, entenda que autopiedade não vai ajudar. Dê a si mesmo uma das cartas do meu amigo. Autopiedade é sempre contraprodutiva. É o modo errado de pensar. E, quando você a evita, tem uma grande vantagem em relação aos outros, pois a autopiedade é a resposta-padrão, e você pode se treinar para fugir dela" (Charlie Munger, "Commencement Address at USC Law School", 2007. *Farnam Street*, The Munger Operating System: How to Live a Life That Really Works, 13 abr. 2016. Disponível em: <fs.blog/2016/04/ munger-operating-system/>. Acesso em: 8 jul. 2017).

Há 500 anos, 1 milhão de seus antepassados diretos, parentes de sangue, viviam sobre a Terra: cinco séculos de quatro gerações = vinte gerações.

Mesmo fatalidades duras na infância dificilmente se correlacionam com o sucesso ou a satisfação na idade adulta. Ver: Ann M. Clarke, *Early Experience: Myth and Evidence*. Nova York: Free Press, 1976. Michael Rutter, "The long-term effects of early experience". *Developmental Medicine and Child Neurology*, v. 22, p. 800-15, 1980.

"Acredito que a importância dada aos acontecimentos da infância é exagerada; na verdade, acho que o nosso passado, em geral, é superestimado. Tem se mostrado difícil encontrar efeitos, ainda que pequenos, de eventos da infância na personalidade adulta, e não existem evidências de grandes — muito menos determinantes — desses efeitos" (Martin Seligman, *Authentic Happiness*. Nova York: Free Press, 2002, E-Book-Location 1209 ss).

"O destino vai atirar coisas em sua cabeça. A vida não é para fracotes" (Sêneca, *Cartas a Lucílio, carta 107*. Lisboa: Fundação Calouste Gulbenkian).

"Qual é o sentido de ser infeliz agora apenas porque foi infeliz uma vez?" (Sêneca, William B. Irvine, *A Guide to the Good Life*. Oxford: Oxford University Press, 2008, p. 220).

A regra de ferro de Charlie Munger diz: "Sempre que você pensa que alguma situação ou alguma pessoa está arruinando a sua vida, na verdade é você quem está a arruinando... Se fazer de vítima é um jeito desastroso de levar a vida. Se você assumir a postura de que coisas ruins acontecem de qualquer maneira, de que é sua responsabilidade, você vai fazer o melhor que pode para resolver — essa é a chamada regra de ferro". Disponível em: <latticeworkinvesting.com/quotes/>. Acesso em: 9 jul. 2017.

25. HEDONISMO E EUDEMONIA [pp. 119-23]

Platão e Aristóteles, por exemplo, acreditavam que o homem deveria ser o mais corajoso, valente, justo e sábio possível. Ver: <de.wikipedia.org/wiki/Eudaimonie>. Acesso em: 9 jul. 2017.

Versão 2.0 das chamadas virtudes cardinais. Ver: Ambrosius von Mailand: *De officiis ministrorum*. Disponível em: <de.wikipedia.org/wiki/Kardinaltugend>. Acesso em: 8 jul. 2017.

"Por terem confundido causa e consequência, os filósofos foram obrigados a defender injustamente argumentos assustadores — por exemplo, de que um criminoso de guerra nazista pegando sol numa praia da Argentina não é verdadeiramente feliz, mas um devoto missionário que está sendo comido vivo por canibais o é" (Dan Gilbert, *Stumbling on Happiness*. Nova York: Vintage, 2007, p. 34).

Paul Dolan: "As experiências de prazer e propósito são o que importa em última análise. O hedonismo é a escola de pensamento na qual o prazer é a única coisa que importa no final. Acrescentando ao prazer os sentimentos de propósito, defino minha posição como um hedonismo sentimental. Sou um hedonista sentimental e acho que no fundo todos somos" (Paul Dolan, op. cit., E-Book-Location 1442).

"I know it when I see it" ("Eu sei quando o vejo") é considerada a frase mais conhecida da história da Suprema Corte dos Estados Unidos. Na época, não se referia ao "sentido", mas à pornografia. Disponível em: <en.wikipedia.org/wiki/I_know_it_when_I_see_it>. Acesso em: 9 jul. 2017.

Kahneman: "A grande ideia é considerar 'com sentido' e 'sem sentido' experiências, e não julgamentos. As atividades, segundo essa visão, diferem numa experiência subjetiva de senso de propósito — o trabalho voluntário é associado a um senso de propósito que não vivenciamos quando ficamos passeando pelos canais da TV. Para Dolan, o propósito e o prazer são constituintes básicos da felicidade. Este é um avanço ousado e original" (Paul Dolan, op. cit. E-Book-Location 75).

Sobre recentes pesquisas em filmes: Mary Beth Oliver, Tilo Hartmann, "Exploring the Role of Meaningful Experiences in Users' Appreciation of 'Good Movies'", *Projections*, v. 4, n. 2, p. 128-50, 2010.

26. O CÍRCULO DA DIGNIDADE – PARTE 1 [pp. 124-7]

O milagre de Dunquerque. Disponível em: <en.wikipedia.org/wiki/Dunkirk_evacuation>. Acesso em: 9 jul. 2017.

Para a história sobre o radiograma, ver: Jim Stockdale, *Thoughts of a Philosophical Fighter Pilot*. Palo Alto: Hoover Institution Press, 1995, E-Book-Location 653.

Um dos princípios de Warren Buffett de acordo com a biógrafa Alice Schroeder: "Compromissos são tão sagrados que deveriam ser raros" (Alice Schroeder, op. cit., p. 158).

Quem tem a mudança social como missão vai se envolver com milhares de pessoas e com instituições que farão qualquer coisa para manter o statu quo. Circunscreva sua missão a uma área tão limitada quanto possível. Não se pode rebelar contra a ordem predominante em todos os aspectos. A sociedade é mais forte do que cada um de nós. Só alcançamos a vitória pessoal em nichos morais claramente definidos.

"Uma pessoa que não está pronta a morrer por algo não está madura para a vida" (Martin Luther King, Discurso na Marcha pela Liberdade em Detroit, 23 jun. 1963).

27. O CÍRCULO DA DIGNIDADE – PARTE 2 [pp. 128-32]

Jim Stockdale conta num vídeo sobre a destruição de seu jato de guerra e seu aprisionamento. Disponível em: <www.youtube.com/watch?v=Pc_6GDWl0s4>. Acesso em: 9 jul. 2017.

Stockdale: "Naquela noite, deitei e chorei. Estava muito feliz, porque tive forças para confrontá-los". Disponível em: <www.youtube.com/watch?v=Pc_6GDWl0s4>. Acesso em: 9 jul. 2017.

Vučić: "Incrédulo diante dos comentários num site, ele pediu durante uma entrevista ao editor-chefe da televisão estatal para ler ele mesmo a insolência. Este começou, percebeu que estava se tornando impossível e recusou-se a continuar". Disponível em: <www.nzz.ch/international/wahl-in-serbiendurchmarsch-von--vucic-ins-praesidentenamt-ld.155050>. Acesso em: 10 jul. 2017.

Em seu livro *The Road to Character*, David Brooks descreve, entre outras coisas, a vida da política Frances Perkins. Em 1933, Franklin D. Roosevelt fez dela a primeira mulher a se tornar ministra nos EUA. Perkins usou uma estratégia semelhante. "Quando os inimigos a atacavam de maneira rancorosa, ela pedia a essas pessoas que repetissem a pergunta. Ela achava que ninguém seria tão maldoso duas vezes seguidas" (David Brooks, *The Road to Character*. Nova York: Penguin, 2016, p. 44).

28. O CÍRCULO DA DIGNIDADE — PARTE 3 [pp. 133-6]

Por 10 mil dólares uma mulher deixa que lhe tatuem o nome de uma empresa na testa. Ver: Michael J. Sandel, *What Money Can't Buy*. Nova York: Farrar, Straus and Giroux, 2012, p. 184.

29. O LIVRO DAS PREOCUPAÇÕES [pp. 137-41]

O experimento com pardais, ver: Liana Y. Zanette, Aija F. White, Marek C. Allen, Michael Clinchy, "Perceived Predation Risk Reduces the Number of Offspring Songbirds Produce per Year", *Science*, v. 334, n. 6061, p. 1398-1401, 9 dez. 2011. Ver também: Ed Young, "Scared to Death: How Intimidation Changes Ecosystems", *New Scientist*, 29 maio 2013.

"Clichês do tipo 'Relaxe e seja feliz' são inúteis; repare que pessoas que ouvem que precisam "relaxar" raramente conseguem" (Joel Gold, Morbid Anxiety. In: John Brockman, *What Should We Be Worried About?* Nova York: Harper Perennial, 2014, p. 373). Bertrand Russell, op. cit., p. 56.

Mark Twain: "Sou um homem velho e tenho muitas preocupações, a maioria das quais nunca aconteceu". Disponível em: <quoteinvestigator.com/2013/10/04/never-happened/>. Acesso em: 9 jul. 2017.

30. O VULCÃO DE OPINIÕES [pp. 142-5]

"Quando pessoas se deparam com perguntas complicadas — por exemplo, se o salário mínimo deve aumentar —, elas geralmente tendem para um lado ou para outro e só depois param para racionalizar se é possível sustentar aquela posição" (Jonathan Haidt, *The Happiness Hypothesis*. Nova York: Basic Books, 2006, E-Book Location 1303).

Em meu livro anterior, descrevi a heurística dos afetos: Rolf Dobelli, op. cit., pp. 197-9.

31. A FORTALEZA MENTAL [pp. 146-50]

Boécio: *Consolação da filosofia* (*Trost der Philosophie*), Artemis e Winkler, 1990. O termo "fortaleza mental" é um derivado da "fortaleza interior". Vem das *Meditações*, de Marco Aurélio. Dependendo da tradução, também é chamado de "castelo interior".

32. A INVEJA [pp. 151-4]

Gore Vidal: "Quando um amigo tem um pinguinho de sucesso, alguma coisa morre dentro de mim", citado em: *The Sunday Times Magazine*, 16 set. 1973.

Como lembrete, apresento um breve resumo do conto de fadas da Branca de Neve: a madrasta (e atual rainha) inveja a enteada por sua beleza. Primeiro, ela envia um matador profissional (um caçador) atrás de Branca de Neve, mas ele não se atém ao acordo e permite que Branca de Neve fuja. Ela corre pela floresta até encontrar a casinha dos sete anões. A experiência ruim com a terceirização (caçador) força a madrasta a dar uma mãozinha. Ela mesma envenena a linda Branca de Neve.

Bertrand Russell chama a inveja de uma das principais causas de infelicidade. Inveja é "na minha opinião, uma das paixões humanas mais difundidas e profundamente arraigadas" (Bertrand Russell, op. cit., p 59).

Também Russell: "Na era da divisão social rígida, as camadas inferiores só não invejaram as do topo enquanto prevaleceu a crença de que Deus queria uma separação entre ricos e pobres. O mendigo não inveja o milionário, mas os colegas mendigos que fazem melhores negócios. A falta de estabilidade na estratificação social do mundo moderno, combinada com os ensinamentos igualitários da democracia e do socialismo, expandiu enormemente o campo da inveja. [...] portanto, a inveja desempenha um papel muito importante, em nosso tempo" (ibid, p. 64).

"Recentemente, pesquisadores fizeram funcionários da Universidade da Califórnia se sentirem insatisfeitos ao lhes fornecer um link no qual podiam ver o salário de seus colegas (o que é possível devido à "lei do direito de saber" desse estado). Quem ganhava menos que a média salarial ficou menos satisfeito com o emprego depois de ver o link" (Paul Dolan, op. cit., E-Book Location 2352).

"Nós descobrimos que "inveja" surge como categoria de maior importância com 29,6% de respostas que mencionam a principal razão por trás da frustração e do cansaço em relação aos 'outros'. Sentimentos de inveja superam de longe as outras causas, como 'falta de atenção' (19,5%), 'solidão' (10,4%) e 'perda de tempo' (13,7%)" (Hanna Krasnova et al.: "Envy on Facebook: A Hidden Threat to Users' Life Satisfaction?". *Wirtschaftsinformatik*, pp. 1477-91, 2013).

Munger: "A ideia de se importar com alguém estar ganhando dinheiro mais rápido que você é um dos pecados capitais. Inveja é um pecado muito estúpido porque é o único que não proporciona nenhuma diversão. Há muita dor e nenhuma diversão. Por que você entraria nessa?" (Charles T. Munger, *Poor Charlie's Almanack*. Virginia Beach: Donning, 2008, p. 431).

Acabei de escrever sobre a inveja em outro livro. Ver: Rolf Dobelli, op. cit., pp. 257-9.

33. A PREVENÇÃO [pp. 155-8]

Albert Einstein: "Uma pessoa esperta resolve um problema. Uma pessoa sábia o evita". Disponível em: <www.azquotes.com/quote/345864>. Acesso em: 11 jul. 2017.

O ditado "*An ounce of prevention is worth a pound of cure*" ["É melhor prevenir do que remediar"] vai na mesma direção. Foi isso que o polivalente Benjamin Franklin, um dos fundadores dos Estados Unidos, escreveu numa carta anônima aos leitores do *Philadelphia Gazette* ao encorajar o estabelecimento de brigadas de incêndio com base voluntária. Disponível em: <en.wikipedia.org/wiki/Benjamin_Franklin#Gr. C3.BCndung_von_Freiwilligen_Feuerwehren>. Acesso em: 11 jul. 2017.

Munger: "Se um turbilhão aparecer à minha frente, passo a uma distância não de seis metros, e sim de duzentos metros" (Peter Bevelin, *All I Want to Know Is Where I'm Going to Die so I'll Never Go There*, op. cit., p. 58).

Howard Marks: "Eu conto a história do meu pai, um apostador que perdia regularmente. Um dia ele ouviu falar de uma corrida de apenas um cavalo, então ele apostou o dinheiro do aluguel. Na metade da corrida, o cavalo pulou a cerca e fugiu. Inevitavelmente, as coisas podem ficar muito piores do que as pessoas imaginam. Talvez 'o pior dos cenários' signifique 'o pior cenário que já vimos', mas isso não quer dizer que as coisas não possam piorar no futuro" (Howard Marks, *The Most Important Thing, Uncommon Sense for the Thoughtful Investor*. Nova York: Columbia Business School Publishing, 2011, p. 55, citado em: Peter Bevelin, *All I Want to Know Is Where I'm Going to Die so I'll Never Go There*, op. cit, p. 62).

Munger: "Você pode dizer 'Quem é que que viver a vida antecipando os problemas?'. Bom, eu quis, preparado como eu era. A vida inteira, sempre imaginei todas as dificuldades possíveis... Não fui nem um pouco infeliz por antecipar problemas e estar preparado para quando eles de fato apareceram. Não me machucou nem um pouco. Na verdade, me ajudou" (ibid.). Para o *pre-mortem* ver: <en.wikipedia.org/wiki/Pre-mortem>. Acesso em: 11 jul. 2017.

34. TRABALHO DE EMERGÊNCIA MENTAL [pp. 159-62]

Para falácia do voluntário: Rolf Dobelli, op. cit., pp. 193-5.

Richard Feynman: "[John] von Neumann me deu uma ideia muito interessante: você não é responsável pelo mundo em que se encontra. Portanto, eu desenvolvi uma espécie de irresponsabilidade social. Desde então, ela tem me deixado bastante feliz. Mas foi Von Neumann que colocou a semente que fez creser minha irresponsabilidade ativa" (*Surely, You're Joking, Mr. Feynman!* Nova York: W. W. Norton & Company, 1997, p. 132).

35. A ARMADILHA DA ATENÇÃO [pp. 163-7]

"No jantar, o sr. Bill Gates apresentou uma questão: qual o principal fator que lhes permitiu chegar aonde chegaram? E eu disse: 'Foco'. Bill disse a mesma coisa'. Não estava claro quantas pessoas na mesa entendiam a palavra "foco" da mesma maneira que Buffett. Esse tipo de foco inato não pode ser simulado. Significava a intensidade que era o preço da excelência. Significava a disciplina e o perfeccionismo apaixonado que fizeran de Thomas Edison o grande inventor americano, De Walt Disney, o rei do entretenimento familiar, e de James Brown, o padrinho do soul. Significava uma obsessão centrada com um ideal" (Alice Schroeder, op. cit., E-Book-Location 19788).

"Se alguém entregasse teu corpo a quem chegasse, tu te irritarias. E por que entregas teu pensamento a quem quer que apareça, para que, se ele te insultar, teu pensamento se inquiete e se confunda? Não te envergonhas por isso?" (Epiteto, *Manual de Epiteto*, seção 28.)

Kevin Kelly: "Aqui temos outra coisa interessante. Todo mundo que está me assistindo agora, você e eu, todos nós passamos quatro, cinco anos deliberadamente estudando e treinando para aprender a ler e escrever, e esse processo de aprendizado realmente religou nosso cérebro. Sabemos que ler e escrever muda a maneira como nosso cérebro funciona por meio de diversos estudos de pessoas letradas e iletradas da mesma cultura. Isso só acontece por causa desses quatro ou cinco anos de prática e estudo deliberados, e não devemos esperar que o verdadeiro domínio desses novos meios seja necessariamente algo que podemos deduzir só saindo por aí. Você não vai aprender cálculo saindo com pessoas que sabem cálculo, você precisa realmente estudar aquilo. É possível que para que a gente realmente consiga dominar essas questões sobre administrar a atenção, ter pensamento crítico, aprender como dispositivos tecnológicos funcionam, toda essa alfabetização tecnológica seja algo que tenhamos que passar vários anos sendo treinados para fazer. Talvez não dê para aprender saindo por aí com pessoas que fazem isso ou saindo para tentar aprender por osmose. Isso pode demandar treinamento e ensino, uma alfabetização tecnológica, e aprender como administrar sua atenção e suas distrações é algo que provavelmente requer treino". In: "'A Conversation with Kevin Kelly' — introdução por John Brockman", *Edge.org*, 2 mar. 2014. Disponível em: ‹www.edge.org/conversation/kevin_kelly-the-technium›. Acesso em: 11 jul. 2017.

"A maneira como você investe a sua atenção determina a sua felicidade. A atenção é a cola que mantém sua vida coesa" (Paul Dolan, op. cit., E-Book Location 224).

"O processo de produção da felicidade é, portanto, como você investe sua atenção. [...] Os mesmos acontecimentos e circunstâncias da vida podem afetar muito ou pouco a sua felicidade, depende de quanta atenção você dá a eles" (ibid, E-Book Location 891).

Munger: "Meu sucesso não é uma expressão de inteligência. Meu sucesso vem da minha persistente capacidade de concentração... A ideia de alcançar sucesso, fama e honra com a multitarefa nunca me convenceu" (Peter Bevelin, *All I Want to Know Is Where I'm Going to Die so I'll Never Go There*, op. cit., p. 6).

36. LER MENOS, MAS EM DOBRO [pp. 168-72]

Recepção de Dostoiévski a *Cristo morto na tumba*, de Holbein. SRF Kulturclub, "Literarischer Spaziergang in Basel", *SRF, Schweizer Radio & Fernsehen*. Disponível em: ‹www.srf.ch/radio-srf-2-kultur/srf-kulturclub/streifzugliterarischer-spaziergang-in-basel›. Acesso em: 13 jul. 2017.

37. A ARMADILHA DO DOGMA [pp. 173-6]

Leonid Rozenblit; Frank Keil, "The Misunderstood Limits of Folk Science: An Illusion of Explanatory Depth", *Cognitive Science*, v. 26, n. 5, p. 521-62, 1 set. 2002.

Aqui está outro exemplo de irrefutabilidade: "O mundo foi criado pelo inde-tectável 'Monstro do Espaguete Voador'. Ele é misericordioso e todo-poderoso. Se coisas boas acontecerem, agradeça ao Monstro do Espaguete. As coisas más só parecem ruins vistas da limitada perspectiva humana, mas não da perspectiva oni-potente do Monstro do Espaguete. Portanto, acredite no Monstro do Espaguete e você terá uma boa vida, se não aqui na Terra, então certamente no Além". Você não pode refutar o Monstro do Espaguete Voador, como não se pode refutar a ideia de Deus, Zeus ou Alá. De início, parece ser um ponto forte, mas trata-se de uma fraqueza. Aliás, o Monstro do Espaguete Voador é uma paródia religiosa inventada pelo físico americano Bobby Henderson. Disponível em: <de.wikipedia.org/wiki/Fliegendes_Spaghettimonster>. Acesso em: 12 jul. 2017.

Para a citação de Hans Küng, ver: *Existiert Gott?* Munique: DTV, 1981, p. 216.

Munger: "Quando você anuncia que é um membro leal de uma espécie de culto e começa a propagar ideologias ortodoxas, o que você acaba fazendo é martelar, martelar, martelar" (Peter Bevelin, *All I Want to Know Is Where I'm Going to Die so I'll Never Go There*, op. cit., p. 113).

Para uma heurística parecida com a minha ideia de um programa de entrevistas fictício na TV, ver Munger: "Eu tenho algo que chamo de uma 'prescrição de ferro' que me ajuda a manter a sanidade quando me sinto inclinado a preferir uma intensa ideologia em detrimento de outra. Sinto que não tenho o direito a uma opinião se não puder defender os argumentos contra a minha posição ainda melhor do que meus opositores. Só acho que sou qualificado para falar quando chego a esse ponto" (ibid., p. 114). Em geral, esse procedimento é conhecido como a receita contra o chamado "viés de confirmação", que apresentei em um de meus livros. Ver: Rolf Dobelli, op.cit., pp. 19-23.

38. SUBTRAÇÃO MENTAL [pp. 177-80]

Exercício prático para a *subtração mental*: minha mulher teve a ideia desse exercício específico há muitos anos, quando prestou serviço de acompanhamento psicoterapêutico a gerentes de alto nível.

Com relação ao "sistema imunológico psicológico": "Seres humanos têm a habilidade de fazer o melhor que podem em uma situação ruim. Depois de an-teciparem um divórcio devastador, as pessoas acreditam que os parceiros nunca foram realmente o certo para elas. Eu gosto de dizer que as pessoas possuem um sistema imunológico psicológico. Nós superamos situações absurdas melhor do que podíamos prever" (Daniel Gilbert, "Forecasting the Future", entrevista a Susan

Fiske, *Psychology Today*, 1 nov. 2002. Disponível em: ‹www.psychologytoday.com/articles/200211/forecasting-the-future›. Acesso em: 11 jul. 2017).

Sobre acostumar-se à gratidão: no artigo "It's a Wonderful Life: Mentally Subtracting Positive Events Improves People's Affective States, Contrary to Their Affective Forecasts" (*Journal of Personality and Social Psychology*, v. 95, n. 5, p. 1217-24, nov. 2008), os autores Minkyung Koo, Sara B. Algoe, Timothy D. Wilson e Daniel T. Gilbert escrevem: "Ter um companheiro maravilhoso, assistir à vitória de seu time no campeonato mundial ou conseguir que um artigo seja aceito em um grande periódico são acontecimentos positivos, e refletir sobre eles provavelmente te fará sorrir; mas esse sorriso provavelmente será menos frequente a cada dia, porque, por mais incríveis que esses eventos sejam, eles rapidamente tornam-se comuns – e se tornam mais familiares sempre que se pensa sobre eles. Na verdade, pesquisas mostram que pensar sobre um acontecimento aumenta as chances de ele parecer familiar e justificável".

Sobre os medalhistas dos Jogos Olímpicos de Barcelona: Ibid.

Sobre a expectativa de vida na média histórica, ver: ‹en.wikipedia.org/wiki/Life_expectancy›. Acesso em: 11 jul. 2017.

"Às vezes, nossa felicidade não é muito evidente, e precisamos fazer o possível para que seja. Imagine tocar um piano e não conseguir ouvir o som. Muitas atividades na vida são como tocar um piano que não se ouve..." (Paul Dolan, op. cit., E-Book Location 1781).

39. O PONTO DA REFLEXÃO MÁXIMA [pp. 181-4]

"Experiência é o que você ganha quando não consegue o que queria." Aforismo atribuído a diversas pessoas. Ver: ‹www.aphorismen.de/zitat/73840› e ‹en.wikiquote.org/wiki/Randy_Pausch›. Acesso em: 11 jul. 2017.

40. OS SAPATOS DOS OUTROS [pp. 185-8]

Para compreender a posição dos outros, temos que de fato ocupá-la. Como podemos solucionar isso? Ver Ben Horowitz: "Logo no dia seguinte, informei ao chefe de vendas e engenharia e ao chefe de suporte ao cliente que eles trocariam de função. Eu expliquei que, como Jodie Foster e Barbara Harris, eles manteriam sua mente, mas trocariam de corpo. Permanentemente. A primeira reação não foi muito diferente da cena da adaptação em que Lindsay Lohan e Jamie Lee Curtis gritam de horror" (Ben Horowitz, *The Hard Thing*. Nova York: HarperCollins, 2014, E-Book Location 3711).

Eric Schwitzgebel, Joshua Rust, "The Behavior of Ethicists". In: *The Blackwell Companion to Experimental Philosophy*. Hoboken: Wiley-Blackwell, 2014.

41. A ILUSÃO DE MUDAR O MUNDO – PARTE 1 [pp. 189-92]

Nelson Mandela: "Nós podemos mudar o mundo e torná-lo um lugar melhor. Está em nossas mãos fazer a diferença". Ver: <http://www.un.org/en/events/mandeladay/2011/sg_message2011.shtml>. Acesso em: 12 jul. 2017.

Steve Jobs: "As pessoas que são loucas o suficiente para acreditar que podem mudar o mundo são as que, de fato, podem fazê-lo".

Para a ilusão do foco, ver: Daniel Kahneman, "Focusing Illusion". In: John Brockman, Edge Annual Question 2011, *This Will Make You Smarter*. Nova York: HarperCollins, 2012, p. 49. Ver: <www.edge.org/response-detail/11984>. Acesso em: 12 jul. 2017.

Sobre postura intencional: aliás, essa é uma das razões pelas quais somos tão suscetíveis à religião. Por toda parte onde não se pode reconhecer uma intenção humana, nem animal, os deuses tomam seus lugares. Por que um vulcão explode? Hoje sabemos que não há deuses por trás deles, mas placas tectônicas.

"Tendemos a cobrir com muitos elogios aquela pessoa inteligente que estava no momento certo no lugar certo" (Matt Ridley, *The Evolution of Everything*. Nova York: HarperCollins, 2015, E-Book Location 61). Ver também o WORLD.MINDS, "Matt Ridley: The Evolution of Everything (2016 WORLD.MINDS Annual Symposium)", 21 dez. 2016. Disponível em: <www.youtube.com/watch?v=rkqq8xX98lQ>. Acesso em: 12 jul. 2017.

"'Martinho Lutero leva o crédito pela Reforma', escreveu ele. 'Mas ela tinha que acontecer. Se não fosse Lutero, teria sido outra pessoa'. O resultado casual de uma batalha poderia antecipar ou retardar a ruína de uma nação, mas, se a nação já estivesse prestes a ser arruinada, aconteceria de qualquer forma. Montesquieu, portanto, fez a distinção entre causas finais e imediatas que se tornaram conceitos tão úteis nas ciências sociais" (Matt Ridley, op. cit. E-Book-Location 3162.)

Sobre Cortez: um uso similar de armas biológicas – do mesmo modo não intencional e acidental – é o motivo pelo qual os EUA são hoje um Estado independente. A vitória sobre o Exército britânico em 1776 não se deve ao "grande homem" George Washington. Não, a independência deve-se aos mosquitos. Os britânicos atacaram o Exército norte-americano nos estados do Sul. Sobretudo perto da costa, havia zonas úmidas cheias de mosquitos transmissores de malária — que rapidamente varreram os soldados britânicos. Os soldados dos EUA ficavam mais ao norte, onde o risco de contrair malária era menor. E os soldados do Sul eram principalmente escravos negros, que ao longo de milhares de anos desenvolveram na África certa imunidade contra a doença. É aos mosquitos, portanto, não aos "grandes homens", que os norte-americanos devem sua independência: "Os mosquitos", diz McNeill, "ajudaram os americanos a sair de um impasse e vencer a Guerra de Independência, sem a qual não haveria Estados Unidos da América. Lembrem-se disso quando forem picados no próximo 4 de Julho" (Matt Ridley, op. cit. E-Book-Location 3242).

Depois da Segunda Guerra Mundial, quase não se via na Suíça uma pousada ou hotel sem um retrato do general Guisan na parede — geralmente acima da mesa principal. Para mim, ainda criança, parecia um herói aquele velho homem de colarinho duro e debruado, que se via por todo o país com mais frequência do que Jesus. Os retratos de Guisan desapareceram apenas no final dos anos 1970. Em muitos lugares, durante anos, restou um retângulo desbotado no papel de parede, no qual, apertando os olhos e com um pouco de imaginação, podia-se projetar o "grande homem". Guisan foi decisivo para a Suíça? Não. O fato de a Suíça não ter sido arrastada para a Segunda Guerra Mundial nada tem a ver com esse popular general, e sim com o acaso, o destino e a sorte. A Alemanha tinha coisas mais importantes para conquistar do que a Suíça. O retrato de qualquer outro oficial do Estado--Maior seria adequado para pendurar nos salões cheios de fumaça dos restaurantes.

42. A ILUSÃO DE MUDAR O MUNDO — PARTE 2 [pp. 193-7]

"Uma versão marxista menos pragmática de Deng pode ter atrasado a reforma, mas certamente um dia teria acontecido" (Matt Ridley, op. cit., E-Book Location 3188).

Sobre a invenção da lâmpada: "[…] era totalmente inevitável quando já se tinha conhecimento sobre a eletricidade que a lâmpada fosse inventada quando foi. Apesar de ter sido brilhante, Thomas Edison foi desnecessário. Veja o fato de que Elisha Gray e Alexander Graham Bell entraram com pedidos de patente pela invenção do telefone no mesmo dia. Suponha que, no caminho para o Instituto de Patentes, um deles tivesse sido pisoteado até a morte por um cavalo. O mundo hoje seria o mesmo" (Ibid, E-Book-Location 1739).

Warren Buffett: "Minha conclusão — a partir da minha própria experiência e da observação de outros negócios — é que um bom resultado comercial (mensurado pelos retornos econômicos) é muito mais uma questão de em qual negócio você embarca do que do quão eficaz você é na condução dele (apesar de inteligência e esforço ajudarem consideravelmente, é claro, em qualquer negócio, bom ou ruim).

Há alguns anos eu escrevi: "Quando uma administração com uma excelente reputação assume um negócio com má reputação econômica, é a reputação do negócio que se mantém intacta'. Minha opinião não mudou em relação a isso. Se você estiver em um barco afundando, a energia desprendida para mudar de barco pode ser mais produtiva do que ficar constantemente tentando consertar os vazamentos" (Bruce C. N. Greenwald, Judd Kahn, Paul D. Sonkin, Michael van Biema, *Value Investing: From Graham to Buffett and Beyond*. Hoboken: John Wiley & Sons, 2001, p. 196).

Comentário de Matt Ridley sobre os CEOs: "Muitos CEOs são como passageiros que surfam no estribo de trens e ônibus — bem pagos para navegar o barco que seus funcionários colocaram em movimento, tomando algumas decisões-chave, mas não mais importantes do que os designers, os administradores e, acima de tudo, os clientes que escolhem a estratégia. A carreira deles cada vez mais reflete esta história: trazidos de fora, bem recompensados por trabalhar longas horas, e removidos sem nenhuma cerimônia, mas com muito dinheiro quando as coisas ficam complicadas. Embora mantida pela mídia, a ilusão de que sejam reis feudais não deixa de ser uma miragem" (Matt Ridley, op. cit., E-Book Location 3279).

43. A CRENÇA NO "MUNDO JUSTO" [pp. 198-202]

Na Alemanha, por exemplo, apenas metade de todos os crimes denunciados é esclarecida (números estimados não são levados em conta). Ver: <www.tagesspiegel.de/politik/neue-polizeistatistik-wie-gefaehrlich-ist-deutschland/8212176.html>. Acesso em: 11 jul. 2017.

John Gray, *Straw Dogs: Thoughts on Humans and Other Animals*. Londres: Granta Books, 2002, p. 106.

44. O "CULTO À CARGA" [pp. 203-6]

Sobre a fraude com os cadernos Moleskine, ver: <www.welt.de/wirtschaft/article146759010/Der-kleine-Schwindel-mit-Hemingways-Notizbuechern.html>. Acesso em: 11 jul. 2017.

Sobre o comentário de Robert Greenberg a respeito de Jean-Baptiste Lully, ver: <robertgreenbergmusic.com/scandalous-overtures-jean-baptiste-lully/>. Acesso em: 11 jul. 2017.

45. GANHA QUEM DIRECIONA A PRÓPRIA CORRIDA [pp. 207-11]

Sobre a especialização dos escribas: o que há nos escritos cuneiformes mais antigos, a propósito, não são poemas, mas contabilidade. Kevin Kelly: <www.edge.org/conversation/kevin_kelly-the-technium>. Acesso em: 11 jul. 2017.

46. A CORRIDA ARMAMENTISTA [pp. 212-6]

Quando Warren Buffett adquiriu a Berkshire-Hathaway, empresa têxtil não rentável, por uma barganha em 1962, ele imediatamente investiu em máquinas novas e mais eficientes. Isso deveria reduzir de forma drástica os custos de produção e levar a empresa ao lucro. Os custos de produção diminuíram, de fato, mas o lucro não se concretizou. Para onde foi o valor agregado desses milhões em investimentos? Mais uma vez, para os fabricantes das novas máquinas têxteis e para os consumidores.

A metáfora de Buffett para a corrida armamentista: "Nós sempre tivemos novos equipamentos que prometeram aumentar o nosso lucro, mas nunca o fizeram porque todo mundo comprava o mesmo equipamento. É mais ou menos como estar no meio da multidão e todos ficarem na ponta dos pés — sua visão não melhora, mas suas pernas doem" (Berkshire Hathaway Annual Meeting, 2004, gravação de Whitney Tilson). Disponível em: <www.tilsonfunds.com>. Acesso em: 13 mar. 2019).

Alice através do espelho, de Lewis Carroll: "Neste país você tem que correr o mais rápido que puder, se quiser ficar no mesmo lugar" (Lewis Carroll, *Through the Looking-Glass, and What Alice Found There*. Londres, 1871).

John Cassidy: "Se quase todo mundo tem um diploma universitário, então você não sobressai com um simples diploma universitário. Para conseguir o emprego dos sonhos, precisa frequentar uma universidade de elite (e cara). Os estudos se tornam uma corrida armamentista, que beneficia principalmente o fornecedor de armas — nesse caso, as universidades" (John Cassidy, "College Calculus: What's the Real Value of Higher Education?". *The New Yorker*, 7 set. 2015).

A respeito da "primitiva sociedade do bem-estar social", ver: <en.wikipedia.org/wiki/Original_affluent_society>. Acesso em: 11 jul. 2017.

Em alguns lugares da Suíça, da Alemanha e de vários outros países, crianças de dois anos são colocadas em jardins de infância privados com o intuito de conseguir acesso às melhores escolas privadas, com o objetivo de, por sua vez, ter sucesso no processo de seleção à melhor escola secundária e, mais uma vez, conseguir um lugar em uma universidade de elite — porque os vizinhos fazem isso. Até crianças muito pequenas são recrutadas para a corrida armamentista. No entanto, quem tira proveito não são as crianças, mas as escolas privadas.

47. TENHA UM AMIGO EXCÊNTRICO [pp. 217-21]

Excomunhão de Espinoza, ver: <de.wikipedia.org/wiki/Baruch_de_Spinoza>. Acesso em: 11 jul. 2017.

48. O PROBLEMA DAS SECRETÁRIAS [pp. 222-5]

Se nenhuma candidata for melhor do que a melhor das 37 rejeitadas, é claro que você terá que contratar a última candidata. Mas, estatisticamente, isso significa que, se realizar esse procedimento com frequência, na média a solução proposta fornecerá os melhores resultados.

Sou grato ao prof. Rudolf Taschner por apontar o modo como um candidato pode tirar proveito do algoritmo da secretária. Então, "[...] uma candidata que não é tecnicamente superior, mas conhece o artigo de Dobelli, pode garantir que seja convidada para a entrevista imediatamente após as primeiras 37. Então ela teria uma vantagem que não se prevê no modelo matemático, cuja solução soa tão precisa" (correspondência pessoal de 7 jun. 2017).

Pesquisas com o problema das secretárias mostraram que a maioria das pessoas decide cedo demais sobre um candidato — especialmente em encontros on-line. Ver: <en.wikipedia.org/wiki/Secretary_problem#cite_note-0>. Acesso em: 11 jul. 2017.

Quando você for mais velho, mude o modus operandi: torne-se extremamente seletivo. Há uma boa anedota sobre Marshall Weinberg indo almoçar com Warren Buffett em Manhattan. "Ele comeu um sanduíche incrível de queijo com presunto. Alguns dias depois, íamos sair de novo. Ele disse, 'Vamos voltar naquele restaurante'. Eu disse, 'Mas acabamos de ir lá'. Ele disse, 'Exatamente! Por que arriscar ir a outro lugar? Nós sabemos exatamente o que nos espera'. Isso é o que Warren busca em ações. Ele só investe em empresas em que as chances são tão favoráveis que não vão desapontá-lo" (Janet Lowe, *Warren Buffett Speaks: Wit and Wisdom from the World's Greatest Investor*. Hoboken: John Wiley & Sons, 2007, p. 142).

49. GERENCIAMENTO DE EXPECTATIVAS [pp. 226-30]

Sobre a festa de Ano-Novo: uma descoberta semelhante vem de um estudo de Jonathan Schooler, Dan Ariely e George Loewenstein. Em seu artigo, eles descrevem uma festa de Ano-Novo, na virada de 1999 para 2000. As pessoas com as mais altas expectativas quanto a essa festa e as que mais gastaram, olhando em retrospecto, divertiram-se menos. "Os resultados nesse campo de estudo sugerem que altas expectativas podem levar à decepção, e gastar tempo e energia (e talvez dinheiro) em um evento pode aumentar a insatisfação" (Jonathan Schooler, Dan Ariely, George Loewenstein, "The pursuit and assessment of happiness can be self-defeating". *The Psychology of Economic Decisions*, v. 1, p. 60, 2003).

As pesquisas confirmam que as expectativas influenciam de modo decisivo o sentimento de felicidade: "Pessoas avaliam sua própria situação a partir de uma ambição que é formada por sua esperança e expectativa. Se as pessoas atingem seu nível de ambição, elas ficam satisteitas com suas vidas" (Bruno S. Frey, Alois Stutzer, *Happiness and Economics*. Princeton: Princeton University Press, 2001, p. 12).

"Também há evidências, outra vez usando relatos de satisfação com a vida e saúde mental, de que os ganhos de felicidade com um aumento de renda podem ser completamente invalidados se suas expectativas em relação aos ganhos com a renda sobem mais rápido do que a renda em si" (Paul Dolan, op. cit., E-Book Location 1690).

Até a famigerada curva em U da satisfação com a vida tem a ver com falsas expectativas. Os jovens são felizes porque acreditam que as coisas estão sempre melhorando — mais renda, mais poder, mais oportunidades. Na meia-idade, entre 40 e 55 anos, as pessoas atingem o ponto mais baixo. Elas têm de aceitar que não conseguiram realizar as altas expectativas da juventude. Acrescente a isso os filhos, a carreira e a pressão quanto à renda — tudo o que inesperadamente abafa a felicidade. Na velhice, as pessoas estão felizes de novo, porque as expectativas, não realistas, de acontecimentos ruins foram excedidas (Hannes Schwandt, "Unmet Aspirations as an Explanation for the Age U-shape in Wellbeing". *Journal of Economic Behavior & Organization*, v. 122, ed. C, p. 75-87, 2016).

Quanto às "preferências indiferentes": "Os estoicos marcam a distinção entre a forma como devemos optar pela saúde em oposição à virtude dizendo que seleciono (*eklegomai*) o indiferente preferido, mas escolho (*hairoûmai*) a ação virtuosa". *Stanford Encyclopedia of Philosophy*. Ver: \<plato.stanford.edu/entries/stoicism/>. Acesso em: 11 jul. 2017.

Subtraia três pontos em vez de dois, do seu quadro de expectativas quanto às suas resoluções de Ano-Novo. Essas resoluções (por exemplo, praticar mais esportes, beber menos álcool, parar de fumar) quase nunca funcionam. Ver: Janet Polivy, Peter C. Herman, "If at First You Don't Succeed – False Hopes of Self--Change", *American Psychologist*, v. 57, n. 9, p. 677-89, 2002. Ver também: Janet Polivy, "The False Hope Syndrome: Unrealistic Expectations of Self-Change", *International Journal of Obesity and Related Metabolic Disorders*, 25 sup. 1, p. 80-4, 2001. De acordo com Warren Buffett, mesmo o casamento é uma questão de gerenciamento de expectativas: "Qual o segredo de um bom casamento? Não é a beleza nem a inteligência nem o dinheiro – é a baixa expectativa" (Patricia Sellers, "Warren Buffett's Wisdom for Powerful Women", *Fortune*, 6 out. 2010. Disponível em: <fortune.com/2010/10/06/warren-buffetts-wisdom-forpowerful-women/>. Acesso em: 11 jul. 2017).

50. A LEI DE STURGEON [pp. 231-5]

A citação original de Ted Sturgeon: "Quando as pessoas falam sobre livros de mistério, mencionam *O falcão maltês* e *O sono eterno*. Quando falam de faroeste, falam de *The Way West* e de *Shane*. Mas, quando falam de ficção científica, dizem "aquelas coisas de Buck Rogers" e "noventa por cento das histórias de ficção científica são porcaria". Bom, eles estão certos, noventa por cento das histórias de ficção científica são porcaria. Mas noventa por cento de tudo é porcaria, e são os dez por cento que não são porcaria que importam, e os dez por cento de ficção científica que não é ruim é tão bom, ou melhor, que qualquer coisa escrita por aí" (Daniel Dennett, *Intuition Pumps and Other Tools for Thinking*, Nova York: W. W. Norton, 2013, E-Book Location 639).

Daniel Dennett: "90% de *tudo* é lixo. Não importa se é física, química, psicologia evolutiva, sociologia, medicina... rock ou música *country*". Ver: <en.wikipedia.org/wiki/Sturgeon%27s_law#cite_ref-5>. Acesso em: 11 jul. 2017.

O professor de filosofia da Universidade de Princeton, Harry Frankfurt, publicou há alguns anos um best-seller com o vibrante título *On Bullshit* (Princeton: Princeton University Press, 2005, p. 61). Nessa obra, ele mostra que não é a mentira o maior inimigo da verdade, mas *Bullshit* [que em português seria algo como esterco de touro, disparate, estupidez]. Harry Frankfurt define *Bullshit* como falatório sem conteúdo que, porém, finge que é relevante. Penso que podemos ampliar o conceito de *Bullshit* com tranquilidade. *Bullshit* são os exatos 90% da Lei de Sturgeon, que são irrelevantes – sejam livros, tendências da moda ou estilos de vida.

"O mundo pode permanecer irracional por mais tempo que você consegue manter sua sanidade." Entabulei essa sentença como uma contrapartida da Lei de

Sturgeon. É uma modificação da citação de John Maynard Keynes: "O mercado pode permanecer irracional por mais tempo do que você consegue se manter solvente". Ver: <www.maynardkeynes.org/keynes-the-speculator.html>. Acesso em: jul. 2017.. Sobre a ideia do Sr. Mercado, de Benjamin Graham, ver: <en.wikipedia.org/wiki/Mr._Market>. Acesso em: 11 jul. 2017.

51. ELOGIO DA HUMILDADE [pp. 236-40]

Pense por um momento quão importante uma pessoa precisava ser para que fosse convidada para a cerimônia de abertura oficial (seguida de um banquete gourmet) da Torre Eiffel (1889), do Taj Mahal (1648) ou da Grande Pirâmide Quéops, de Gizé (2581 a.C.). Sim, Quéops convidou pessoalmente! Você se senta lá na tribuna, contemplando a pirâmide recém-construída, escravos abanam o ar quente do deserto em seu rosto, e espera-se que a cerimônia de abertura — as danças, os discursos, o chato desfile dos soldados — chegue logo ao fim e que se possa passar para a parte mais confortável. Quão importante você deve ter se sentido! Importante, sem nenhuma razão para isso.

Agora um bom exemplo de humildade e racionalidade: o general norte-americano George Marshall (que deu nome ao Plano Marshall de reconstrução da Europa) tinha que se sentar para que fosse pintado um retrato oficial, como era o costume. "Por várias horas, permaneceu imóvel na cadeira. Quando o pintor lhe disse que o retrato estava pronto, Marshall se levantou, agradeceu e partiu. 'O senhor não deseja ver o retrato?', chamou o pintor enquanto ele saía. 'Não, obrigado', disse Marshall gentilmente e saiu da sala" (Ryan Holiday, *Ego Is the Enemy*. Nova York: Penguin Random House, 2016, E-Book Location 1628). "Quem tem tempo para olhar um retrato de si mesmo?" (ibid, E-Book Location 1634).

Em outro livro descrevi o *self-serving bias* (agir para sua própria vantagem) e o excesso de confiança. Rolf Dobelli, op. cit., pp. 134-6 e 43-5.

52. SUCESSO INTERIOR [pp. 241-5]

"Ao relacionar prestígio e valor pessoal a uma atividade específica ou a conquistas, a cultura pode fazer com que muitas pessoas foquem sua energia nessas direções. Não é por acaso que em pequenas sociedades que lutam para sobreviver prestígio é trazer uma grande quantidade de proteína (caça) ou derrotar o inimigo mais perigoso (luta). Do mesmo modo, o prestígio da maternidade provavelmente cresce e decai com necessidade social de aumentar a população, e o prestígio de pessoas que trabalham com entretenimento cresce ou decai com quanto de tempo e dinheiro a população pode dedicar às atividades de lazer" (Roy Baumeister, *The Cultural Animal*. Oxford: Oxford University Press, 2005, p. 146).

Por que existem listas dos mais ricos, mas nenhuma lista dos mais satisfeitos? Bem, existem listas de satisfação com a vida, mas em nível nacional, não individual. A OECD publica regularmente uma classificação com uma estrutura primorosa — com a Noruega e a Suíça disputando o primeiro lugar há anos. Ver: <www.oecd-betterlifeindex.org>. Acesso em: 12 jul. 2017.

"O crescimento é necessário para manter a coesão social. A possibilidade de melhora nos padrões de vida, mesmo que remota, limita a pressão para distribuição de riqueza. Como Henry Wallick, ex-chefe do FED, apontou: "Se tiver crescimento, há esperança, e isso torna a enorme diferença de renda tolerável" (Satyajit Das, "A World Without Growth?". In: John Brockman, *What Should We Be Worried About?* Nova York: Harper Perennial, 2014, p. 110).

Warren Buffett: "Se eu tivesse nascido milênios atrás, teria sido o lanche perfeito para qualquer animal [...] Existe muita sorte envolvida na forma como entramos no mundo". Disponível em: <www.businessinsider.com/warren-buffett-nails-it-on--the-importance-of-luck-inlife-2013–10>. Acesso em: 11 jul. 2017.

John Wooden: "Sucesso é a paz de espírito que se instala quando você deu tudo para ser o melhor que pode ser" (John Wooden, *The Difference Between Winning and Succeeding*, TED-Talk, 2009. Disponível em: <www.youtube.com/watch?v=0MM-psvqiG8>. Acesso em: 26 mar. 2009).

De que vale ser a pessoa mais rica do cemitério? Melhor ser a mais bem-sucedida de verdade, no aqui e agora. Baseado da citação de John Spears: "Você não precisa ser o cara mais rico do cemitério" (William Green, Michael O'Brian, *The Great Minds of Investing*. Munique: Finanzbuch Verlag, 2015, p. 72).

John Wooden: "Faça de cada dia sua obra-prima". Disponível em: <en.wikipedia.org/wiki/John_Wooden#cite_note-94>. Acesso em: 11 jul. 2017.

POSFÁCIO [pp. 247-51]

Richard Feynman: "Se você conhecer o nome de um pássaro em todas as línguas do mundo, não saberá absolutamente nada sobre aquele pássaro... Mas vamos olhar para ele atentamente e observar como ele se comporta. É o que conta de verdade. Muito jovem, aprendi a diferença entre 'saber o nome de alguma coisa' e 'saber alguma coisa". Disponível em: <www.youtube.com/watch?v=ga_7j72Cvlc> e também <www.quotationspage.com/quote/26933.html>. Acesso em: 11 jul. 2017. Uma das melhores definições de *boa vida* que encontrei até hoje vem de Epiteto, o estoico: "Uma vida que flui suave e facilmente" (Discurso, 1.4). Outra definição me ocorreu durante um almoço com um amigo, um empresário que tem uma fortuna de algumas centenas de milhões. Era verão. Estávamos sentados do lado de fora. Um bar com mesas de metal, repetidas vezes pintadas, os sapatos no cascalho, e tínhamos de ter cuidado para que não houvesse vespas pousadas na borda do copo ao levar o chá gelado à boca. Conversamos sobre o meu trabalho — planos para este livro — e o dele: estratégias de investimento, participações, gestão de fundações, pedidos de doações, problemas com funcionários, motoristas, servidores, manutenção de jatos particulares e, acima de tudo, os mandatos em conselhos de supervisão, que demandam muito tempo e dos quais ele é um membro muito valorizado, não apenas por causa de sua riqueza. De repente, deixei escapar: "Ora, meu caro amigo, por que você se força a fazer tudo isso? Se eu tivesse os seus milhões, não gastaria tempo com nada além de ler, pensar e escrever". Só no caminho para casa percebi, estranhamente surpreso, que eu fazia exatamente isso. Esta seria então uma definição de *boa vida*: alguém lhe dá alguns milhões e você não muda nada em sua vida.

ESTA OBRA FOI COMPOSTA PELA ABREU'S SYSTEM EM INES LIGHT
E IMPRESSA EM OFSETE PELA LIS GRÁFICA SOBRE PAPEL PÓLEN SOFT DA
SUZANO S.A. PARA A EDITORA SCHWARCZ EM SETEMBRO DE 2019

A marca FSC® é a garantia de que a madeira utilizada na fabricação do papel deste livro provém de florestas que foram gerenciadas de maneira ambientalmente correta, socialmente justa e economicamente viável, além de outras fontes de origem controlada.